中国设计

大家谈

设计的交流 × 3

《设计》杂志社 组编

李杰 编

机械工业出版社

CHINA MACHINE PRESS

中国设计在经历了从引进、仿制到自主创新，再到融入企业乃至国家战略的过程后走向复兴，从自我否定转变为拥有文化自觉和设计自信。但是，在一片掌声之中，我们也看到了中国现代设计依然面临很多困难和困惑。基于此，本书聚焦"设计组织""中日设计交流""中国设计奖"主题，集结了设计领域各界领军人物，通过一系列的专题访谈，与读者分享中国设计在各个领域所取得的成就、经验，以及对中国设计发展前景的思考和预期，希望与各位设计界同仁共谋解决问题的新思路，共图中国设计的新发展。

图书在版编目（CIP）数据

中国设计大家谈.3，设计的交流 / 李杰编. —北京：机械工业出版社，2022.6
ISBN 978-7-111-70630-4

Ⅰ.①中… Ⅱ.①李… Ⅲ.①设计师—访问记—中国—现代 Ⅳ.①K825.72

中国版本图书馆CIP数据核字（2022）第069242号

机械工业出版社（北京市百万庄大街22号　邮政编码100037）
策划编辑：徐　强　　　　　责任编辑：徐　强　何　洋
责任校对：薄萌钰　贾立萍　封面设计：鞠　杨
版式设计：鞠　杨　　　　　责任印制：张　博
北京利丰雅高长城印刷有限公司印刷
2022年7月第1版第1次印刷
145mm × 210mm · 12.875印张 · 3插页 · 292千字
标准书号：ISBN 978-7-111-70630-4
定价：128.00元

电话服务　　　　　　　　　网络服务
客服电话：010-88361066　机 工 官 网：www.cmpbook.com
　　　　　010-88379833　机 工 官 博：weibo.com/cmp1952
　　　　　010-68326294　金 书 网：www.golden-book.com
封底无防伪标均为盗版　机工教育服务网：www.cmpedu.com

前言

　　当代中国，经济稳定、社会和谐，民族自信心和文化凝聚力空前强盛，为设计从业者提供了大有作为的广阔天地。设计是产品的展示载体，是文化和思想的输出形式，是文化交流的符号，在国民经济和社会发展中得到越来越多的应用。在此背景下，如何通过设计交流提升中国设计的质效、助力中国设计行业的国际化发展以及向世界展示中国风范，成为摆在众多设计人面前的一道迫切求解之题。为此我们精心策划了"中国设计·大家谈"专栏并集结成书，汇聚设计行业领军人物，直面设计行业发展问题，展示设计行业优秀人才和设计思想，助力中国设计行业高质量发展。

　　本书的主题是"设计的交流"，包含设计组织、中日设计交流和中国设计奖三章。第一章"设计组织"在设计行业国际化浪潮下，探讨设计组织如何为设计相关的交流活动提供组织保障。第二章"中日设计交流"是中国设计行业对外交流的一个缩影。在中日文化同根同源的背景下，与日本的设计交流较之与欧美等的交流更为密切，总结和反思中日设计交流模式和经验，有助于未来中国设计行业"走出去"和向世界讲好"中国故事"。第三章"中国设计奖"邀请了当代好设计奖、金芦苇工业设计奖、中国设计红星奖、光华龙腾设计创新奖、好设计奖、金点设计奖、"省长杯"工业设计大赛、中国设计智造大奖等国内高质量、高知名度的设计奖项的负责人或获奖者分享设计奖项对促进设计交流的价值和意义，尤其是探索新技术、新材料、新工艺或新结构在设计创新和服务社会发展中的运用。

设计来源于生活的各种需求，用户可以从功能、外观、结构以及语意等多个层面来解读"产品"背后的设计语言。然而，设计师个体的力量是单薄的，设计行业的发展并不能单靠某一个或者某几个设计师，而是需要全行业共同推进。因此，专业的设计组织应运而生。设计组织的出现和设计活动的举办对于设计行业发展的重要性不言而喻，尤其是在中国设计"走出去"的过程中。如何能更好地实现设计师与产品、设计师与设计管理者、产品与用户之间的交流，成为不可回避、亟待解决的问题。

经过多年的交流实践，不难发现有效、科学和善意的设计评价是解决以上设计交流问题的有效途径之一。专业化、标准化的设计评价机制对于设计的良性发展至关重要。一直以来，我们十分关注设计的经济价值，对设计的评价更多是从商业价值的维度进行衡量，或者更多地关注国外设计模式、设计思维的引进，而对环境、生态和社会的重视程度不够。正如众多设计奖项组织者提到的，尽快建立符合国情和民众需求的设计评价标准、完善设计大奖评价机制，对于行业的发展也非常重要。尤其是应该针对设计新生力量——青年设计师设置相关奖项，组织专家团队，尽快形成客观的、更为大众所认可的评价标准。

此外，推进设计交流健康发展的另一重要途径是引入较为完善的设计批评制度。正如张夫也教授所说"没有批评就没有设计文化"，"人们通过批评和总结不断寻求前行航向的坐标，才创造了辉煌的设计文化。"设计批评不应仅针对设计师，还应该构建起对设计管理体系的批评维度。毕竟，设计批评的本质是对设计背后的价值观、产品逻辑以及文化内涵的批评，是容易引起共鸣或者辩论的交流形式。

中国设计在经历了从引进、模仿到自主创新再到融入企业乃至国家战略的过程后走向复兴，从自我否定转变为拥有文化的自觉和设计的自信，这样的转变离不开设计行业在国内外交流实践中的努力。但是，在一片掌声之中，我们也看到中国现代设计依然面临着很多困难和困惑。作为设计人，面对已取得的成绩，我们内心无限骄傲；面对阻碍，我们努力探寻解决方案；面对未来，我们希望与各位设计界同仁共图中国设计的新发展！

李杰

前言

第一章　设计组织

第二章　中日设计交流

第三章　中国设计奖

组织 　 × 　 设计 　｜　第一章

放飞自我吧，青年

LET YOURSELF GO, YOUNG MAN

《设计》杂志社主编　李杰

现代传媒及心理学认为，概念是人对能代表某种事物或发展过程的特点及意义所形成的思维结论。设计概念则是设计者针对设计所产生的诸多感性思维进行归纳与精炼所形成的思维总结。因此，在设计前期阶段，设计者必须对将要进行设计的方案做出周密的调查与策划，分析客户的具体要求、方案意图、地域特征、文化内涵等，再加之设计师独有的思维素质，产生一连串的设计想法，才能在诸多的想法与构思中提炼出准确的设计概念。概念设计就是利用设计概念并以其为主线贯穿全部设计过程的设计方法。概念设计是完整而全面的设计过程，通过设计概念将设计者繁复的感性和瞬间思维上升为统一的理性思维，从而完成整个设计。

工业设计不仅是一门富于"行"的学科，更是一门富于"思"的学科。所谓"行"，就是行动、实践、操作活动等。所谓"思"，就是思想、思维、思考。工业设计的"思"，首先是指对设计目的、设计思想、设计观念、设计价值、设计意义、设计理念和设计原则等的研究及探求；然后是对设计程序、设计方法等的研究。也就是说，"思"既涉及本体论层面，也涉及方法论层面。工业设计引进系统论的思想与方法，使工业设计从初期的艺术灵感论、造型经验论发展为今天可控的科学论与系统论。"思"的重要性不言而喻。概念设计作为具有较高思考性的设计，近年越来越受到重视，也越发体现其优越性。

正如罗曼·罗兰所说："标志时代的最灵敏的晴雨表是青年人。"概念设计围绕设计概念而展开，设计概念则联系着概念设计的方方面面。也许他们还不能马上走向市场，但是当你在做概念设计或者寻找灵感的时候，概念设计依然可以带给人们启迪。这些设计也许有点不切实际，但我们可以看到一个设计理念是如何逐渐演化和成长的。尤其是在科学技术瞬息万变的当下，我们更应该鼓励青年设计师展开天马行空的想象力，摆脱传统思维方式的束缚，毕竟我们面对的很可能是一个只有想不到而没有做不到的未来。

陈冬亮：
不断自我否定才能持续创新
CHEN DONGLIANG: CONTINUOUS SELF-DENIAL
IS THE ONLY WAY TO LEAD THE DEMONSTRATION

陈冬亮
联合国教科文组织国际创意与可持续发展中心执行主任、北京工业设计促进中心主任

陈冬亮，联合国教科文组织国际创意与可持续发展中心执行主任，兼任北京工业设计促进中心主任、北京工业设计促进会理事长等职。2009 年当选为中国工业设计协会副会长，并担任科技部"现代服务业共性技术支撑体系与应用示范工程"重大项目专家总体组成员。曾获"光华龙腾奖 · 改革开放四十周年 中国设计 40 人荣誉功勋"、2010 年全国先进工作者等荣誉，同时是光华龙腾奖 · 中国设计贡献奖银质奖章、金质奖章获得者。

《设计》：2019 年是新中国成立 70 周年，改革开放的第 41 年。在这 70 年中，中国设计取得了长足的发展。请您从自己的专业领域出发，谈一谈给您留下深刻印象的几个时间节点和事件。

陈冬亮：2019 年对我来讲是一个重要的时间节点，我在 1 月 2 日退休了，退休未退职，现在仍然是两个中心的主任，同时还负责 2022 科技冬奥的一些工作，是拿着退休金的"义工"。

2018 年是改革开放的第 40 年，我有幸被光华龙腾奖评选为改革开放 40 周年代表人物，这是对我工作的褒奖，更是激励和鞭策。作为 78 级的大学生，从上学到退休正好 40 年，时间轴和改革开放相契合。我是材料系压力加工专业的工科生，毕业后进入企业，从实习技术员到车间主任，7 年时间都在生产的一线，这个过程是将所学付诸工作实践，是一个自我实现、洗涤心灵的过程，是特别好的积淀。我从小就喜欢绘画和手工制作，到企业中就转化成了自觉不自觉的技术革新、技术改造，这种技术与艺术的结合，其实就是"设计"。虽然没有主观意识，但是潜意识中达到了设计的目的，是偶然中的必然。

后来，我在科研处当副处长，负责项目立项、结题和评审工作。35 岁到研究所担任所长，1993 年去日本学习和工作两年。这些经历也为我后来从事推动设计产业发展的组织工作奠定了坚实的基础。

2019 年是新中国成立 70 周年，使我想起 20 年前设计制作国庆彩车的情景。当年我一共参与设计制作了科教方阵 5 辆彩车中的 4 辆："科学技术是第一生产力""生物工程在崛起""北京正负电子对撞机"和"基础研究很重要"。彩车"生物工程在崛起"用腾飞的 DNA 双螺旋体现生物工程，彩车"基础研究很重要"提取了兴隆天文台望远镜、寒武纪大爆发、哥德巴赫猜想、单晶硅等国家成果。其中，科技部的彩车主题是"科学技术是第一生产力"，要求"反映建国 50 周年，特别是改革开放

彩车"科学技术是第一生产力"

20 周年来的科技成果"。我们参与投标，我组织设计中心的十来个人设计方案，没有经验可以借鉴。我首先否定的方案是堆砌科技成果的"大筐"，这样的方案注定会被淹没在广场鲜花和旗帜的海洋中，无法做到与场景和谐的同时又"打眼""特立独行"。以前我在企业时，墙上总有一个图表，上面的两条线分别表示每天的产量和累积产量，这两条线就让我联想到国内生产总值（GDP）的走势，我觉得科技的力量就是提升国内生产总值和人民生活的质量。于是，我就在一张纸上画出了彩车的原型，一个向上扬起的箭头，象征 GDP 的走势。"科学技术是第一生产力"的彩车就是要彰显科技的力量，我们选用 LED 显示屏来搭建，在上面播放50 年来的科技成果。为了满足国庆路线对彩车限高 4.15 米的要求，我们选择了搭积木的方式，这就需要 LED 厂家的配合。我们既要根据成本来选择显示屏的颜色，还要考虑能否组装、亮度是否足够。当所有技术难题被攻克，科技部领导立刻选中了我们的方案。在彩车的制作过程中，我们克服了很多的技术难点，这其中就包括车辆的改造。当初我担任车间主任的车间所使用的流水线是亚洲最大的生产线，轧机是德国蒂森克虏伯品牌的，计算机系统是英国 BBC 自动控制系统。通过负责整个车间的运转，让我在技术管理、流程控制方面积累了经验。当在彩车实际搭建过程中遇到工程难题，设计师和工程师束手无策时，我请来了原企业的班组长、工段长支援，他们充分发挥了企业技术工人的潜能，攻克了技术难关。在彩车行进过程中，先后播放了《东方红》《春天的故事》《我们走进新时代》以及 50 年来的科技成果。为此，我还获得了科技部颁发的奖状。这辆彩车后来还参加了国庆广场展览，并入选了当年国庆彩车的系列首日封，后来在北京中关村海龙大厦的广场上展示了很多年。彩车上的 LED 显示屏是天安门广场的第一块移动屏幕。

联想"天琴"计算机

《设计》：北京工业设计促进中心作为政府推动设计创意产业发展的促进机构，也是该领域的先行者，20多年来在您的领导下开展了很多有益的工作。它的成立和发展对北京乃至中国设计产业的发展起到怎样的作用？

陈冬亮：北京市科委很有前瞻性，在抓科技进步的过程中，发现了工业设计的重要价值，1995年，在全国最早成立了北京工业设计促进中心。曾在日本工作并获得过北京市科技进步奖二等奖和设计技术创新奖一等奖的经历，使科委把我从企业"挖来"，一直工作了24年。

工业设计在当时是一个非常新的概念，从理念、组织到内容都需要一个探索的过程。我们吸纳了很多人的智慧，像柳冠中、王明旨、叶振华、简召全、蔡军等。设计中心的第一届班子由我、简召全、叶振华、蔡军四个人组成。

从1995年到1999年的五年间，北京市科委支持了50个示范工程项目，以此来推动工业设计。当时中心有产品设计部、平面设计部和环境部，通过智力引进，让一些国外的专家给企业讲解设计的作用，从企业申报的项目中选出50个项目，由北京工业设计促进中心和各高校组团承接。项目包括万通医疗的牙科综合治疗机、北京牡丹电子集团的VI设计以及王致和、百花蜂蜜、星海钢琴、联想电脑等品牌的产品。在那个阶段，政府通过工业设计示范工程，引入国外设计师来辅导，在理念上和设计的示范上总结经验，在当时起到了很好的作用。

北京工业设计促进中心一路走来也是一波多折。2000年，随着北京市科委结构改组，原来负责工业设计的工业处被取消了，设计中心迎来了寒冬。设计中心的运营一直是自收自支（类似于公司），政府项目没有了之后，最少的一年只从科委得到了5万元的经费，连一个月员工工资都不够。我们不得不到各个展会去"摆摊接活儿"。我们接到的第一个活儿是中科院物理所的一个治疗机，几万块钱。那个时候就是先解决生存问题。刚才提到的彩车制作不仅锻炼了团队，还为我们赚到了第一桶金，帮助工业设计促进中心度过了寒冬。我一直保持着乐观主义精神，所以连老员工都不知道这些曾经的磨难。在压抑的时候，我们要看到成绩和光明，鼓足勇气，作为带头人，要表现得更加强大。

坏事变成好事。我们开始思考，我们的工作如何与北京市科委的工作紧密相关，如何为北京的产业发挥作用，体现工业设计的价值。在这个过程中，我们做了很多尝试。第一次尝试是在 2000 年，我们和当时的北京工艺美术学校合作了一个设计创新孵化器，就是现在的"设计大厦"。沿着这条路走下去，基于北京的设计资源、技术资源、服务资源，我和许平老师提出了设计资源协作（DRC）的想法。利用 508 厂的废旧厂房进行改造，创建北京 DRC 工业设计创意产业基地，一是孵化一批企业；二是为设计的发生和发展提供技术支持，搭建工业设计的条件平台，平台可提供快速原型制造，也就是 3D 打印的前身。我们和清华大学合作，买了一台设备，后来又引进了 3D 打印代理商，提供设计服务。我们还做了一个材料空间，引进了杜邦、GE、三星、美国铝业等品牌以及市科委的材料平台，帮助设计师了解材料。北京市科委还支持了一个刀片服务器的渲染平台，能够帮助设计师更快速地完成设计工作。DRC 基地的另一项重要工作内容就是培训，采用"三真一模拟"的培训模式，将学生和设计师送到设计公司，公司得到新鲜"血液"做创意，学生则得到了实践锻炼的机会。平台和 70 多所高校建立了合作关系，每年输送1000 多名学生，还开办了就业推介会。中心孵化出来的企业包括洛可可、视觉中国等。DRC 基地创办的第二年被评为北京首批十家创意园区之一，2018 年复评依旧在列，被柳冠中教授称为"以小博大"的基地范例。

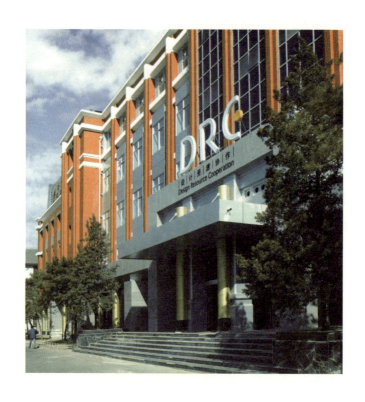

北京 DRC 工业设计创意产业基地

《设计》：由您主导创办的红星奖经过 10 多年的发展，已经成为中国影响力最大的设计奖项之一。现在国内设计奖项层出不穷，与其他奖项相比，红星奖发展的独到之处是什么？对行业发展的促进作用是如何体现的？

陈冬亮：2006 年红星奖诞生之前，我们做了一系列调研铺垫工作，去德国考察，生成了四个梦想，要做一个"梦工厂"、一个奖项、一项统计、一项研究。DRC 基地最初的名字是"梦工厂"，即设计师带着创意而来，在这里实现梦想，这也是我的第一个梦想。红星奖就是第二个梦想。红星奖创办的契机是 2005 年联想获得了德国红点奖，在庆功会上我在致辞中提到，"中国企业到国外拿奖，该是中国有自己奖项的时候了"。2006 年，我们和中国工业设计协会共同创办了中国设计红星奖，得到了朱焘会长和协会的大力支持。

红星奖的第一届有 200 多个企业近 400 多项作品，没有专属场地，利用的是无锡工业设计展的场地，请来红点奖主席、iF 设计奖主席、韩国设计振兴院（KIDP）院长等国内外的专家组成评审团。"红星奖"的命名也是前瞻性地考虑了奖项的国际化发展，我给第一届红星奖设定的口号借鉴了斯诺《西行漫记》中的一句话——"红星照耀下的中国"，我添了后半句"是创新的中国"。这么多年一路走来，红星奖在数量和质量上得到了大家的认同，也得到了企业的支持，现在很多品牌、商家都会展示出红星奖的标志。

红星奖不收取报名费，公平、公正、高水平、国际化是一贯的坚持。每届评奖前，给专家评委发完聘书，现场就交给评委会主席，专家评委会评定的最终结果直接封存，确保公信力。宁缺毋滥也是红星奖的一个准则，至尊金奖空缺的情况也出现过。在越来越得到业界认同的同时，很多国外企业为了在中国发展，也来申报红星奖。

在红星奖的发展道路上，我们把它的侧重点和国家的发展战略紧密结合。评奖是一个积累的过程，我们的主题是科技和文化的融合，助力制造业的转型升级，为提质增效发挥更大的作用。所以近年来，我们在装备制造领域评出了很多奖项，反映出更多装备制造企业对设计的充分重视，如徐工集团、中车集团、商飞集团等。以徐工集团为例，我们帮企业建立了工业设计中心，集团董事长亲任中心主任，足见企业对工业设计的重视。通过"徐工杯"设计大赛征集来的学生创意能够被企业采纳，解决了重大的实际问题，给企业带来了价值。红星奖能够起到让企业了解工业设计、认识工业设计价值的作用，更好地服务于设计。

每年有不少于十项的巡展，都是当地推动产业的抓手，我们还可以推荐好的产品给当地。红星奖的征集渠道是社会征集，它关注科技对制造业提质增效的作用，工业设计与文化创意的有机结合，民生改善、城市的升级改造以及信息化时代工业化设计的体现。此外，红星奖的原创奖主要来自学生，有大量的青年人投身工业设计，从 2018 年开始，服务设计也成为主流，拓展了原创奖的发展空间，它将成为红星奖的重要组成部分，彰显设计的力量。

推动工业设计理念的另一条重要途径就是做展览。1997 年，我策划了一个中国设计大展。当年为庆祝香港回归，文化部主办了一个中国当代艺术大展，我和中央工艺美术学院（现清华大学美术学院）的老师、《中国文化报》的记者建言文化部，在这个大展中加入设计板块，这个展览就成了"中国当代艺术设计展"，可以说是中国最早的设计展，内容包括产品设计、平面设计、环境设计、装置设计、服装设计和多媒体设计六个方面。香港设计师靳埭强等众多中国设计师参加了这个展览。在"寒冬"到来之后，我们在北京科博会用四分之一的场地做了设计展，在得到市领导的肯定之后，第二届场地就发展到一个馆，再往后就转"战"到文博会。用心的工作让领导感受到我们的激情和认真，看到成果，看到设计的价值。

随着设计价值越来越被社会认可，影响力越来越大，设计公司纷纷发展起来，设计展览也遍地开花。北京工业设计促进中心就需要重新思考自己的定位，起到引领示范带头的作用，在别人没想的时候超前想，在没人做的时候超前做，别人开始做了，就要退出来，不跟企业争利。做设计不是中心的使命，20世纪90年代我们做实务设计，那是做示范的使命；做展览，是传播的使命；做DRC基地，是做平台的使命；创办红星奖，是做标准的使命。在不同的历史时期，在产业发展的不同阶段，要用新的抓手推动产业和行业的发展。

《设计》：北京工业设计促进中心在国际交流与合作方面的工作，您方便介绍一下吗？

陈冬亮：随着新的历史时期的到来，创新思维，寻找新的机遇，我们发现北京缺少大型设计活动。2005年，北京获得"2009 ICOGRADA世界设计大会"的主办权。2007年，我与时任中央美术学院院长王敏等人组成代表团，参加在古巴首都哈瓦那举办的2007 ICOGRADA世界设计大会。"2009 ICOGRADA世界设计大会"演变为后来的"2009北京世界设计大会暨首届北京国际设计周"，由北京市人民政府、文化部和教育部主办，北京工业设计促进中心、歌华集团和中央美术学院承办。2015年，经"全国清理和规范庆典、研讨会、论坛活动工作领导小组"报请党中央、国务院批准，设计周作为北京市政府长期主办的五个活动之一。其实，这为申请设计之都积累了广泛的群众基础和社会基础。

创意城市网络"设计之都"是联合国教科文组织为推动产业发展在一些城市推动的项目。北京于2012年申都成功，前后历时两年，历尽艰辛。成功的要素主要是市政府、市科委、教育部中国教科文卫体工会全国委员会的领导和支持，以及我们自身的努力。我牵头负责申都的全过程，包括执笔完成需提交联合国教科文组织的《北京设计之都申请报告》。申都虽然辛苦，但其过程是我们推动产业发展的过程，也是学习国际先进经验的过程，在国际的语境中了解设计产业及其发展，通过申都，把北京设计推向了更高的国际平台。申都成功后，2014 年习近平总书记访问联合国教科文组织，发表演说之前的展览是我来策展的，名为"感知中国 · 设计北京"，中国设计第一次走进了联合国教科文组织总部。

之后，北京在 2013 年和 2016 年又举办了两届联合国教科文组织创意城市北京峰会，发表了《北京宣言》，为中国设计的国际化奠定了坚实的基础。创意城市网络给我们带来了什么呢？我们给国际社会带去了什么？这是一个大国责任，设计对国际社会、企业、可持续发展都是有责任的。尽管我们的设计发展还很滞后，但是我们有庞大的设计师队伍和强烈的市场需求。2019 年红星奖的主题是提质增效、促进消费和城市更新，从这几个角度来讲，设计空间是非常大的。北京加入时创意城市网络只有 30 多个城市，截至 2018 年，已经达到了 180 个城市和地区。北京、上海这些大城市的加入，增强了创意城市网络的力量，庞大的网络更利于汲取全球创意的力量。在这个网络中，我们贡献了中国智慧，改变了规则，在全球治理上也发挥了自己应有的作用。

《设计》：我们了解到您也是联合国教科文组织国际创意与可持续发展中心的执行主任，这个中心与其他设计促进组织有何不同？它的成立和发展会对中国设计的发展发挥怎样的作用？

陈冬亮：联合国教科文组织在全球成立有二类中心，在所在国推动某一项事业。中国以前的二类中心都是科技类的，联合国教科文组织国际创意与可持续发展中心这种跨领域的中心在全球也是第一个。该中心的治理结构是教科文组织理事会领导下的主任负责制，我担任法人。该中心的目标是服务国家战略，服务北京四个中心建设，同时在专业领域提供知识。通过研究、培训、传播，该中心参与教科文组织在创意领域的设计与实践，为教科文组织提供先行先试。同时，该中心也是一个智库，成立了一个国际专家咨询委员会，为该中心提供智力支持、项目对接和人才资源。该中心的起点高，在国际语境下为以创意为中心的可持续发展提供智力支持和探索，可以更好地服务于我们国家的建设，同时也是中国外交交流互鉴、创意设计交流很好的平台和窗口。

《设计》：在您看来，政府、高校、促进组织、产业这几方面应如何相互协作，促进中国设计产业的发展，并助力国家制造业转型升级？

陈冬亮：2011 年，我写了一份政务信息，反映北京设计产业的数据统计问题，当时的市委书记批示给市统计局。用了 5 年的时间，北京市统计局、北京市科委和北京工业设计促进中心共同完成了这个工作，制定了分类标准，将设计产业的统计首次纳入地方政府国民经济的统计序列，在全国是第一个。2018 年设计产业产值为 2800 亿元，充分证明了设计产业成为北京的支柱产业。这是很好的局面，是来之不易的局面，每个人都为此做出了积极的贡献。

今天说设计，不再是简单的设计。在科技发展的今天，设计和制造是无法严格分界的，设计在研发和后期服务中都起到重要作用。同时，还需要清醒地认识到，设计很重要，但不完全等同于设计师个体的重要，设计贯穿于整个产品的生命周期，这不是一个设计师能够完成的，这需要跨学科、跨领域的交叉，需要更多的复合型、创新型人才。完成一项工作，需要很多人锲而不舍地努力，而不是凭一己之力。跨学科、跨领域的文化与科技的国际化交流将发挥更大的作用。随着时代和科技的发展，文化成为热词，是设计的"魂"；科技成为人类文明进程中的重要组成部分，发挥支撑和引领作用，设计的发展离不开科技。

今天我们站在时代的拐点上，面对科技的高速发展和对文化创新的巨大需求，作为设计促进组织，如果不能有所布局、有所思考，是无法成为设计领域的推动引擎的。从自我的角度来讲，就要不断加强学习，不断否定自己，只有否定才能创新，不能躺在过去的"功劳簿"上睡大觉，那就真的老了。过去已经成为过去，翻过去了，而今迈步从头越，新时代属于年轻人，向年轻人学习，永远保持一颗年轻的心。

陈冬亮主持 2013 年北京国际设计周设计论坛

何炯：
上海设计周要成为工业设计革命的推动力量

HE JIONG : SHANGHAI DESIGN WEEK SHOULD BECOME
THE DRIVING FORCE OF INDUSTRIAL DESIGN REVOLUTION

何 炯

上海设计周组委会办公室副主任

何炯，上海设计周组委会办公室副主任，上海设计周投资管理有限公司董事长、总经理，上海设计周项目主要创始人。从 2009 年上海申请联合国教科文组织创意城市网络"设计之都"开始步入设计领域，10 年间深切体会到随着经济的发展、社会的进步，"设计"内涵越来越丰富，设计的价值越来越受到重视。她也见证了设计从懵懂到受关注，再到成长的蜕变过程。随着中国经济的发展和中国设计实力的提升，中国与国际之间的合作越来越平等和规范化。在何炯看来，每一届上海设计周都是一次自我挑战和自我更新的再设计历程，也是一场对于设计的再定义，以及对习惯思维的颠覆、创新和实践过程。

《设计》：2019 是新中国成立 70 年，也是改革开放的第 41 年。这些年来，中国设计取得了长足的发展。请您从自己的专业角度出发，谈一谈您的感悟。

何炯：改革开放 40 周年，科技日新月异，创意设计的边界不断被打破、融合，人们的生活方式也随之发生了天翻地覆的变化。2019 年，是改革开放第二个 40 年的起点，也是上海设计周诞生第 8 个年头的蜕变节点。

继 2014 年国务院发布《国务院关于推进文化创意和设计服务与相关产业融合发展的若干意见》之后，上海市政府近些年相应出台的政策也在着力推进创意设计的"跨界"与融合。从 2017 年颁布的旨在加快上海文化创意产业创新发展的"上海文创 50 条"，到探索高质量发展，打响"上海服务""上海制造""上海购物""上海文化"四大品牌，直至 2018 年颁布的加快建立开放型经济新体制"上海扩大开放 100 条"，都是对上海打造立体化创意设计产业的融合和多层次品牌发展体系的利好消息。这让我们工作在时代变革的前沿，显得更具有顺应时代的意义和高度。

上海设计周既代表一种态度和眼界，也代表上海这座国际化大都市的包容性和多元性。时代造就人，也推动了上海设计创意产业的发展，才有了设计周的平台和机遇。设计周作为上海具有前瞻性和代表性的创意创新平台，不仅是新概念、新物种、新商业和新模式生根、发芽、成长的舞台，也应成为全球不同行业领域的人们展示设计、寻找灵感、体验惊喜、创造奇迹的国际化创意平台，亦是这个昂扬向上的时代中一个行业的缩影。

《设计》：上海设计之都活动周已进入第 8 个年头，请您谈谈您是从何时开始关注设计，如何开始设计相关工作，以及这些年来您在这个岗位上切身感受到的行业变迁及心路历程。

何炯：我是从 2009 年上海申请联合国教科文组织创意城市网络"设计之

都"开始步入设计领域的。我在这 10 年期间深切体会到，随着经济的发展、社会的进步，"设计"内涵越来越丰富，设计的价值越来越受到重视。10 年前说到"设计"，大家自然而然会认为设计就是与漂亮的服装首饰、好看的家具和用品有关，甚至将它和工艺美术混为一谈，都认为设计就是高颜值的代名词，可有可无。所以，从 2012 年举办第一届设计周开始，我们就认为做好设计环境的营造和设计概念的普及是至关重要的。上海市经信委是设计及相关产业推进工作的主管部门，这也决定了上海设计周的发展之路更偏重于对市场的拉动和对产业的联动。

这 10 年来，我们见证了设计从懵懂到受关注，再到成长的蜕变过程。2014 年，《国务院关于推进文化创意和设计服务与相关产业融合发展的若干意见》的发布，对设计产业在整个国民经济中的地位和广泛认知起到了决定性的作用，是设计产业发展的里程碑，也是首次将文化创意和设计服务提到了一个空前的高度，把设计与相关产业融合发展、转型升级，以及技术创新、业态创新、内容创新、模式创新和管理创新相结合，推动设计成为打破行业和地区壁垒、跨界创新的重要抓手。

给我感受最深的另外一个变化是：中国的设计力量慢慢在国际上崭露头角，地位也在逐步提高。记得七八年前，如果和国外设计周合作，或者邀请国外设计品牌参加本土设计周，基本上都要承担对方的各种费用并满足各种要求；而近年来随着中国经济的发展和中国设计实力的提升，中国与国际之间的合作越来越平等和规范化。一些国际品牌的参展商也是按照上海设计周展览收费标准支付相关费用，或者进行同等资源的置换，比如互相邀请参与各自的活动，互换场地或互相承担人员成本等，在一些专业活动的规模和效果上也得到了更多认可。

《设计》：在上海设计之都活动周的官网上看到这样两句话："设计是设计一种生活方式，让生活的每个细节更完美。上海设计周正走在设计的路上。"这

两句话很有意思，请您为我们解读。

何炯：这段话表达了两层意思：

1）好的设计应成为生活的一部分，从生活方式到生活态度，从生活环境到生活服务，从物质内容到精神世界都需要"设计"的参与。设计是满足人们美好生活的需求、提升城市居民幸福指数的重要手段。

2）每一届上海设计周都是一次自我挑战和自我更新的再设计历程；也是一场对于设计的再定义，以及对习惯思维的颠覆、创新和实践过程。设计是没有终点的，每一天都是在路上，每个过程都是一场修行。我们的坚持是为了营造一种支持创新的环境以及对创新的宽容和理解。在尊重专业的同时，偶尔尝试打破专业做一些新东西和新模式。任何新鲜事物都是在探索中完善和前行，在传承和创新中成长和成熟。"世界如此之新，一切尚未命名"，美好刚刚开始。

从 2012 年首届上海设计周诞生之初，上海设计周从一场大型论坛起步即开启了创新破界的历程。2015 年是上海设计周重要的转型之年，成立了由三家国企共同投资的上海设计周运营公司，开启了上海设计周的市场化实践之路。这是一次艰难的蜕变，从之前的政府全买单逐步跨向市场化转型，各种不理解和争议蜂拥而至，特别是对上海设计周主场展览开始实施售票方式产生了种种非议。而我们认为：之所以尝试收费制，是为了还设计一个应该有的尊重，同时也是通过市场化来检验和促进设计周的有效提升。2016 年第五届上海设计周是一场逆袭之战，售票数较上一届增长了 8 倍，高峰时段需花费 1 小时排队购票。2017 年第六届上海设计周开始尝试通过共同模式引入专业合作团队，并推出具有专业水准的系列国际化跨界论坛。2018 年破界之届的上海设计周又一次大胆突破，把主场展览从 13000 平方米扩增到近 25000 平方米，包揽了上海展览中心的全馆，增加了设计 365 商业延伸的内容板块，真正把设计周逐

非遗再设计

步向 365 天辐射。我们每一年的创新都在做未来不同定位方向的尝试，希望通过市场的反馈和争议，为上海设计周真正以全新模式的成功亮相打下基础。

《设计》：上海设计之都活动周在官宣中提到"成为工业设计革命和生活方式创新的推动力量"，那么在推动整个工业设计领域创新和发展等方面，设计周以及您和您的团队认为应该起到/能起到什么作用？为业界带来怎样的影响？

何炯：上海设计周不应仅是有颜值、有故事、有人气的设计活动，更应该成为工业设计革命和生活方式创新的推动力量。多年来，我们也是本着这样的初心去探索和实践的。不同阶段设计起到的作用和价值也是不同的。设计周创立之初，我们更多的是营造氛围、传播理念，挖掘优秀的原创设计及设计相关品牌，帮助他们展示和推广，多年来已有几十个品牌通过设计周成长起来。而随着经济的发展，市场越来越成熟，上海设计周慢慢开始考虑利用多年来在文化、艺术、科技和商业等领域的多种资源，为企业和行业提供增值咨询和对接服务。例如，为正在转型中的传统品牌、正处于扩大品牌知名度的新品牌，以及之前为行业提供技术研发服务的系统集成商和专注于外贸 OEM（定牌生产）的制造企业，提供新的发展思路、合作渠道以及各种有价值的跨界资源，帮助他们在设计周的新亮相成为成功转型和突破发展瓶颈的一个有效转折。通过我们参与的各种跨界合作的示范模板，引导各行业间的融合创新发展方向。

未来的工业设计或许需要重新定义，无论站在使用者和市场化的角度，还是涉及多学科、多行业的技能，它的系统性和生态化的特点将越来越凸显，这也将给我们的设计从业者打开一扇通向未来无限可能的大门。同时，我们也承担着对 C 端客户的消费引导和创新生活方式的推动一责。只有让大众接触到和了解到更多新概念、新产品、新技术、新模式、新物种、新场景和新玩法，才能真正带动 B 端市场面向的潜在消费趋势。

上海设计周也更应该有所创造：创造一些不同、一些参与、一些经历，让可能的奇迹有了诞生的勇气和绽放的机会。我们应站在更高的维度去思考设计与城市、设计与生活、设计与自然、设计与人类的关系。我们希望设计周的举办，通过对生活方式的再设计，改变消费习惯和时尚认知；通过对商业模式的再设计，促进业态创新和产业升级；通过对生态体系的再设计，推动城市更新和社会进步。设计不应该只是设计师的专利，每一个人都可以将自己的创意付诸实践。让设计走向大众，融大众的行为于设计之中，从而成为人人的设计和人人的行为。让大众受益为人类造福！

《设计》：2018 年的上海设计周将未来科技与工匠精神同时展现给了观众，这是否就是对"破界"理念的践行？

何炯：设计的目的是解决问题，传递价值观。在当今设计手段多元化，专业边界不断扩展和模糊的形势下，跨行业的设计合作实践成为设计的有力手段。我们希望设计能承担一种"延续"的责任，把历史文脉的精髓延用当代手段表达；把当下的"设计"变身后续的再利用，延续其更多价值。好的设计应发挥"连接"的作用，在连接历史和当代中创新，在连接今天和未来中成长，在连接人类和自然中升华，在连接不同世界中创造更多的不可能的可能……我们所推崇的工匠精神应该是"新工匠精神"，也就是具有创造新价值的工匠精神。无论非遗的传统手工艺还是新科技，这些都是基本元素和手段，本身并不具备市场价值，只有通过设计进行有效转化，成为符合当代需求的传播形式或商业模式，才是"破界设计"实现的真正价值。

2018 上海设计周主场展览中最受欢迎的三大必晒打卡点就是"破界设计"创造的新物种。一是由著名设计师王平仲先生创作的巨大金字塔造型的主门头，不仅是设计展的入口，也融入了更多体验和创意的艺术

王平仲设计的可持续利用的主门头

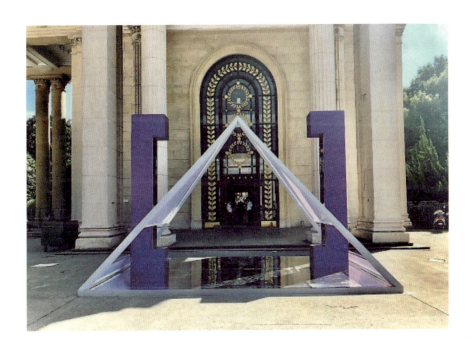

以新材料创作的"设计任意门"

装置，每一个板块和部件在设计周结束之后，可以通过再设计可持续利用，重组成其他新奇有趣的家具，延续了设计的价值；二是位于序厅入口的沉浸式非遗公共艺术装置《百鸟林》，吸引了众多人的目光，通过对传统非遗的再设计，集合非遗织染绣技艺的数十条花布、绣带垂挂而下，融合了新材料和音效，让行走其间的人们宛若在树林中穿梭，悦耳的鸟叫声此起彼伏，让大众通过公共艺术装置的体验对传统文化和技艺有了全新的认知；三是互动艺术装置《瞬息》，数百把油纸伞共同组成了一个像素点阵，通过扫描场地中的二维码，可以将文字信息从手机传送到装置上，并通过伞面的开合展现在空间中，从而创作出属于自己的独特瞬间和感受，这个破界创作的作品更符合当代年轻人的参与特点和传播方式，设计周之后，这个作品被送到法国设计双年展上进行亮相，同样成为现场热点，同时该设计团队也获得了众多商业品牌的关注及合作机会。

上海设计周从 2014 年开始就设立了非遗再设计的版块，坚持至今，并在 2018 设计周上获得了广泛瞩目。保护非遗、激活非遗、振兴非遗，需要用创新思维进行打破常规的设计再创造。不仅在材料创新、工艺创新和功能创新上进行"再设计"的介入，还要结合当代新颖的传播途径和 VR（虚拟现实）、AR（增强现实）的科技表现手段，让丰富多彩的文化元素能够带来非常直观的认知和连接。当然，目前非遗仍面临着资金短缺，传承人、使用者老龄化，市场开发、评估、预测不够成熟等问题，非遗和金融的结合势在必行。这些看似"颠覆"的新维度，实则是同台交流分享的化学反应，给非遗发展提出了新思路，因为这样的"颠覆"架起了从体验到认同再到问题解决的桥梁。尊重传统，颠覆传统，才是对传统最好的传承。

《设计》：在整个设计领域，上海的城市设计氛围非常浓厚，作为全球 22 个设计之都之一，上海的特色是什么？您认为其他哪些城市的哪些地方值得学习借鉴？

何炯：上海又称"魔都"，一个让人着魔的魅力之城，既传统又前卫、既繁华又精致、既个性又包容，上海是复古时尚、中西合璧，跨时空、跨国界的完美统一体。上海对于设计的认知是实际的，也是创新的，更是超前的，既注重于美好生活方式的设计，也会关注商业模式创新、产业转型升级的设计，以及城市规划和城市更新方面的设计。正如上海设计周在愿景中提到的：推动造福人类的再设计，成就融合跨界的大设计，创造引领未来的新设计。

当设计拥有了自己的灵魂，便会释放力量，影响周围的环境，擦出与城市间互动的火花。经过时间的洗涤，人们依旧能够被它感动，进而融为人们生命活动的一部分。面对设计，我第一想到的是人性化设计，第二想到的是使用者的体验设计，第三想到的是设计的意义与价值。作为一个从事与创意设计相关工作的非专业设计人员，我时常在思考这样一个问题：中国的设计与国际先进城市之间的差距到底在哪里？或许以下两个案例会给我们一些思考。

案例 1："感悟伦敦地铁的设计生命力"

2014 年去英国参加伦敦设计周期间，我在伦敦的一周内真正体验了以地铁为主要交通工具的便捷性，这也让我深深感受到了这座城市最有温度的跨世纪设计，回沪后我撰写了一篇感悟，具体如下：

伦敦地铁：古老与现代的完美邂逅

此次参加英国伦敦设计周期间，全程主要以地铁为出行方式，虽然较累，却让我感受到了伦敦不一样的地铁文化和设计者的匠心独运。

伦敦的地铁诞生于150年前的英国工业革命和大英帝国峰端的维多利亚时代，是世界上第一条地下有轨交通系统。地铁见证了这个国家工业化到现代文明的全过程，虽年代久远却线路通达，虽设施陈旧却坚实耐用，多少年来一直在满负荷运转，焕发出跨世纪的磅礴生命力。

伦敦的地铁站依然保留并使用着百年前的老站，150年历史的伦敦地铁，它确实有些老，扛不住因节庆而激增的人流，扛不住设施的慢慢老化，留下陈旧的、被潮湿侵蚀的痕迹。除少数几个新建车站外，多数站并无宽敞豪华的大厅，站台宽度仅3米左右，但由于信号控制系统先进，运营调度良好，使得班次间隔设计科学，交通高峰时段的班次仅相隔1分钟。

今天伦敦已建成总长400多公里的地铁网（其中160公里在地下），共有200多个车站，10多条线，几十个交会点，伦敦地铁规划完善，民众出行十分方便快捷，不出站即可在交会站内换乘其他线路到达伦敦所有的地区。伦敦地铁四通八达，与火车站、机场联为一体。全市有很多火车站，几乎所有火车站大厅里都有地铁进出通道，确切地说，地铁的上面就是火车站，下了火车换地铁，出了地铁上火车，加上许多地铁站设有汽车自动停车场，旅客换乘非常方便。从市郊来伦敦上班的人通常是汽车、火车、地铁，一环紧扣一环，省时不少。

也许我们搭乘伦敦地铁的时间不在高峰期，我转乘的几条线路都没有出现异常拥堵的情况，人们上下有序，气氛和谐。对于坐惯了拥有宽阔车厢的国内游客来说，伦敦的地铁车厢空间狭小。而且地铁行驶到高速时，声音异常刺耳，当地乘客已习以为常。没有电视，广播只是简简单单报站。

多票种和多票价是伦敦地铁运营的又一特点。车票分为单程、往返、日票、周票、周末票、月票和年票等诸多种类，票价则根据区间和时段不同有所差别。比如，除周末和节假日外，每天上午9时30分前为交通高峰时段，此时买一张日票要比非交通高峰多花两英镑，因此，没有急事的人，一般会等到高峰过后再出行。用票价调节高峰时段的客流，也算是伦敦地铁运营设计的一个绝招。

虽然伦敦地铁老了点，但却不乏味，每个站的背后都有着自己的精彩故事。伦敦的历史和文化被细致刻画到每条线路上。例如：海德公园站通道的墙壁上描绘的是英国1851年在当地举办第一届世界博览会时的情形；因福尔摩斯探案出名的贝克街，地铁站台的墙壁用一块块印有这位大侦探头像的马赛克贴成。很多站也被装饰得如艺术品，即使是普通的一站也有着很漂亮的艺术壁画。

伦敦地铁非但不乏味，而且还是个充满温情的地方。地铁入口的信息提示牌经常会有名人警句、幽默的温馨提示，车厢内不经意会发现各种题材的诗歌。市区中人流相对密集的地铁站、通道中总会有一个个的"艺人角"。地上贴出一个彩色的半圆形舞台，只要有才华，就可以随意又正大光明地站在那里展示自己。

伦敦地铁也培养并促进了这里人们的阅读习惯。你一进车厢，经常能看到一排摊开的报纸、书籍，或者捧着Kindle电子书的人。另外，地铁也俨然是 "猎取信息"的地方之一。扶梯间、通道处，总有各种海报和手册，除了极少量的产品广告外，大部分都在告诉你最近的活动、电影、音乐剧信息……我的很多出行规划都受益于这些信息。

因为其强烈的文化标志性，伦敦地铁站常常成为电影取景的重要题材。詹姆斯·邦德动作片《007：天幕坠落》本来要取景圣殿站（Temple），后移师查林十字车站（Charing Cross）。 国王十字车站既是地铁站，也

上｜贝克街站台上福尔摩斯剪影墙
下｜站台上特别用彩绘标示出艺人表演区

是火车站，电影《哈利·波特》在此取景拍摄。

除了电影取景地，废弃的地铁站还被改造成博物馆、画廊、酒吧，变身成文化休闲中心。在一项名为"设计伦敦"的比赛中，获得一等奖的设计是将伦敦牛津街底下废弃的地铁通道改造成城市蘑菇公园，设计师巧妙利用了地铁通道内的通气孔，这一大胆的创意获得评委们的一致好评。

地铁是现代都市最重要的交通工具之一，地铁站的规划与设计体现了一个城市公共环境设计的品质，以及设计师对历史、文化、人性的理解和丰富的专业知识。百年的地铁老站与现代新站牵手形成了一幅跨世纪的地铁应用图。在这里可以看到历史流淌的痕迹，亦能感受时尚的气息和人文的关怀。所以，设计不是一味摒弃老旧，而是在传承中创新，以人为本的设计才具有持久的生命力！

案例 2："设计的本源"

2012 年去美国考察途径洛杉矶市区时，导游指着一幢尖顶的建筑告诉我们这是市政府大厦，然后又指着旁边一幢白色的高层建筑问我们："你们猜这个是什么建筑？"从博物馆到大剧院，从办公楼到市民活动中心，我们一路猜下来居然没有想到这栋楼是监狱，真是让我吃惊不小。导游开玩笑地说，这个是美国政府特意而为之的规划设计，目的是时刻提醒从政者要廉政并有作为，否则你的办公室将直接"搬"到隔壁大楼内。我再仔细打量这幢建筑，其与周围街道并没有传统意义上严密的隔离，而是一个个能看到外面世界的铁栏杆，看不到岗楼、岗哨、铁丝网，也没有武装守卫，没有标志性大门，唯一的区别是窗户的设计有些与众不同，楼群所有窗户都是外凸狭窄条形有机玻璃，人的头伸不出来，但却能最大限度地看到外面的世界，享受阳光，呼吸新鲜空气。我当时有些震撼，我赞叹城市规划师触动人心的规划选址，我欣赏建筑师直指人性的精心设计，这是"自由"与"监禁"的直观撞击，监狱的设计本身已经完成了一切繁杂的说教。罪犯在被囚禁的过程中看外面世界的自由，其必然会触发内心最深层次的渴望，也能唤起囚犯最初的善心，时刻激励自己好好改造，争取早日重获自由。这种关爱的设计必定是在经过对囚犯心理学研究的基础之上形成的，也是对人性哲学思考之上而完成的。我站在监狱外，在自由的世界里看着它，感叹着自由真好！

在美国的另一个感触是那些通体亮黄色，拥有一个长鼻子的校车。美国校车的外形几十年未变，美国校车是安全的代名词，所有的设计，所有的改变全部为安全服务。在美国的校车上，都有一个伸缩的横杆，上面写着红色STOP，只要司机把这根横杆伸出来，它的权限就是最大的，比警车、红绿灯权限都要大，可以说校车是美国最高级别的特权车辆！

从监狱到校车，城市发展、社会发展与创意设计产业之间的关系已经越来越紧密，好的政策、好的改革方向要有效落实，依托创意设计往往能事半功倍。同样，设计不再是一个孤立的行为，只有符合城市和社会发展的设计才具有真正的价值。

《设计》：面对新的发展机遇和挑战，请您介绍一下 2019 年上海设计周的规划和亮点。

何炯：在瞬息万变的当下，井喷式的新技术和新产品造就了新的市场生态，设计正与各行各业融合渗透，从有形到无形转变着，改变着我们的生活方式。我们要做的就是让创意设计不断打破原有的壁垒，用破界思维和跨界实践去融合、去尝试、去创造更多的无界的奇迹；让更多新鲜的想法和事物不断涌现。不破不立，不破无新，上海设计周的平台应成为独具上海特色的全球创意聚集高地。

得益于多年运营"上海设计周"项目的经验，我们有机会直面各行各业的前沿，了解第一手的信息，平台的优势给了设计周一个独特的视角，我们能看到光明的未来，也能看到潜在的危机。作为一个官方背景的项目，设计周也在尽自己所能创造最好的机会，为上海乃至中国的原创设计发展贡献自己的力量。

2019 上海设计周规划

各种边界被打破，无界的新秩序正在建立。各种创新设计正从内容、形式到运营模式改变着设计周，让各种不可能成为一种可能。2019 上海设计周将会站在"设计再出发"的新起点，去反思，去改变，去创造……

◆ 上海设计周——不变的愿景

打造设计梦想共同体

释义：以尊重自然、维护人类的长远利益为前提，注重设计对生活改善、品牌提升、业态创新、产业升级、城市更新、社会治理以及生态保护的价值和作用；激发众人的创意，构建全球协同化的设计共同体，推动造福人类的再设计、成就融合跨界的大设计和创造引领未来的新设计，让设计助力"中国梦"早日实现。

◆ 2019 上海设计周 —— 定位

全球设计新理念、新产品、新应用和新模式的创造舞台和发布平台；设计与文化、艺术、科技和商业碰撞的跨界盛会。

◆ 2019 上海设计周 —— 主题

设计再出发

◆ 2019 上海设计周 —— 关注

人、城市和自然的关系

好的设计让"人"更愉悦，让"城市"更宜居，让"自然"更和谐。

◆ 2019 上海设计周 —— 创意核心

"界"：用破界的思维，进行跨界的实践，打造无界的奇迹。

◆ 2019 上海设计周—— 聚焦领域

聚焦设计与时尚新生活方式、设计与智能科技新应用、设计与生态发展新趋势三大板块，通过设计与文化、艺术、科技、商业模式以及行业应用跨界融合，推动设计创新成果的有效转化，营造生活美学教育的体验环境和新传播方式。

◆ 2019 上海设计周——四大板块全面联动

1）主场展览 - 设计魔都 / 设计跨界论坛。

2）分场馆 / 全市联动。

3）长三角 / 国内 / 国际合作。

4）商业延伸 / 设计 365 平台。

◆ 2019 上海设计周——主场展览"设计魔都"全新亮相

1）设计·魔力馆——创造新认知和新世界。

2）设计·魔性馆——创造新生活和新个性。

3）设计·魔界馆——创造新商业和新产业。

4）设计·魔聚场——创造新舞台和新模式。

5）设计·魔变广场——诞生新场景和新玩法。

6）设计·魔界论坛——碰撞新观点和新趋势。

2019 上海设计周亮点

1）更多再创造的可能性。2019 上海设计周围绕主题"再出发"，首先对"上海设计周"自身使命进行"再出发"的反思。作为建设上海"设计之都"的推进性活动，我们应发挥自身的平台优势，更多地关注具有引领性、探索性、实验性和创造性的设计。

一是围绕设计内涵的"再出发"，我们希望突破原有的"设计"概念，通过对产品设计、多媒体设计、交互设计、服务设计、商业模式设计等多重设计理念的融合，深入挖掘"设计"的可能性，重新激发"设计"

的活力；二是围绕设计新价值的"再出发"，"设计"作为一个横向的跨产业链端口，在原有的垂直转化价值之余，应更多地发挥纽带和润滑剂的作用，进一步探索跨界融合的可能性，力争激发商业创意，突破行业瓶颈，推动产业转型。

2019年，我们将更关注创新和跨界，从自身做起，颠覆传统的展会形式，推出更多的创造性"新物种""新模式""新玩法"，将会给观众带来前所未有的观展新体验。

2）推出"3+30+365"模式。2019年，上海设计周联手商业合作伙伴，共同推出了文商融合的新范本——设计365移动博物馆。主场展览期间，场地和时间限制了更多的观众近距离接触设计的美好。为了更好地展现优秀的作品，2019年，设计周再次突破自我，在3天主场展览之后，将优秀的内容移师商业空间，进行为期30天的延伸展览，让好的设计不再匆匆而过，让更多的观众可以近距离领略设计之美，共同探索设计的商业价值。同时，由上海设计周延伸出的365天"新定义主题产业"板块也将逐步亮相市场。

3）管中窥豹——预见未来，创造未知。上海设计周将成为中国设计走向世界舞台的综合推手，在2019设计周期间，将发布一批颠覆性的原创IP跨界新场景、新物种和新模式，通过营造一个激发想象力的自由环境，创造出更多的奇迹。

4）对设计进行再设计——全新论坛形式。5场论坛+3场表演+1场大师讲座+*N*次深度对谈。2019上海设计周主场论坛将颠覆传统台上台下的论坛形式，打造震撼的沉浸式全场景"思辨擂台"。

当我们对设计的需求不再满足于对人造事物的构想与规划时，我们开始重新定义"设计"本身及其客体。我们转而将目光对准社会的生态体系、文化发展形态以及人与人之间交互的逻辑。2019上海设计周，50

位来自全球的设计师、艺术家、科学家、媒体人及管理者，对于后人类时代将面临的挑战与机遇，将从"解决问题"到"提出问题"，重新审视"设计"的意义与角色。

在新的一年，让我们放下过往，重新出发，置身于这伟大的时代风暴中，接受挑战，感受新的世界，坚持奔跑，一起遇见未来如期的美好！

胡启志：
共同创新：大湾区战略下的设计选择

HU QIZHI: COMMON INNOVATION: DESIGN CHOICE UNDER THE
STRATEGY OF GREATER BAY AREA

胡启志
广东省工业设计协会会长、中国工业设计协会副会长

工业设计正在发生一些重要的变化——工业设计的服务应用领域正在从面向终端消费者向兼顾面向生产过程和操作者的领域转变；工业设计的服务深度正在从设计产品提高产品的适用性设计向实现功能、提升性能的设计转变；工业设计专业机构规模和能力正在从规模小、服务链条短向高端综合设计服务能力、系统解决方案能力和原始创新设计能力方向转变。广东省工业设计协会会长、中国工业设计协会副会长胡启志表示："在这个转变过程中，我们日益清晰地看到，工业设计价值不断增大，设计的产业链、价值链也不断向各个领域延展。但是，依循技术、生活方式和文化构成的逻辑架构和主线，我们工业设计的发展还任重而道远，特别是文化逻辑的构建与滋养，才是广东乃至中国真正成长为世界设计强国的根本，也将对我国的工业设计发展产生更为深刻而长远的影响。因此，在我们不断前行的探索与实践中，我想提出新时期广东工业设计的"三来一补"，即不忘本来、吸收外来、面向未来，补足短板。以此与中国设计的探路者、实践者们，与孜孜前行的同道者们共勉。

《设计》：协会的定位、作用和职能应该是什么？

胡启志：行业协会要做好工业设计发展的传播者、推动者和执行者的定位和作用。

柳冠中教授说过，工业设计不仅是生产力，更是生产关系。我很认同他的观点，在我看来，设计公司、企业、专业机构的发展状况表现为设计的生产力，而为了推动这种生产力的进步，则需要相关各方（政府、企业、院校、社会、媒体、投资等）共同努力，共建一个良好的设计生态，从这个角度讲，推动设计的发展首先要做好生产关系的调整，这也是协会组织应该做的事。我加入广东省工业设计协会将近 15 年了，这些年来，"立愿景、树理念、凝共识、聚资源、抓落实"是协会一直坚持和践行的服务工作理念，也是协会工作战略的具体诠释。将广东"建设成为世界级的工业设计高地"，这是协会致力追求的工作目标和发展愿景，为此，协会提出了"产业设计化、设计产业化、设计人才职业化、发展国际化"的发展路径和理念，并且经过广泛沟通、宣传，在政府、企业、设计机构、院校和社会组织等之间达成广泛共识，以"政府主导、企业主体、市场运作、各方协同"的方式汇聚各方资源，通过"省长杯"工业设计大赛、广东设计周、省级工业设计中心评定等工作和项目载体，将相关工作落到实处。在此过程中，协会较好地承担了广东工业设计发展的传播者、推动者和执行者的角色，正如中国工业设计协会原会长朱焘所说，推动中国设计的发展，除了要有政府的有形之手和市场的无形之手以外，还需要有协会这只有形中却无形、无形中却有形的手。具体来说，这包括：

1）协会是广东工业设计发展的传播者。在"产业设计化、设计产业化、设计人才职业化、发展国际化"的发展路径指引下，协会一直通过大赛、展览、论坛、培训、交流等各种平台传播宣传创新设计理念和设计思维，为广东营造工业设计创新发展的良好氛围奠定了坚实的基础。

2）协会是广东工业设计发展的推动者。协会一直以工业设计发展政府智库的角色作为自身发展定位，除了为推动广东工业设计发展提供理念和思路以外，还具体协助政府职能部门制定了近年来省内所有的重大工业设计相关的政策、制度，包括"省长杯"制度、工业设计职业资格试点制度、省地共建广东工业设计城模式、粤港设计走廊规划、粤港澳大湾区创新设计圈建议等。

3）协会是广东工业设计发展的执行者。近年来，协会一直是广东省重大工业设计活动的策划者和具体工作执行者，包括历届"省长杯"工业设计大赛、广东设计周、广东工业设计展、工业设计职业资格国家试点、省级工业设计中心评定、年度工业设计师评选等，同时，也为地方政府制定设计相关政策提供咨询服务，为企业制定设计战略提供研究服务。

抓住时代发展的机遇，并且从战略的高度和以战略定力，为协会找到一条适合的发展道路，这是广东省工业设计协会多年来深耕广东工业设计这个领域，并取得一定成绩和影响力的重要原因。面向未来，我认为协会还是应该抓住这个定位不动摇，面对新形势和发展新局面，在具体工作方面需要有新的思路和创新的举措，但基本的原则是不变的，需要不断完善的就是如何将工作进一步做扎实、更有效率和针对性。

《设计》：如何评价广东工业设计发展取得的成绩？

胡启志：过去的十年是广东工业设计发展的黄金十年。

从 2008 年到 2018 年，为什么说广东工业设计的这十年是"黄金十年"？因为广东工业设计不单在产业层面发挥作用，还延伸到城市、乡村、社会等各个方面。

在产业层面，广东省的工业设计专业机构数量、设计从业人员规模居全国首位，并培育建设了一批以广东工业设计城为代表的产业载体，习总书记在视察了广东工业设计城的发展后，给予了充分肯定并提出了更高发展期望。由于对设计创新的重视和高度认识，广东省出现了华为、美的、广汽、素士、小鹏、云巢、哲品等众多的设计驱动型品牌，童慧明教授在其创立的 BDDWATCH 中提出了"设计驱动型品牌"的理念，并对这种品牌类型和发展模式进行了深入研究和挖掘。过去 10 年，我们也不断追踪、总结、梳理广东省制造产业领域的典型和代表性企业的发展模式和发展历程，包括华为、志成冠军、中集、大族激光、尚品宅配、新宝电器等十几家企业，并形成案例，作为标杆通过论坛等活动在全省进行推广。从这些企业不断成长壮大的历程中，我们发现和总结了"设计前置、技术协同，以用户体验为中心"的设计创新模式，这种模式为广东省企业提升创新的效率与有效性，在价值链的高端建立竞争优势提供了新的样本，也为广东企业的转型升级与高质量发展提供了动力。

在城市层面，从 2008 年深圳成为我国首个获得联合国教科文组织授予的"设计之都"称号的城市，提出了"深圳设计"，到 2018 年，顺德用设计来武装城市，提出了"设计顺德"口号和三年行动计划，以及广州提出了争创世界"设计之都"构想，设计正在成为产、城、人融合的催化剂和黏合剂。

在乡村层面，广东工业设计三年前就介入了乡建，展开设计扶贫，"缮居"设计公益活动已经连续开展两年，参与"青田计划"的实施也已经进入第四个年头，并且首次系统化地提出了中国设计的哲学理念和价值标准——中国设计"逢简六条"，这些对于接续和重构中国文化传统具有重要指导意义；在社会层面，为推进设计人才职业化，广东省争取到全国首个工业设计职业资格评定试点，以提升工业设计从业人员的社会地位和身份认同，并且，我们将对国家首批高级工业设计师的访谈编撰成《志在设计》一书出版，鼓励青年设计师和大学生投身工业设计事业。另外，在社会服务领域，出现了像 YOU+ 国际青年社区（优家）这样的服务体系，用设计思维构建起解决南漂、北漂的青年人在陌生城市里的孤独。现在回过头来看，为什么能够发生这样的黄金十年，是因为我们将工业设计作为一项运动来做，并且扎根于产业，这个运动项目就是"省长杯"工业设计大赛。

《设计》：在众多的设计奖项中，广东"省长杯"的独到之处是什么？对行业的促进作用是如何体现的？

胡启志："省长杯"就是一场工业设计的运动。

正如前面所说，"省长杯"工业设计大赛是协会一手策划和推动的，也一直作为协会工作开展的重要抓手，是协会开展产品评价、人才评价和企业评价工作中的重要环节。"省长杯"的独到之处首先体现在顶层设计上，它是纵向上与各地市的设计活动联动，横向上与各省直职能部门协同，围绕"省长杯"设立多个专项赛，并发挥家具、服装、智能装备等相关行业协会的组织作用，使"省长杯"成为一个开放融合的平台。此外，大赛还对获得优异成绩的设计师授予"五一劳动奖章""五四青年奖章""三八红旗手"等荣誉称号，提升设计师的社会地位，这种无形资产的注入会极大提高设计师的自身价值。经过近10年的不断完善，大赛赛制已经基本定型，大赛理念逐步清晰，平台作用初步呈现，在行业内形成了比较鲜明的特色。从我们自身角度评价"省长杯"的话，我想借用"省长杯"工业设计大赛历任评审委员会主席童慧明教授的话，他说："深植于珠三角制造业沃土的'省长杯'，本身就是一个了不起的创造。"由第六届开始，通过首创地市同步赛事、产业专项赛事、高校举办赛事，一个期盼已久的"省市联动，赛设计、竞创新的区域氛围"已成现实。而旨在推动企业以设计思维进行商业模式创新而设立的"产业设计"评审类别，更是在国内外诸多重要工业设计竞赛、奖项设置中未曾见到的。我们可以自豪，"省长杯"已经用务实的竞赛内容与组织结构、激励机制的全面创新，为中国的创新设计事业提供范式与经验。

　　与其他大赛或奖项相比，"省长杯"是一个接地气的赛事，它与广东的产业紧密联系，紧紧围绕产业创新。除了产品设计和概念设计，"省长杯"首创的"产业设计"类别与世界设计组织将工业设计定义为"将策略性解决问题的过程应用于产品、系统、服务与体验的活动"的理念不谋而合。从赛制来看，我把"省长杯"工业设计大赛比喻为一场工业设计的运动，企业和设计师就是运动员，产业就是运动场，而且是一个遍布全省蓬勃联动开展的运动盛会。在我看来，"省长杯"已经不是一个简单的赛事活动了，它已经固化成了一项制度（广东好设计、中国好设计的评价和奖励制度）、一个平台（推动创意转化和促进设计商业成功的平台）。一个好的政策、规划，不能只是政府意志的贯彻，一定是对市场的激发，是对环境的营造，是能对市场真正起到引导、激励的作用。就像"省长杯"工业设计大赛制度，它真正做到了激发企业、社会对设计创新的认识和热情，从几百件参赛作品到三万多件作品、上万个企业和个人参与，经过持续的投入和努力，已经成为一项行业和社会认可的产品创新的评价和奖励制度，而且通过链接各类产业资源以及传统和新兴的商业渠道，正在成为推动创新成果产业转化对接的平台。对第八届大赛获奖作品的调研结果表明，54% 的概念设计参赛获奖单位对大赛建立转化和对接平台有所需求，全部概念组参赛作品有产业化对接需求的比例高达 87%，10% 的产品设计参赛获奖单位希望通过获奖获取商业销售通路，接近 80% 的产品设计参赛单位欢迎大赛建立起助力企业实现销售的机制。这就是一个好的政策所能带来的市场和社会效能。

　　我们在组织承办"省长杯"工业设计大赛及设计周的相关活动过程中，一直在思考一个问题：好设计的标准是什么，什么才是中国的好设计？在不同的设计体系思想指导下，对于好设计的标准实际上是有差别和有不同的价值取向的，那么，什么样的设计才是可以代表中国解决方案和中国价值的好设计？在科技、艺术、文化等要素影响的设计体系当中，文化的价值、设计文化的建立将会是一个关键因素。这也是我们近两年的一个努力方向，就是开始试图构建设计体系的尝试和追求，当然，我们先是从梳理岭南文化、从设计导入社会创新领域着手。"科技＋文化＋设计"是产业和城市创造力的核心，具有中国文化价值和内涵的好设计，才是我们为世界贡献的中国解决方案和中国价值，这也是"省长杯"今后要努力的方向。

《设计》：现下最想推进的一件事是什么？

胡启志：共同创新——大湾区战略下的设计选择。

在回答这个问题并阐述我的观点之前，我想先谈谈对广东工业设计今后所面临的发展环境和发展机遇的认识。

最近大概半年的时间，我们与主管部门一起在全省各地开展调研和论证，目的是在当前的新形势下，为如何进一步推动广东工业设计的高质量发展，以设计的高质量发展促进制造业和经济的高质量发展，要提出新的思路和措施。通过调研论证，已经形成了一些共识，将通过报告及建议的形式上报相关部门。

1. 面临的环境和课题

从 20 世纪 80 年代以来的 30 多年间，研发设计较为薄弱的广东，在改革开放年代通过市场机制领先一步、以制造能力的引进复制、凭借生产要素的价格优势迅速扩张，制造企业以技术引进、跟随复制为手段迅速实现跨越发展，并经过数十年不断的设计改进完善，形成了广东全球制造基地的后发优势。但是，由于技术研发、原始创新、设计的缺失，当"跟随－套利"的窗口关闭后，往往使得我们在新一轮技术革命到来之际难以看准研发的方向，从而很可能丧失关键性的机遇，令工业 4.0

之后的广东重走模仿与跟随的道路，这就是通常所说的"既是后发优势，又是后发劣势"。

在经济全球化的背景下，我国参与激烈的全球竞争，具有自主知识产权的核心技术和产品的研发仍然是发展的屏障。过去的十年，经过持续不断地推动研发和设计创新的投入和努力，广东在推进工业设计引领经济社会全面创新方面做出了极其宝贵的实践。通过园区孵化、政策扶持、研发协同、示范引领等方式，工业设计实现令人瞩目的成果并居于全国领先地位：设计产业集群格局初步成形；工业设计服务快速扩张，实现产业业态、服务覆盖面、服务范围三大提升；设计机构能力不断增强，涌现出一批超越外观设计向工艺、制造、包装、市场、品牌全产业链服务的设计机构；工业设计提升了广东省新型产业集群竞争力。

今天，网络化和智能化为特点的 4.0 时代，将对广东省的制造体系产生空前的挑战。如能发挥工业设计"以可持续发展需求为目标，整合资源、知识，建立新型工业产业平台，从事系统集成创新"的功能，便可形成基于广东省强大制造能力之上的核心竞争优势，实现从"广东制造"到"广东创造"的转化，只有这样，广东才可能实现"持续创新"。相应的，广东工业设计的进一步发展也需要实现 3 个转变：①从快速发展到高质量发展的转变；②从规模扩张到高水平提升的转变；③从生产服务到驱动创新（拯救创新）的转变。

2. 面临的机遇

看清趋势，抓住机遇，才能创造未来。从共性和特性角度，我认为广东工业设计的发展面临三个方面的机遇。

一是战略机遇。它表现为：①全球创新格局和创新要素的配置趋于重新调整。随着"创意经济"和"创业经济"时代的到来，在全球经济一体化的发展趋势和背景下，以及合作创新、共同创新的发展理念下，全球创新体系和创新要素的配置趋于重新调整。广东已经形成了以供应链为核心,加上物流和生产的制造生态,这在粤港澳大湾区最为明显。这里从创意到原型再到批量生产,速度是在硅谷的 10 倍,而代价只有它的 1/10。这个生态体系可以加速技术从实验室向产品阶段的转化过程,也可以迅速实现低成本的规模化生产。②高端制造(高品质制造)优势和工程师红利、设计师红利是广东省在全球创新链分工中占据一席之地的核心战略资源。我国经济正面临着从要素驱动向创新驱动的转变,虽然制造业和实体经济的规模优势和成本优势正在减弱,但是,经过 40 年的改革开放,广东省的制造产业体系极为完整,正在从规模和成本优势向品质和速度优势转变,高端制造和柔性化定制成为其他国家和地区难以复制和超越的资源,并且经过这么多年我国高等教育体制培养和在产业中不断锻炼成长的 8000 万名工程师资源,是我们超越人口红利的另一项极为重要的核心战略资源——"工程师红利"与"设计师红利",为设计创新成果的转化提供了工程、设计人才保障。③粤港澳大湾区战略为产业创新的城市协同提供了机制保障。大湾区的"9+2"城市群是国家建设世界级城市群和参与全球竞争的重要空间载体,过去,虽然各个地区(城市)各有优势,但是地区优势难以协同,通过推进建设粤港澳大湾区,完善创新合作机制,促进互利共赢合作关系,有利于深化内地和港澳交流合作,有利于大湾区城市之间资源互补,协同建设,平衡发展。

二是产业机遇。中国的工业设计近 20 年来高速发展,为中国制造业的创新起到了至关重要的作用,但是,我们也发现,工业设计的发展已经滞后于中国智能制造业的发展,未来工业设计的发展一定要和产业紧密结合,我们在调查中发现,与产业紧密结合的工业设计是最具生命力的。例如,浪尖设计于 2010 年正式在行业内率先提出"全产业链设计创新服务"理念,搭建完善产业链服务平台(浪尖科技),并以"定位·设计·实现·价值"诠释了基于中国市场和客户需求的全产业链设计创新服务模式; 2013 年,以 "D+" 模式拓展国际视野、整合跨领域产业资源,进一步提升服务能力、深化服务模式; 2015 年,推出面向创新、创业,推动企业升级转型和科技成果转换的以工业设计全产业链为核心的半开放式创新及产业化服务平台 "D+M 浪尖智造工场"。东方麦田的全价值链创新设计服务模式,纵向上深度融入特定行业领域并成为行业 "专家",以用户为中心,在传统制造业中开拓行业蓝海;横向上整合研发、设计、品牌、制造、供应链、传播、推广等资源,以设计为核心,为客户提供全价值链全案服务,被公认为燃热、电热领域设计服务 "第一品牌"。大公坊依托大湾区硬件供应链体系发展起来,提出工业设计供应链发展理念,在深圳建设了一整套工业设计供应链服务体系,吸引了来自美国、英国、德国、日本、韩国等国家的创新企业和团队,应用工业设计供应链的模式服务企业和创新团队,取得了非常明显的效果,并获得科技部智能硬件深度孵化供应链服务平台建设项目。广东新宝电器是国内小家电的知名 ODM(原始设计制造商)制造企业和西式出口家电的龙头企业,在 20 大类出口家电中排名第一。新宝电器正在谋划实施将新宝有明显行业优势的部分(如工业设计、研发、模具、中试、量产、验证等)推向社会,组成产业联盟,建立创新产业孵化平台,前期通过内部供应链的整合和共享,并引入外部研发和设计团队、市场与营销团队、投资与管理团队等,打通从创意到项目评估、立项、设计、工程转化、投资、生产、市场分销,以及后续产品的衍生、迭代、改型等整条链条,为创新的转化和产业化构建一个开放的服务平台。从这些案例可以看出,在创新链的全球分工当中,广东省有机会利用制造优势、设计优势,承担创新项目高效快速工程化和产业化的角色,以 "设计 + 供应链" 的优势来承接和扶持全球的创新,融入全球创新体系当中,完成从过去的 OEM(定牌生产）、ODM 向 OBM（原始品牌生产商）和 OSM（原始标准制造商）的角色转变。

三是文化机遇。设计以创造器物文化，进而影响和引导行为文化和观念文化，因此从本质上讲，设计是文化。从工业设计的逻辑构成看，这包括三个方面：①技术逻辑，它是解决工业设计的参数、功能等技术问题；②生活方式逻辑，它是因市场问题、商业与消费问题所引发的价值判断；③文化逻辑，价值判断源于价值取向。随着消费升级时代的来临，以技术为导向的广东工业设计的发展，需要融入一些人文的东西。消费升级的特点是回归本土文化、更高的性价比、更个性化、人文关怀，不是今天巴黎的女孩穿什么服装，明天我们的女孩就穿什么样的服装。2018 年中国十大票房电影，不是好莱坞的影片，而是国产片。中国消费升级时代的来临给广东省的工业设计发展带来了文化机遇。

在全球化的时代背景下，唯有用全球语境下的现代设计语言，通过产品、商业和品牌的推动，并拥有自身文化内核的设计，才能赢得世界范围的认可和尊重。从文化出发寻找产品和品牌基因，传递到消费者，创造新的生活方式引领，形成新的文化，从而让"文化"成为可持续商业的最后闭环和动力，是未来以人文为核心的创新商业的关键。过去只注重与技术结合的广东工业设计，由于文脉端的缺失，没有自身的文化内核，至今还没有形成自己的设计体系，造成设计出来的产品缺失灵性，品牌没有灵魂，难以满足消费升级所需要的本土回归、人文关怀，以及中国产品向中国品牌转变的要求。但是，我们已经开始在做这方面的努力和尝试。在 2018 年第九届广东设计周的"中国设计活动日"中，我们向业界发布了中国设计"逢简六条"，首次系统化地提出了中国设计的哲学理念和价值标准——"中国工道"，并且已经开展了相关推进和践行的实践，这为广东省工业设计发展的理念领先创造了条件。习近平总书记指出："把优秀传统文化中具有当代价值、世界意义的文化精髓提炼出来、展示出来。"在当代高科技、快节奏的语境下，如何引导人们回归健康、合理的生活？创造属于我们自己的生活方式文化呼之欲出。今天，我们有足够的文化自信，"逢简六条"所体现的设计理念，能够对当今世界的经济、社会、环境、伦理等问题做出积极的回应，在这个急速变革、充满挑战的时代，为我们的产业创新和可持续发展找到我们自己的解决思路和路径——"中国方案"。

3. 期望推进的工作

随着《中国制造2025》的全面推进，在构建粤港澳大湾区战略规划布局的背景下，为了站在国家战略的高度推动广东设计再出发，为大湾区建设成全球创新高地和"一带一路"倡议的"新支点"提供新动能，我们正在努力推动广东省的工业设计和创新驱动迈入区域协同一体化联动发展的新阶段，包括我们正在推动的大湾区设计组织联盟，也是其中的重要一环。我们协会在几年前就参与了中国工程院"国家创新设计发展战略研究"课题的相关工作，2017年年初，我们又和工信部"制造业创新设计发展行动纲要"课题组一起在珠三角和香港、澳门等地开展了调研，提出了"关于构建粤港澳大湾区创新设计圈"的建议。2019年，我们将结合最近这段时间的调研成果，向有关部门提交"关于建设粤港澳大湾区工业设计走廊的建设方案"的建议报告。

"一廊"（大湾区设计走廊）和"一轴"（大湾区设计主轴线）构建，是我当下最为期望推进的事项。《粤港澳大湾区发展规划纲要》（简称《纲要》）的正式发布既是新时代推动形成全面开放新格局的新尝试，也是推动"一国两制"事业发展的新实践。《纲要》明确提出要"推动粤港澳深化工业设计合作，促进工业设计成果产业化"。这是党中央和习近平总书记在新时代背景下提出的重要命题，也是"粤港澳大湾区工业设计走廊建设工程"的政策依据和目标指引。抓住粤港澳大湾区发展国家战略的契机，在推动大湾区成为"世界创新向中国，中国设计向世界"的窗口目标指引下，我们将全力推动大湾区工业设计走廊建设。紧紧依托大湾区各地市各具优势的、完善的产业链，深度参与国际创新分工，使大湾区成为国际创新成果转移和转化的中心。通过优化大湾区设计产业空间布局，充分发挥设计走廊上的深港、广佛、珠澳三个极核的引领带动作用，支持广州、深圳、佛山（顺德）、东莞、惠州、中山、珠海、江门、香港、澳门等设计走廊核心站点建设，形成群落化、网络化的空间站点布局，促进创新要素和设计资源有效、迅捷流动，形成一批以"工业设计＋供应链"服务为特色的设计创新要素配置中心（城市空间站）和标杆项目，带动全省设计发展上规模、上档次，并使粤港澳大湾区成为推动我国设计文化建设的理论建构和创新实践的先锋，为中国设计贡献广东的价值。

另外，每个城市都有自己的中轴线，由城市群构成的大湾区，是否也需要有一个主轴线呢？如果需要，我认为应该是一个"设计主轴线"，因为设计可以通过创新成果对经济、社会、环境及伦理方面的问题进行回应。我们推动大湾区工业设计走廊的构建，就是要将这条"设计主轴线"落实下来，让我们的产业、城市、生活的发展有一个指向。"设计主轴线"的两端，一端是科技，我们通过创建国家工业设计研究院等措施来对接，推动广东设计同步追随科技革命的成果；另一端就是文化，我们通过参与乡村振兴来接续文脉，因为中国文化的根基在乡村，就像我们即将推动的设计采风活动，就是期望沿着历史与文化的脉络，延伸到现代生活与趋势中，为新的设计注入灵魂，践行"文化的创造性转化和创新性发展"。今天我们看到的是，科技发展那样迅猛，商业那么繁荣，消费那么个性，反而迷失了方向，不知道设计在哪里？设计的出路在哪里？那就是要在这条由文化与科技连接的设计主轴线上，不断做出设计的努力，推动设计回归中华文化本体，通过产品、商业和品牌的推动，让拥有本土文化内核的中国设计赢得世界的认可，引导社会向高能态文明进化。

我们的工业设计正在发生一些重要的变化——工业设计的服务应用领域正在从面向终端消费者向兼顾面向生产过程和操作者的领域转变；工业设计的服务深度正在从设计产品提高产品的适用性设计向实现功能、提升性能的设计转变；工业设计专业机构规模和能力正在从规模小、服务链条短向高端综合设计服务能力、系统解决方案能力和原始创新设计能力方向转变。在这个转变过程中，我们日益清晰地看到，工业设计价值不断增大，设计的产业链、价值链也不断向各个领域延展。但是，依循技术、生活方式和文化构成的逻辑架构和主线，我们工业设计的发展还任重而道远，特别是文化逻辑的构建与滋养，才是广东乃至中国真正成长为世界设计强国的根本，也将对我国的工业设计发展产生更为深刻而长远的影响。因此，在我们不断前行的探索与实践中，我想提出新时期广东工业设计的"三来一补"，即不忘本来、吸收外来、面向未来，补足短板。以此与中国设计的探路者、实践者们，与孜孜前行的同道者们共勉！

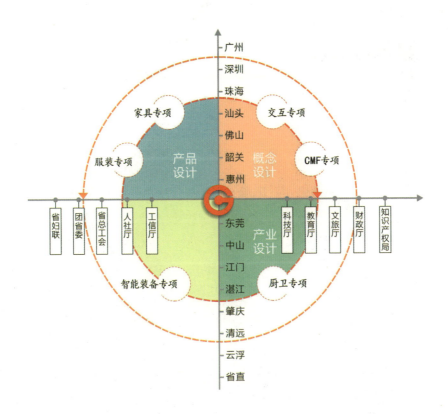

广东"省长杯"工业设计大赛顶层设计

孙守迁：
中国创新设计产业战略联盟关注"大国重器"

SUN SHOUQIAN: INNOVATION DESIGN INDUSTRY STRATEGIC ALLIANCE
OF CHINA PAY ATTENTION TO "THE PILLARS OF A GREAT POWER"

孙守迁

中国创新设计产业战略联盟副理事长兼秘书长、好设计执委会主任

孙守迁，博士、浙江大学教授、博士生导师，荷兰代尔夫特理工大学（Delft University of Technology) 高级访问学者。现任浙江大学现代工业设计研究所所长、浙江大学设计学学科学位委员会主任、国务院学位委员会设计学学科评议组成员、教育部高等院校设计学类教学指导委员会委员、中国创新设计产业战略联盟副理事长兼秘书长、中国机械工程学会工业设计分会副理事长、浙江省设计智能与数学创意研究重点实验室主任、北京光华设计发展基金会副理事长，担任《计算机辅助设计与图形学报》《中国设计学报》、国际 *Design Engineering* 编委。其研究主要关注设计学理论与方法、智能穿戴式机器人、信息物理融合系统、创新设计技术与系统等领域。作为国内创新设计理论研究方向的学术带头人，他获得国家级和省部级科学技术进步奖 4 项，其中作为主要完成人的"计算机辅助产品创新设计的技术与系统"获国家科学技术进步奖二等奖；获光华龙腾奖 · 中国设计贡献奖金质奖章；发表 EI/SCI 检索论文 100 多篇，出版著作 10 多部，获得软件著作权和专利近 100 项；近年来，承担国家自然科学基金、国家重大研发计划、多项中国工程院重大咨询项目相关课题。项目组关于创新设计发展战略的建议得到国家的重要批示，并纳入国家重大战略"中国制造 2025"等。

《设计》：2019 年是新中国成立 70 周年，改革开放的第 41 年。在这 70 年中，中国设计取得了长足的发展。请您从自己的专业角度出发，谈一谈给您留下深刻印象的几个时间节点和事件。

孙守迁：从中国工程院路甬祥院士、潘云鹤院士带领我们推动创新设计发展战略研究开始，于 2013 年 8 月启动了中国创新设计产业战略联盟成立工作，当时路甬祥院士就提出了"设计 3.0"，由此不难看出其中的时代背景，从时间维度来看，"3.0"正好与"知识网络时代"吻合。改革开放之后，互联网迅猛发展，带动了我们对工业时代的设计的再认识。回想"2.0"时代，中国设计参考了德国包豪斯模式，从工业造型角度出发。这 40 年经历了设计从工业时代向知识网络时代的变迁。

新中国成立后，国家大力发展重工业，为后期改革开放打下了工业基础，包豪斯理念的引入才有了制造能力的基础。在计划经济时代，设计基本上发挥不了作用，随着消费能力的提升，需求更加多样化。现在只靠外形设计已经不够，设计的要素及关键点、卖点都发生了新的变化，以手机为例，外观的差异化已经不大，主要差别在于使用的 App，商业模式的创新、人机交互的创新占了上风。这代表了这个时期设计的模式又要发生变化，所以路甬祥院士和潘云鹤院士力主成立中国创新设计产业战略联盟，就是为了能够带动这件事情，包括推动"好设计奖"。

《设计》："好设计奖"的定位是"中国创新设计领域的权威设计奖项"，请谈谈好设计这个奖项设立的初衷及独特之处，以及"创新设计"这个关键词是如何体现的。

孙守迁："好设计奖"主要从"创新设计"的理念出发，潘云鹤院士提出了"五大构成"。包豪斯的设计教育基础包括平面构成、立体构成和色彩构成，更多的是关注艺术。在创新设计产业联盟的规划和中国工程院的咨询项目中，有一个就是关于用大数据来支持创新设计的，它分为五个构成：技术构成、商业构成、文化构成、人本构成、艺术构成。在大数据的支持下，创新设计一定会以一种更加高效、更加先进的方式提高我们的产业水平。包豪斯的"大平面""大弧面"基本上没有人本构成，把中国传统文化中的细节都去掉了，叫简约化。最近传统文化重新火起来，也是因为生产技术条件具备了，3D 打印可以制造各种复杂的产品。另外一个原因就是包豪斯当时是为了满足平民化需要，"大平面""大弧面"忽视了文化，抹去了各国文化的差异性，这对现代社会是不利的。现在中华文化在复兴，文化要有自己的特性，表现差异化，文化入口很重要。

从技术上讲，设计都是以互联网、物联网的角度为入口，这是美术院校艺术人员所不擅长的，技术流派在工业设计师的帮助下，渐渐占据了主流。当年为什么会有工艺美术运动？因为机械工业发展得太缓慢，不如绘画来得快，所以艺术家大量参与到设计活动中。路甬祥院士研究表明：先有工业革命，才有包豪斯学说。所以，这个时代必须要关注新的工业革命给设计带来的重大变化。

包容很重要，技术构成、商业构成、文化构成、人本构成、艺术构成中为什么要谈"商业"？商业的逻辑很重要，无论艺术家的创造还是科学家的创造，没有商业就无法实现价值。淘宝就是因"商业模式的创新"而崛起的。可见，商业的入口很重要。艺术和科学基本上属于工匠行为，掌握了商业入口也成为创新设计新的动力，也就是"好设计奖"里面的"商业模式创新"。

"好设计奖"的评审团由科学家、院士组成，注重考虑产品的价值。这个奖于 2017 年 12 月在国家科学技术奖励工作办公室备案，代码 0283。

《设计》：对于中国设计走向全球，您认为中国创新设计产业战略联盟能做些什么？

孙守迁：中国创新设计产业战略联盟的指导单位是中国工程院，偏重的是"国家重大利益"如北斗系统、中车、大飞机，家电行业的海尔、美的等。

包豪斯流派偏生活用品，而现在社会发展，产品和装备分为两部分——生活和生产服务业。反观改革开放初期，主要注重轻工业，所以生产和服务业较弱一些，偏消费的多一点。"国家利益"就是偏生产性、偏社会发展的内容考虑得比较多，即所谓"大国重器"，包括航母、航天。

《设计》：您对中国设计的全球化发展有何建议？

孙守迁：2019 年 4 月 25 日启动了"一带一路"创新设计大展，未来将在"一带一路"国家举办，预计参展作品上千件，全面呈现"一带一路"国家的创新设计前沿成果和发展愿景。大展将通过"一带一路"创新设计展搭建一个项目合作、技术转移、人才交流、文化推广的平台，立足"一带一路"沿线国家面向全球建立国际科技合作创新平台，推动科技合作项目的落地和先进技术成果的转化应用。

孙守迁接受采访

宋建明：
中国设计"走出去"要落实在"产品"上

SONG JIANMING: GLOBALIZATION OF CHINESE DESIGN SHOULD
BE IMPLEMENTED IN PRODUCTS

宋建明

中国美术学院原副院长、教授、博士生导师，中国设计智造大奖（DIA）组委会主席

中国设计智造大奖（DIA）创立于 2015 年，是我国工业设计领域首个国际化的学院奖，是当代创新设计评价、推广与合作的平台，也是一个创意转向产业与未来的实体创新加速器，由中国美术学院宋建明教授担任组委会主席。DIA 以"人文智性、生活智慧、科艺智能、产业智库"为核心价值观，倡导设计回归"智造"本源，汇聚世界创意资源，以期"集大成智慧，塑智造未来"。宋建明是著名的色彩学学者，中国科学技术协会特聘全国色彩学首席科学传播专家，中国建筑文化研究会副会长，中国工业设计协会副会长，中国流行色协会名誉副会长。在本次专访中，宋建明分享了改革开放 40 多年来他心目中的五个重要时间节点，并将 DIA 创设和发展的心路历程娓娓道来。

《设计》：2019 年是新中国成立 70 周年，改革开放的第 41 年。在这 70 年中，中国设计取得了长足的发展。请您从自己的专业角度出发，谈一谈给您留下深刻印象的几个时间节点和事件。

宋建明：改革开放这 41 年来，我见证并参与了这个时代赋予的工作。经历过的事情有点多，印象深刻的也不少，若说变化，简直是"换了人间"。70 年的前 25 年，我年幼，可说的事情不多，记忆中的生活基本是在温饱临界线上沉浮。自 1976 年起，我进入美术公司当学徒，就在设计组，从此开启了以设计为学为业的生涯。如果只选五件事来看我国设计与我的关系，那么，我会选以下五个时间节点与它的事件。

1）1978 年恢复高考。我从一个懵懵懂懂的绘画爱好者，踏进中国美术学院（当年叫浙江美术学院），转变为如今设计学科的实践者与思考者。在这个过程中，我亲历了国家从贫穷的计划经济向逐渐富有的市场经济转型的全过程，目睹了国家整个产业的"阵痛"与涅槃再生，感受到这个变革给设计教育与设计实践带来的裂变与困惑，以及突围与重建的压力及希望。

2）我有幸公派赴法留学与研究，而且去了多次。比较完整的时间是 1985—1987 年、1990—1993 年，以及 2000—2001 年。在这几个阶段里，我以色彩研究为基本点展开学业，经历了法国设计的原创教育、地域文化身份的认定与呵护及传承，学会了以问题导向展开设计对策的方法，受到了西方比较严格的审美与品味的训练，比较系统地掌握了研究与实验方法。

3）1998 年，色彩与杭州城市。杭州湖滨地区改造时遇到了色彩问题，相关人员找到了我，这可谓是我所遇到的我国第一起城市色彩营造的诉求，也是我回国后首次感觉到专业有了用武之地。尽管过程中遇到了许多问题，但它开启了我直面我国城市色彩现况，探求如何把西方"色彩地理学"与中国现实诉求相衔接的方法，进而实现我国城市色彩规划、营造理论与方法体系的创建。同时，这也拉开了杭州城市"水墨淡彩"主旋律研究体系的序幕。此后的十年，我带领团队完成了杭州十多个片区与节点编制城市色彩规划与营造实验方案。

4）2007—2010 年，我参与了上海世博会项目的筹建。此时正值杭州市委、市政府与中国美术学院签订市校战略合作协议之际，学校承担城市综合保护与有机更新诸多实验工程，并对破解城市美学难题有了诸多的甘苦及心得，因此，挟此实践之气，移师上海，一举拿下"城市生命馆"、浙江馆、杭州馆与宁波滕头馆，以及中国馆的中国红、贵宾区设计，还有浦江两岸公共艺术品规划与创作等规模可观的项目，成果受到专家首肯、观众赞扬。一所艺术院校，能够举全校之力，整合多专业协同的力量，在国际级城市主题性大活动中做出贡献，又能在现实的城市中务实地营造，同时，以此经验反哺教学，这在国际高校中也属特色鲜明。这说明经过改革开放 30 年，中国美术学院实现了既能够务虚"仰望星空"，又能够务实"脚踏实地"的"双修"发展目标。

5）近年来的事情，随着习总书记"美丽中国"的伟大梦想进入攻坚克难的阶段，我国的城镇化进程与"美丽乡村"营造再次提高了要求。经过 20 年对我国城市色彩研究与实践的历练，我们具备了能够承担国家重大色彩专业任务的能力，比如北京城市色彩、上海张江科学城色彩以及西安等重要城市城区色彩规划编制及相关的任务。

回想这 40 年来，一切仿佛梦一般。我切实感受到了国家大发展的幸运，这对我们这代设计学人提供了机遇，以及足够的成长时间与空间。

《设计》："中国设计智造大奖（DIA）"的定位是"我国工业设计领域首个国际化的学院奖"，请谈谈 DIA 这个奖项设立的初衷及独特之处，以及"国际化"和"学院奖"这两个关键词是如何体现的。

宋建明：DIA 大奖的动念起于 2014 年。时任浙江省省长的李强清醒地意识到，浙江要继续发展，除了已有的一系列政策与措施之外，还必须有一个具有世界影响力的工业设计大奖，给浙江省乃至全国正在进行的制造业转型升级一个国际水平的创新力的示范。他希望中国美术学院能够承办。许江院长欣然接受了任务，并交派我组织一批对专业情态比较了解的年轻学人展开研究，从而拿出一套可以实操的方案。我们花了近一年的时间，比较详细地研究了国际上几十个同类著名奖项，分析它们发生的年代、动因、价值观、使命、历史、操作方式以及经验与教训；组织国内外各行业专家做了 N 个头脑风暴；反复分析了领导提出的战略意图；探究这个大奖要秉承的使命与时代性、涉及的领域与评奖方式，一个设计专业"学院派"学人能够想到的事情都被我们琢磨了一遍。最后，我们提炼出"人文智性""生活智慧""科艺智能""产业智库"的"四智"核心价值观，并且围绕这样的价值观创建了一整套基于互联网、大数据、云计算背景下的工业设计的全球作品征集方式、国际级评奖标准、章程与操作规范的方案。

在浙江省政府的支持与专业指导下，我们成立了独立的第三方 DIA 大奖运行机构。在具体操作过程中，我们不断探索，积极实验，逐步完善工作目标。所谓的"学院奖"，就体现在学院追求的是独立之精神，注重产业前沿的成果，注重高端评价与研讨，积极带动业界反思与培训，以及探索各种产品转化的实务实验等方面。所谓的"国际化"，体现在从 DIA 大奖体系创建的初期，我们广征博取，形成全球作品征召，国际标准，三轮评审，评委由中外专家组成，比例是各占一半。同时，我们与五大洲著名的国际设计机构、设计周组织、设计协会等都建立了战略合作伙伴关系，共建这个 DIA 大奖。正是由于 DIA 大奖"国际化"与"学院奖"的特色，才得以经过短短四年的运行，就获得了国际设计评审界的广泛认同，有了令他们惊叹的影响力。

《设计》：DIA 的奖金数额在设计奖项中可以说是高额的，并且不收取报名费。我们想了解一下这个奖项是如何运营的。

宋建明：这个问题不复杂。DIA 大奖主要的资金是由政府支持与学校补缺的。DIA 大奖的可持续发展，是努力的方向。按照我的理解，一个国际性的品牌，从草创到实现目标，大致应该分为初创、壮大和成熟三个阶段，每一个阶段大致用时 10 年。现阶段显然是属于初始阶段，资金主要依靠政府扶持和学校支持。在第一个 10 年的头三年是初始阶段，主要是探索道路、创建体系、提高知名度、扩大影响力。目前是进入第二个三年，开始探索寻求合作方式，创建大奖本体之外的衍生"造血"功能。第三个三年或四年，这个"造血"的比例逐渐增大，要逐步探索新的道路。第二阶段大概也计划用 10 年的时间，政府资金逐步退出运行体系，自主创收资金逐步替代政府资助的部分，同时，可以实现略有盈余。第三个阶段实现可持续发展的目标，政府资金完全退出运行体系，独立办奖。

《设计》：近年来，国内设计奖项层出不穷，一些国际知名设计奖项纷纷落地中国，您如何看待"设计奖项热"？

宋建明：这是发展中国家出现的积极事物。"设计奖"本身就是一种面向设计界、企业界与市场层面的积极的催化剂，我不认为这是什么不正常的事情。一些国际知名奖项纷纷落户我国，从积极层面看，说明各地政府开始在意权威机构对设计评价的结果，设计评价诉求越来越高，环境也越来越开放，这无疑会给年轻人更多展现自己才华的机会，对设计与设计评价引发的设计文化的发酵是有积极意义的。凡事分两面，从消极层面看，因为我国的发展与国际设计评价的"江湖"存在着时间差，一些地方政府感受到国际机构落户本地可以为他们的"工作总结"加分，过度热情引进某类国际奖项落地，其实有些国际奖项在国际已是式微期，在政府慷慨给予优厚条件下"复兴"了，促使它借势转型成谋利的工具。在我看来，这其实是没有必要的作为。不过，我们努力办好自己的奖项，一定程度上也是为国家起到了纠偏的作用。

《设计》：在您看来，设计奖项对于产业的价值在哪里？能为产业乃至社会做些什么？

宋建明：当下的我国比以往有了较大的进步，设计的重要性逐渐被接受。然而，从总体来看，民众对设计与设计价值、设计文化及设计文明的认知还有待普及，甚至需要启蒙。基于这样的现实，我们就不难理解产业需要对优秀设计作品的诠释、展示示范及趋势指引的活动。能够比较完整地满足这些需要的活动就是设立设计奖项，一个或一批获奖作品经主办方公布，被媒体采访报道，对于行业、社会乃至市场会起到正面的示范作用，有助于激励行业关注。民众通过展场上的设计师或者专家解说，现场体验产品带来便捷与构思的智巧，对设计作用就会有新的认知；而企业可以看到同行或者相关行业的优秀作为，自然会受到启发，企业的决策人、企划者、设计师、营销者便会反省自己的差距，从而调整与优化品牌、产品策略以及创新思路。总之，民众与企业家都是非常聪明而敏感的群体，一旦看到了比较实在的示范，便会做出快速反应，立即升级自己的产品，从而推动产业转型升级。

《设计》：对于中国设计走向全球，您认为设计组织能做些什么，有哪些模式可以探索或者推荐？

宋建明：中国设计走向全球，这是一个良好的愿望。问题是对这个"走"字的认识。在我看来，是什么"走"出去？是产品还是所谓的"中国设计"走出去？这意味着是中国的有"设计感"的"产品"按照国际市场的规则"走向全球"。作为设计人，我想中国设计师期盼的是他们的"设计"走向发达国家的国际市场上，并且受到青睐，而不是走向"全球"的"地摊"。也就是说，"走出去"的中国设计一定是要落实在具体的产品上的，这个"产品"也包括设计服务。"设计组织"是有很多事情可以做的。当然，首先它必须是非常国际化的，熟悉国际设计的规则，要对国际各区域的市场诉求与期待了如指掌，向中国的企业与设计师、设计机构实时地传递准确的信息。在这个方面，日本和韩国的工业设计促进会或者设计振兴会都有非常丰富的经验与人脉资源可供研究。

《设计》：从国际设计赛事评委到国际设计奖的组委会主席，这四年一路走来，您最深的感触是什么？

宋建明：感触最深的应该是一旦真实地立身在国际设计评价平台之上，视野与想法就会发生一系列的改变。毕竟我习惯于"中国特色"的方式行事，时常我会快速地用法语思维的方式来审视正在进行的工作，这样容易让"国际"理解我们的意图而不至于误读。国际化本身对我们来说，首先就是一个复杂的系统性的挑战；其次，如何让国际一流的同行主动加盟或参与我们搭建的平台与"游戏"，也考验着我和团队的智慧；再次，做好高科技时代的工业设计专业奖项，从创意、建构、运行到传播，以及奖后的产业转化等工作都存在着专业性研究的事情，每一个环节都需要团队成员一丝不苟地工作；最后，打造一个国际名奖品牌，真的不是一件易事。

《设计》：请您跟《设计》的读者分享一两件您目前正在关注的设计领域的事件或趋势。

宋建明：除了这个大奖，近年来我的关注点大概还会被两件事牵引。一是我的老本行——城市色彩美学的深化研究，比如城市老城风貌特色的维护与新城风貌的重塑，面向未来 5G 时代乃至更高科技的时代，未来新城区发展色彩将呈现的形态、发展方向与趋势。二是我国社会老龄化，设计如何主动地跨学科门类的艺科融合的研究与实证，从而探寻破解老龄化社会复杂诉求的挑战。

　　不久前，我看到朋友圈里一个题为"七十岁的儿子，百岁的爹妈"的微视频：一位 73 岁的老汉每天超过 12 小时照顾 99 岁的母亲和超过百岁的父亲，其中相当一部分都是体力活。这十多年来，他日复一日、年复一年超负荷操劳，他的一句"我都不敢老哇！"听得我立即哽咽，他让我想起了年迈的父母，内心久久难以平静。我用设计的眼光把这个视频反复看了几遍。直到看出设计是可以有所作为时，我才把它转给我的研究生们。让他们基于这位老者的生活状态重新定义养老空间环境、用具及功能方式，并且提出破解难题的构想。中国已经进入老龄化社会，我们社会的主要传媒与市场还在热衷于"网红"经济，这些燃眉之急的刚需却少有人关注。于是，我带着我的设计研究生们转行去为中国的老年人们做点实在的事情。

上｜2018 中国设计智造大奖金智奖作品——泊车 AGV
下｜2018 中国设计智造大奖金智奖作品——新一代动力集中型动车组

宋慰祖：
用设计方法论科学地破解社会经济发展中的问题

SONG WEIZU :USING DESIGN METHODOLOGY TO SOLVE THE PROBLEMS
IN SOCIAL AND ECONOMIC DEVELOPMENT SCIENTIFICALLY

宋慰祖
北京设计学会创始人、民盟北京市第十二届委员会副主任委员

　　宋慰祖，北京设计学会创始人、民盟北京市第十二届委员会副主任委员，先后参与了北京工业设计促进会、北京工业设计促进中心、中国设计红星奖、北京设计学会、北京国际设计周以及北京申请联合国"设计之都"等单位、活动的多项工作，在政府、产业、教育、研究等多方面积累了丰富的经验和资源。在业界，他有一个有趣的称谓——"设计大推手"，这个称谓是怎么来的？作为他近年来一直关注的"设计走进美丽乡村"精髓的"一村一样"又当如何细化落实？宋慰祖通过"中国设计·大家谈"进行了详细解读。

《设计》：**2019 年是新中国成立 70 周年，改革开放的第 41 年。在这 41 年中，中国设计取得了长足的发展。您从 1995 年起就在北京工业设计促进会就职，请您从自己的专业角度出发，谈一谈给您留下深刻印象的几个时间节点和事件。**

宋慰祖：作为首部《中国工业设计年鉴》的副主编，在撰写过程中，我有机会了解了大量的史料，其中印象最深的是 1978 年 10 月"全国收音机外观、工艺、结构经验交流会"上，来自无线电企业和艺术院校的 76 位代表联名上书时任中共中央副主席李先念和时任国务院副总理方毅，倡议成立"中国工业美术学会"。这一倡议同中国改革开放同年，中国工业设计也正是在这一年正式登上了中国发展的大舞台。1995 年后，我到北京市科委工业处任工业设计项目主管工程师，担任了北京工业设计促进会的办公室主任，开始了长达 20 多年的促进和研究工业设计的历程。这当中，1996 年承担了国家"九五"重大科技攻关项目"北京工业设计示范工程"，在这个项目的实施中，完成了中国第一台自主设计的台式计算机——联想"天琴"，以及"王致和"品牌设计等，1996 年创办了至今 15 届的"北京礼物"旅游商品设计大赛。

2002 年是中国工业设计迈向务实发展阶段的一年，这一年里，中国工业设计协会召开了"第三次代表大会"，我就在这次大会上被任命为唯一一位不驻会的副秘书长。在这一年我参与起草的"建议国家应高度重视工业设计在企业中应用"报告，得到了时任副总理吴邦国的批示；也是这一年，我们创办了中国首个设计企业孵化器——"北京时代创新设计企业孵化器"；还是这一年，我参加了中国首个促进工业设计产业发展的文件，就是 2010 年由工信部、科技部、财政部等十一部门联合发布的《关于促进工业设计产业发展的若干意见》。正是这一系列的推动工作，我作为主要策划和组织者，2004 年在无锡创办了中国工业设计周；2005 年建成了我国第一个工业设计产业集聚区——北京 DRC 工业设计

上 | 2016 年北京礼物店
下 | 2018 中国风服装设计

创意产业基地，在这里培育了视觉中国、梅泰诺、洛可可、华新意创、灏域、新觉、创意无限等设计企业，我参加发起并创办了中国创新设计红星奖、中国设计业十大杰出青年评选等奖项。2006 年，"发展专业化的工业设计"首次被写入"十一五"规划。2007 年，我们撰写的国际工业发展情况报告，得到了时任总理温家宝的批示——"要高度重视工业设计"。2009 年，我"一纸建言催生设计金名片"，创办了"北京国际设计周"这一国务院批准的唯一国家级设计活动，它已成为具有国际影响力的全球四大国际设计周之一。

《设计》：在这里我们要特别对您获得"第十四届（2018）光华龙腾中国设计贡献奖金质奖章"表示衷心祝贺。您是从何时及什么机缘下开始认识到设计的重要价值？2019 年的热门词汇是"初心"，也请您谈谈您的设计"初心"。

宋慰祖：我是一名工科生，毕业分配到了科委，从事大气污染防治科研工作，之后又到科委农村发展中心做科技支撑乡镇企业发展工作。在十年工作中，我看到了太多科技成果只是一堆用来评职称、获奖励的论文，一件件实验样机，也看到了企业因购买科技成果却无法迅速转化，而破产的结局。我感到难以破解的一个问题是科技成果如何才能有序地转化应用，支持企业的创新发展。在我工作 11 年后，1995 年有幸来到北京市科委工业处，并被委任为工业设计主管工程师。作为一名做工程设计的工程师，第一次接触到工业设计这一概念，起初还以为是做工厂厂房设计的。后来通过学习工业设计知识，特别是 1996 年赴香港参加蒋震工业慈善基金资助的工业设计培训班，使我豁然开朗，工业设计就是科技成果转化的关键环节，进而认识到设计是跨界集成科学技术、文化艺术、社会经济、标准法规等知识要素，创造满足使用者需求的商品和服务的创新方法。

我的设计"初心"就是推广、普及、提升全民族的设计创新意识，运用设计方法论指导各方面科学地破解社会经济发展中的问题。所以，我推动制造业向设计服务型制造业转型；开展"设计走进美丽乡村"；促进旅游商品设计，拉动旅游购物消费；倡导"非遗与设计"结合，带动非遗的传承保护与创新发展；探索设计教育的人才培养机制，让设计成为创新驱动发展的牵引力。

《设计》：您在政府部门任职，您认为职能部门在设计的转型升级中应发挥什么作用？站在政府的角度，设计怎样使政、产、学、研更好地融合发展？

宋慰祖：政府在促进设计发展、推动产业转型升级上，应发挥引导、指导、支持和助推的作用。一是出政策，如《关于促进工业设计发展的若干指导意见》《国务院关于推进文化创意和设计服务与相关产业融合发展的若干意见》等。二是搭平台，政府应构建具有专业运营团队、一定体量的产业培育空间、资源中介交易平台、展览展示推广机构、技术基础条件平台、知识产权保护和投融资机构、人才培养教育服务、休闲生活服务体系八大基础要素的设计服务与交易的园区，让产学研以及知识产权、金融资本、科技成果、中试平台、生产制造等资源在平台上自由地流淌、对接、交易。为设计产业发展、设计与相关产业融合构建支撑平台。让政、产、学、研、用诸要素在平台上融合，用好相关政策，促进各种知识要素有序流动、相互融合，对设计形成支撑的氛围。"北京 DRC 工业设计创意产业基地"以及之后建设的"设计之都"大厦，正是设计产业园区建设"八大要素"的生动实践。通过平台建设培育了视觉中国、梅泰诺、洛可可、新觉、智加等设计企业和中国设计红星奖、光华龙腾奖——中国设计业十大杰出青年，总结了"三真一模拟"的"设计学士后"人才培养模式。三是做引导，自"九五"起北京市科委就实施了"工业设计示范工程"和"设计创新提升计划"等支持企业设计创新。培育了一批北京设计服务型制造业，提升了企业的品牌影响力，带动了行业领域设计创造力的提升，促进了制造业的转型升级，如联想、小米、京东方、雪莲、王致和、红星酿酒、珐琅厂、时代焊机、梅泰诺、依文、爱慕、威克多，也带动了设计服务业的发展，如视觉中国、洛可可、华新意创、光彩无限、灏域等。四是依托专业社会组织，如设计学会、协会等，推进设计标准的制定；以评奖方式建立优秀设计成果评价体系，中国创新设计红星奖就是在这一思想指导下创办的。红星奖对优秀工业设计成果提出了创新性、实用性、经济性、环保性、工艺性、美观性六条标准，这六条标准沿用至今，12 年未变，成为中国对全球设计成果评价标准的基础，也是对企业用设计实现制造商品的创新的知识普及和指南。五是政府必须承担起普及设计创新方法和知识，启迪人们的设计创造意识，让人们在走进设计、体验设计、消费设计中提升国民的设计创新理念和学习设计方法的责任和使命。创办"北京国际设计周"，北京申请联合国教科文组织创意城市网络"设计之都"，北京市正是基于这样一个目的、责任和使命，接受了我撰写的人大建议和党派建言报告，并得以实施的。这些不仅是一项项简单的设计活动，更不是为给城市戴上一顶设计的帽子，而是要将设计创造的方法论，像清泉一样流入寻常百姓家，让设计方法成为人民创新的手段，让城市成为一个拥有无上设计创新活力的空间。

《设计》：您作为"设计大推手"参与了北京工业设计促进会、北京工业设计促进中心、中国设计红星奖、北京设计学会、北京国际设计周、北京申请联合国"设计之都"等单位、活动的多项工作，可以说从政府、产业、教育、研究等多个方面积累了丰富的经验和资源。"设计大推手"这一称呼是如何来的？

宋慰祖：从事设计工作 30 多年，从一名工程设计师到工业设计的组织者、促进者，再到设计的推动者、研究者，一路走来，有很多的收获，也有很多的感慨；有一些成果，也得到了许多的荣誉。但最让我感到贴切、也是我最愿意使用的抬头是"设计大推手"。它的由来颇具戏剧性，那是 2005 年我作为北京工业设计促进中心副主任、北京工业设计促进会秘书长，受北京市科委委派，陪同联想设计团队到新加坡领取中国设计师首次获得的红点概念设计奖 "Best of Best" 大奖。在红房子 "新加坡红点博物馆" 举行的颁奖开幕式上，新加坡副总理在致辞中称赞博物馆馆长是新加坡的 "设计大推手"。站在我旁边的红点奖主席彼得·扎克博士笑着随口对我说 "我是德国的'设计大推手'，你是中国的'设计大推手'。" 就这样，我们三人见面时常以设计大推手称呼对方。后来，我就以这个昵称注册了微博、微信等，这个称呼也就这样传开了。当然，"设计大推手" 不只是这样一个故事，也更因为 20 多年来我对设计的追求，对设计方法的研究，对设计应用在各领域的普及推动，是对设计与工业、服务业、旅游业、乡村、文化创意等产业融合创新的推动与探索，所取得的成果为人们所认同的褒奖。所以被称为 "设计大推手"，这是我一生为之奋斗的方向，是不断努力进取的目标。

《设计》：从 "中国智造" 理念被提出以来，对设计价值的认知得到空前的提升，"设计驱动" 成为常见的提法，请谈一谈您所感受到的变化。

宋慰祖： "中国智造" 的提出是人类历史从农业驱动、工业驱动、科技驱动演进到 "创新驱动" 发展时代的必然趋势。新时代中国如果不从加工制造向智慧创造转型，就会再次被世界抛弃。党中央、国务院正是充分意识到了这一点，提出了 "文化创意和设计服务与相关产业融合发展" "发展服务型制造"。数年来，在我国的大地上人们开始认识到设计在实现中国智造中的关键性和重要性，开展了多种多样的实践和探索，涌现出了一批走在时代前列的设计服务型制造企业，总结出了一批中国 "智造业" 的发展经验。例如小米开创的 "小米生态链" 模式，以设计创造为核心、以品牌为主体、以销售平台为链条、以资本运作为手段，形成了旗下一大批依托物联网的小米系列商品。这些创造来自广大的社会设计团队。这类以设计创造为引领、以营销渠道为依托、以委托加工为主体的设计服务型制造企业正在我国产业转型中不断涌现,华为、京东方等,它们与传统制造业以规模化加工制造为主体的企业发生了本质的变革,专业的人干专业的事,以设计创新企业为龙头构建起了专业加工、资本支撑、为制造服务和市场贸易的产业链。中国追上了世界新一轮产业革命的最新发展机遇期。

然而我们也必须看到,我们的基础还很薄弱,能意识到这一发展趋势,并跟上转型发展的企业还极其有限。由于我们设计创新意识的认知还很初步,虽然全国都在大力推动设计创新的发展,但认识落后、机制简陋、体系不全、实践不足、政策缺失、人才匮乏。企业受到长期以来加工制造积累的经验和对来自外部设计创新项目的习惯性依赖,还缺乏转型升级的知识和动力。长期以来,设计人才培养的工程设计与艺术设计两条铁轨平行发展的问题,造成跨界融合知识创新设计的人才不足,带来的创造力疲软是我们目前的短板所在。同时,需要提高认识的是今天设计产业发展的主体已从一般性设计服务企业向设计服务型制造业转化。经过40年的发展,设计正在从企业外部的注入型向企业内部的自生型转变。迈进新时代, "中国智造" 正在与世界同步发展。今日世界之制造业的竞争不仅是核心技术的竞争,更是 "扩品种、提品质、创品牌" 的竞争。"中国设计 + 中国制造" 构建的 "中国智造" 优势正在逐步显现。

《设计》:我们注意到您很关注非遗的活化和美丽乡村建设,您认为设计在这里面起到的是什么作用?您走访了百余个中国的村庄,都看到了哪些问题?现在和未来,我们需要设计(工作者)去做些什么?您对将来村庄的发展有哪些期许?

宋慰祖:非遗与设计结合是我多年来关注的问题。作为曾经的工业设计促进会副理事长、秘书长和北京工艺美术学会的副理事长,我在多年的研究和实践中认识到，中国非物质文化遗产是中华灿烂文化的集中体现，是世界民族文化的重要组成部分。非物质文化遗产的传承保护与创新发展是中华文化走向世界的两项重大任务，应区别对待。传承保护就要原汁原味，作为民族文化的瑰宝，作为历史的遗产，活态化传承是关键，需要的是国家法律、政策和财政公共资金的抢救、呵护。政府应给予足额的资金保障，让传承人潜心创作非遗精品和培育徒弟；采用现代音像技术和撰写书籍等对传承人掌握的非遗技艺、材料、工艺、创作思路等进行记录、记载，以保障非遗技艺有序传承，避免"人亡艺绝"的悲剧发生。而创新发展则要发挥创意设计的作用，注重科学技术与精神文化的融合，传统形式与时尚需求的结合、艺术表现与实用消费的结合，使非遗真正从传统艺术品变成可消费的时尚商品，使人类创作的非物质文化遗产不被人类社会遗忘，得以代代相传。创新发展，丰富百姓生活，提升文化品质，促进文化消费。例如：2014 年北京 APEC 会议的国礼"四海升平"景泰蓝赏瓶以及那套有着皇家风范的国宴用瓷。还有"新中装"的领导人服装，体现的设计理念就是：其根为"中"，其魂为"礼"，其形为"新"，面料是世界非物质文化遗产宋锦，图案是非遗吉祥图案海水江崖等，服装制作工艺的连肩袖、盘扣、镶滚等是传统非遗，款式是创新的中式服装，如立领、对开襟等结合应用。这是一套典型的非遗与设计的成果。

30 多年我深入乡村调研、走访，经历了乡村跨越式的变迁，从吃饱穿暖都发愁，到乡镇企业遍地开花，再到农家院牌匾林立的过程，近六年来开始组织设计走进美丽乡村，以农民改善生活环境、实现产业转型、增加财产性收入的根本需求为目标，以保护传统风貌、改善生态环境、提升生活品质、促进乡村产业转型为导向，先后深入北京的朝阳、门头沟、房山、密云、顺义、通州、平谷、怀柔、延庆、大兴、昌平、海淀、丰台13个区的马栏村、龙王村、涧沟村、陇驾庄村、爨底下村、灵水村、东胡林村、史家营村、项栅子村、西沟村、杨树湾村、三岔口村、双文铺村、八宝堂村、北沟村、黄土梁村、大庙峪村、瓦官头村、蔡家畦村、干峪沟村、梨花村、四合庄村、寺上村、康陵村、八家村、西峰山村、上口村、仙人洞村等80余个村镇。此外，还赴河北张家口、固安、廊坊，河南林州，内蒙古呼伦贝尔，福建福州，贵州黔南、毕节、黔西南，山西太古，浙江温州，陕西杨凌等地调研了30多个村庄，从中看到了许多乡村发展的亮点和成功案例，也在调研考察中发现了许多问题和失误。

这当中有送建筑图纸下乡，将乡村建设成城市住宅小区的，有拆除古村大院建造红砖大瓦房的，更有在村中建起"天安门""白宫"等奇观建筑的。更普遍的是城市设计师、乡村文保捍卫者，强力阻止乡村改造，大力鼓吹村落不能动，要按文物加以保护，使村民生活难以改善。再有是用西方乡村设计形态改造中国乡村，欧式的木屋、美式的街道、现代材料点缀传统纹样元素。设计师脱离乡村实际，搭建起个人喜好的童话般乡间别墅。这些过程给中国新农村建设、城乡一体化发展带来了众多的后遗症和疑难杂病。传统古村落消失，乡村生活被挤压，可持续发展动力消失，产业业态被破坏。

这一系列问题引发了我们的思考，美丽乡村的建设标准是什么？亟待解决的问题是什么？其方法手段何在？远离生活、脱离实际、观念落后、知识不足、人才匮乏是美丽乡村建设的关键问题，一方面乡村缺思想，简单模仿城市；另一方面设计不落地，艺术创作代替服务需求。

开展"设计走进美丽乡村"关键是"走"和"进"到乡村中去。要"走"起来，对乡村的村域结构、地理环境、物产资源、历史风貌、风土人情、今日诉求进行全面深入的需求调研；同时设计师要"进"到乡村生活中去，进到乡村的历史文化中去，进到村民的心里去。村与村、镇与镇、乡与乡的发展各具特点，拥有的文化、历史、自然、产业等各有异同，形成了不同的环境、生活、生产方式。无论爨底下村、北沟村，还是袁家村、华西村，都各具特色，各有特点，不可复制。所谓经验，只是理念相通，就是充分运用了设计方法，而模式则是千差万别。

因此，我对乡村发展的期许是：建设一座美丽的乡村，首先要有爱心，爱乡村，从乡村自身发展需求和村民的期望需求出发做设计，坚持规划设计在前，做到"一村一设计"。

自古乡村建设千差万别，历史形成的村落各具文化特色，美丽乡村建设要避免千村一面。

其一，乡村设计不仅是建筑设计，而是村域、生态、民居、产业的系统规划设计。每个村要因村制宜，由系统规划设计机构而非规划建筑设计院进行"一村一设计"，做到不抄袭、不模仿。"看得见山，望得见水，记得住乡愁"，要做到这一点，政府必须制定乡村建设设计工作制度，形成审查监管体系，明确各级政府对村域规划设计的监督责任，让村域设计规划做到以保护村落文化和生态环境为基础，以村民的需要为依据，以有益于产业发展和农民增收为目的。各级政府部门加强"放管服"改革，规划设计要通过村民大会审议，政府和规划设计者都不能越俎代庖。

其二，要关心村民生活品质的提升和产业发展的协调，坚持"吃外住内"的乡村民居设计理念。对传统村落保护设计要制定严格的设计规范，要做到村域环境不能变，民居外观不能变，民居内部生活设施的品质要提升的"吃外住内"设计原则。"吃外"就是传统村落保护设计要维护村落的传统环境风貌，为生态旅游产业、养生养老产业的发展奠定基础，使农民通过传统村落保护获得实实在在的财产性收入。而"住内"就是提高民居内部生活环境品质，满足农民对美好生活的需要。"吃外住内"

的传统村落设计保护方针，既是建设美丽乡村的路径，又是产业发展的基石。

其三，坚持特色产业发展，切实提高农民财产性收入。美丽乡村建设要大力发展生态服务性经济。依托土地流转起来，资产经营起来，农民组织起来。一是发展生态休闲旅游业。充分利用乡村的自然生态环境，红色人文景观，通过服务设计打造成吸引游客的休闲旅游项目，发展产业化经营的民宿，形成具有村域特色的旅游业态。二是发展生态养生养老产业。完善乡村公共服务体系，利用闲置房屋，集约化经营，发挥乡村的生态优势，营造休闲、安逸、舒适、健康、便捷的养老氛围，发展养生养老服务业。三是开展农副产品的现代食品研发，发展农副旅游商品产业。加强农副产品深加工的商品化设计和服务设计。将传统的卖原料向卖食品转化，将速食、餐饮、手工艺品通过设计开发成为旅游者喜爱、便捷的旅游商品。

其四，要完善村"两委"班子建设，做好顶层设计，选好发展带头人。美丽乡村建设的关键是人才的水平，离不开村"两委"班子的建设。党委政府要加强顶层设计，制定办法，出台政策，营造环境，规范人才使用。一是"两委"班子，特别是带头人要选用"想干事、能干事、会干事、干成事"之人。二是加强对村"两委"班子的能力培训，重在学习方法，开阔视野；学习榜样，增长才干。三是各级政府部门要为村"两委"班子做好服务，做到"支持有力，营造环境，依法行政，强化监管"。

所以，"设计走进美丽乡村"的精髓就是"一村一样"，以生产、生活者的需要为导向，用设计打造村民生活舒适、生产有效、环境生态、产业兴旺的品质高、文化深、乡愁浓的美丽乡村，且要做到各具特点、一村一品、品形相济、可持续发展。

《设计》：作为设计界资深人士，您如何评价国内的设计教育？相较国外的教

育体系，您认为我们还有哪些可以改善和提高之处？

宋慰祖：新中国成立以来，中国的设计教育从无到有，在改革开放的40多年中得到了高速发展。2010年，由工信部、教育部、科技部、财政部等十一部门联合制定的《关于促进工业设计发展的若干指导意见》中明确提出"完善工业设计教育体系。探索建立有利于工业设计人才成长的教育体系和人才培养模式，培养适应工业发展需求的工业设计复合型人才。加强高等学校的工业设计学科建设……"不久后，设计学被确定为一级学科，确立了设计的学术地位。截至2019年，据不完全统计，中国国内开展设计教育的高等院校的总数已经达到1328所，开设的相关设计专业达到5544个，2010年以来，每年在校生人数超过30万人，每年毕业人数8万~10万人。从规模上讲，这是连续发展的结果，在设计教育和设计实践发展的结合方面也取得了比较好的成绩，这些都是近年来设计教育取得较快发展的证明。

同时，设计知识和理念的普及教育也得到了长足的发展。随着国家对于提高整个民族自主创新的重视，一系列经济推动政策的出台，以及国际大形势的变化，设计作为一种公众传播的术语已经在今天的中国社会中广泛地流传开来，每年都会有一系列的社会传播活动、大量的国际设计展览及设计的交流活动在中国举行，如北京国际设计周、联合国教科文组织创意城市网络大会，很好地传播了设计思想，提升了国民的设计素养。

但是，我们也必须清醒地认识到，中国的设计教育起步较晚，基础薄弱，人才匮乏，理念落后。中国具有较长的农耕历史，使得工业化进程相对滞后，设计长期停留在手工艺时代。因此，现代设计教育直到20世纪80年代才真正起步。由于经济的落后，我国工业长期以来以加工业为主体，自主创新动力不足，能力缺失，使得设计教育实践基础薄弱，对人才的锻炼缺少平台环境。长期以来，教育偏重于技术上的结构、性能、工程，轻文化的需求、艺术和创新。正如著名的"钱学森之问"——"为什么我们的学校总是培养不出杰出人才？"现状是我们设计教育在国际上的规模较大，而设计教育的质量，特别是设计教育在社会中的应用，与国际还有很大的距离。教师队伍的水平参差不齐，人才流动的渠道还不通畅。教育理念还停留在简单的知识堆积和过去知识的背诵掌握阶段，缺少知识集成和创意思维的培养，在教学指导思想、教育方法、教学内容、课程设置等方面亟待改革。

国际教育正发生着翻天覆地的变化，以适应新时代对有广泛跨界知识、有创新研究与实践能力、科学技术与文化艺术相融合的创新型、复合型人才的培养。课程方式、教学内容、考核形式、评价标准、教师队伍都在发生深刻的变革，改革创新在人才培养领域更是积极突破。

为此，我对中国设计教育的改革方向有以下几点思考。

1）加强教育改革的创新力度。学科发展要与其专业特点相结合，要与国际发展的趋势相结合，要与科学的发展规律相结合。中国的设计教育正如钱学森先生所言"处理好科学和艺术的关系，就能够创新，中国人就一定能赛过外国人"。这是关键问题，也是中国整个未来教育改革的教育方向。

2）完善设计人才培养体系。建立符合设计学科发展和人才培养的教育类型的结构。在教育类型中要调整学术型和职业教育类型院校的比例结构。设计作为实践型学科，既需要培养具有集成创新型、跨界创意思维能力的人才，更需要大量的技能型支撑人才。要按照国务院印发的《关于加快发展现代职业教育的决定》中提出的"到2020年，形成适应发展需求、产教深度融合、中职高职衔接、职业教育与普通教育相互沟通，体现终身教育理念，具有中国特色、世界水平的现代职业教育体系"，建设一批设计类职业教育学院，完善职业教育体系，鼓励将非物质文化遗产传承人才培养纳入职业教育体系，发挥职业教育在文化传承创新中的重要作用，重点建设一批民族文化传承创新专业点。推动民间传统手工艺传承模式改革，培养一批具有文化创新能力的技术技能人才。打通中职、高职、本科、研究生，乃至博士生的人才成长通路，以支撑文化创意与设计服务和相关产业融合发展的需求。

3）加强中外合作办学。要进一步引进国外优质教育资源，推进高水平合作办学。要把中外合作办学作为引进国外优质设计教育资源，提升我国在设计教育中的国家地位、影响力和竞争力。按照联合国教科文组织"创意城市网络"成立的宗旨，"致力于发挥全球创意产业对经济和社会的推动作用，促进世界各城市之间在创意产业发展、专业知识培训、知识共享和建立创意产品国际销售渠道等方面的交流合作"，支持各类学校探索与设计相关专业相融合的改革创新路径。

4）注重青少年创意设计意识的教育。创新意识培养要从娃娃抓起。"想象比知识更重要"，这是艺术构思和创新的特征，其实也是科学技术创新的特征。要以素质教育为出发点，培养青少年在科学与艺术的修养上均衡发展。要导入非遗与设计思想，在让青少年学习传统中华文化的同时，支持相关的社团组织和专业学术团体组织举办青少年创意创新大赛、展会，鼓励和培育青少年的创作精神。

5）建立终身教育体系。完善社会培训，全面提升国民设计创新素质和认识。通过深化教育综合改革，推进学历教育与非学历教育协调发展，职业教育与普通教育相互沟通，职前教育与职后教育有效衔接，有效发挥学校教育在全民终身学习中的基础作用。鼓励支持行业企业在职工教育培训中发挥主渠道作用，将职工教育培训纳入行业企业发展规划和年度工作计划。促进社会化培训健康发展。规范和鼓励举办国际化、专业化的创意和设计竞赛活动，促进创意和设计人才的创新成果展示交易，推进职业技能鉴定和职称评定工作，加强人才科学管理。

《设计》：2019 年是包豪斯成立 100 周年，请谈谈包豪斯对中国设计教育过往的影响以及对未来的影响。除了百年包豪斯，您认为还有哪些国家和地区的设计思想、设计方法论是值得中国学习的？

宋慰祖：包豪斯是现代设计发展和进步的摇篮，它的存在对现代设计理论以及现代教育体系的构建和发展都产生了深刻的影响。包豪斯的设计教育思想体系中最主要的是整体观念、使用观念和创造观念。

包豪斯的思想体系正是体现了"设计是集成科学技术、文化艺术、社会经济、法规标准等人类知识要素，创造满足使用者需求的商品和服务的创新方法"。这一设计方法论的核心思想是：①知识集成的整体观念。包豪斯力求使一切创造力成为一个整体，重新结合一切实用艺术的训练——雕塑、绘画、手艺和工艺制作，作为新建筑不可分的组成部分。②以需求为导向的实用观念。包豪斯的设计教育观念强调艺术与工艺的结合，使艺术成为真正实用的东西，通过艺术教育为现代化的工业生产和商品消费培养生产者和消费者，用现代人的观点和思想满足现代人对环境和物品设计艺术的需求。它号召"建筑家、雕塑家和画家们，我们都应该转向应用艺术"。③以开拓创新为目标的创造观念。这是包豪斯设计教育的根本宗旨。在教学中，它注重创作，反对临摹；避免一切僵化，优先考虑创造性。在基础训练中，开始时只给学生提供材料，由每个人自由发挥，探索新渠道，发挥想象力，从而锻炼学生独立思考的能力。

包豪斯的现代设计思想对中国设计和设计教育产生了巨大而深远的影响，让我们一代又一代的中国设计人、教育工作者不知疲倦地探索、研究和实践。欧美工业革命历史长，这奠定了世界现代设计的基础，中国与之不同，我们是从农耕时代迈进工业时代，而且跨越式地走过了科技革命的大时代，与世界共同跨进了创新驱动发展的新时代。设计之于中国既熟悉又陌生。在农业手工业时代，我们也曾设计了令世界叫绝的作品，如长庆宫灯、木工工具、赵州桥、都江堰，但我们也有过"四大发明"未曾被应用于社会经济发展的产品之中的问题。这与我们观念认识的时代差别关系密切。这也可以从包豪斯设计教育对中国设计教育的影响效果、认识深度和数十年的变化中窥见一斑。

从改革开放之初的中央工艺美院、无锡轻工业学院（现江南大学）等创建工业美术系，探索美术融入工业产品设计中加以美化的教育，到我国一批工科院校——北京理工大学、西北工业大学、湖南大学等开设工业设计专业，探索在机械工程设计中引入美学因素，再到 20 世纪 90 年代末，普通高校本科专业目录调整后，设计专业在高等院校中遍地开花，设计教育的方式方法、内容形式、考核标准的探索、改革一天也没有停止过。而这些探索、研究、实践、发展又渗透了包豪斯设计教育内涵思想体系。我们的设计教育从开始的注重美学外观，忽视技术工程，到造型艺术与实用功能相结合，再到今天将科学技术与文化艺术相结合，工程设计与艺术设计相融合，以集成知识的理念，以创新、创意、创造的思想，将理论与实践相联系，培养服务于社会经济发展的复合型创新人才。包豪斯的现代设计思想正在不断地被我们认识、吸收、应用和发展。

中国作为一个发展中国家、一个新兴的现代化国家、一个以创新发展为己任的世界大国，我们的设计发展充满活力、动力和引导力。我们的设计教育蓬勃发展、蒸蒸日上，但道路也充满了崎岖、坎坷和困难。对包豪斯的设计教育理论我们还需不断地研究、探索、普及、推广，与中国的实际情况相结合。包豪斯设计教育的"整体观念、实用观念和创造观念"还有待我们继续深化学习、认识和实践。改变我们目前设计教育存在的大而不强、多而不精的设计人才培养状况，化解目前社会企业

2008年意大利都灵世界第一个设计之都高峰论坛，宋慰祖作为中国代表演讲

对设计人才的迫切需求与人才水平能力偏低的矛盾，解决设计人才培养成为艺术家教育、创意天马行空、创造不接地气、好高骛远、实践缺失等问题。要坚持"设计为人民服务"的理念，办好设计教育。

《设计》：中国设计一直受到来自东西方设计势力的影响，也在接受着它们价值体系的评判，您认为中国应该如何发展自己的评判体系？

宋慰祖：由于现代设计起步晚、起点低，长期以来，我们都是借鉴和模仿发达国家的产品设计、风格设计、形象设计、造型设计，乃至工程设计，缺少对设计内涵的研究与实践，缺少对设计方法根本要义的理解。所以，我们在设计中常常自觉不自觉地受成熟设计思维的影响，进而模仿。我们缺少独立设计的基本功和修养，缺少对需求分析和确定方向的设计。我们的学习是片面的，理论基础是残缺的，所以我们的设计标准和设计实践是不完整的。因此，我们在设计教育和设计实践中，学习东西方设计发达国家的经验时，往往以偏概全，出现了学德国就是简约风格、精致标准、制造精良的设计；学日本就是造型美观、需求研究细致入微、服务设计深化；美国设计则是技术超前、创意引领消费、创造型创新。意大利的艺术、法国的浪漫、英国的标准等设计风格更是对中国设计形成了导向式的影响。这些西方发达国家的设计风格一直深深地影响着我们对设计的评判和应用。同时，我们在设计中也高度重视与发达国家设计的对标，造成中国设计没有自我设计标准与规范，从手表、自行车到家电、汽车，再到飞机、舰船、智能手机、智慧机器人。从广告招贴、商标标志到建筑风格、环境景观的设计无不存在西方设计的风格和标准。这正表明我们曾经的落后，需要也必须以先进为师，学习经验和时尚的风格，这是历史发展的必然，毋庸讳疾忌医。但伴随时代的发展，中国设计走向成熟，在今天创新驱动发展的时代，中国设计基于 30 年的基础工程设计的实践积淀和改革开放 40 年，以及国际设计学习交流和实践的洗礼，我们正在探索中国风与全球文化、科技相融合的设计规范与设计标准。设计标准评判体系无国籍可言，因为它是一个哲学的创新方法论，谁制定的标准评价体系更符合设计方法的本质，谁就是先进的，就是世界的。设计的成功与否、设计的水平高低，检验标准就一个——是否满足市场的消费需求。无论商品还是服务均如此。中国设计红星奖就是追求制定一个中国优秀工业设计的标准和评价体系。在制定"红星奖"的评价指标时，红星奖委员会提出评价内容包括文化创意、技术创新、结构工艺、绿色生态、制造水平、市场营销。我们制定了创新性、科技性、文化性、工艺性、市场性、环保性"六要素"的中国设计评审标准，并得到国内外一致认同。这是一次十分有益的探索，证明了中国是具备制定设计评价标准的国家。当然，我们还需要进一步研究探索、认识和完善。

《设计》：您对正在通过设计创业以及从事设计工作的年轻人有哪些的建议和期许？

宋慰祖：跨界的知识学习，广阔的实践与调研，细致地观察与发现潜在的需求。本着"设计为人民服务"的原则，放低身段，你就是人民的公仆，你要为他们创造更美好的生活，一切为了服务人民、服务社会、服务生态。你才能够成为一名真正伟大的设计师。否则，你只是一个过客。设计师绝不该追求名利场，而要追求自己为社会留下了什么、改变了什么。

《设计》：您最近正在关注或研究哪些领域的问题？可以和读者分享1~2个吗？

宋慰祖：1. 研究旅游商品研发设计，促进消费转型升级

作为从事旅游商品设计、促进和市场系统研究近20年的工作者，从多年研究和实践中，我就设计提升旅游商品消费谈几点思考。

1）正确认识什么是旅游商品。国内普遍讨论的是旅游纪念品市场，这是全国上下普遍存在的误区，认为旅游商品就是景区销售的旅游纪念

品，是以旅游的"游"为核心的认识，以为游览景区购物是旅游商品消费。其实，旅游商品核心是"旅"，旅行到一地，所产生的购物、购买的商品都是旅游商品。它主要是旅游目的地的特产，包括品牌产品、土特产品、工艺美术，地域特色是关键，日用消费品是核心，纪念品是特殊的品类。正确认识旅游商品是什么，就是制造业供给侧结构性改革的内容。要从战略的高度重视设计，要转变传统的商品思维模式，要用好传统的消费品制造体系，运用工业设计针对旅游者的消费需求及地域特色开发商品的品种，提升商品的质量，以精益求精的"工匠精神"塑造旅游商品的品牌。丰富旅游购物市场，主动引导旅游购物消费。

2）按照《国务院关于推进文化创意和设计服务与相关产业融合发展的若干意见》所提出的"提升旅游发展文化内涵"："支持开发具有地域特色和民族风情的旅游演艺精品和旅游商品，鼓励发展积极健康的特色旅游餐饮和主题酒店。"企业要清醒地面对消费群，旅游商品设计的关键是满足市场需求。之所以叫作旅游商品，就是商品的开发、设计、生产都要瞄准游客这个特殊的消费群体，必须认识到旅游购物消费心态不同于居民消费，旅游购物消费是一种激情冲动式消费。商品应具有"旅"与"游"的特点，便携、安全、纪念性。因此，旅游商品核心是地方特产、日用消费品。但不是简单的传统原料产品摆出来就有人买，应当说是传统生活消费品的旅游市场开发。以北京为例，居民达 2000 多万人，而旅游人次达 2.6 亿，旅游商品设计就针对扩展出的这个新的消费群，这就是发展旅游商品的方向和基础。

3）建立与旅游市场相适应的商业体系。国际上已建立了以免税店为主体的面向国外游客的旅游商品销售体系，基本构造是以本地特产、国际品牌的商品为主，形成了购物旅游市场，促进了本地产业发展，带动了消费。国内市场经历了从友谊商店、工美大厦等简单对外服务性旅游商业，到旅游重点商店的模式。近十年来，各地对旅游商品消费高度重视，但市场却自由化，失去了方向。市场方向仍以面对国外游客为主，缺少与中国特色的定位（国内游客多于国外游客）；商业市场建设落后于旅游市场，商业设施建设基本还是以满足本地居民生活消费为目标，亟待转型，建设具有中国特色的规模化、专业化的旅游商品营销市场。

4）旅游是一个跨界综合性产业，是一条产业链，需要相关领域协同推进，旅游管理部门的工作是吸引旅游者，让更多的人来旅游，带来的是新型的消费者，因而商业的定位就要跟上这一要求；旅游商业体系的建立，又需要制造业创造符合旅游者购买的商品。因此，政府需要旅游、商务、规划、工信等多部门协同推进。这将推进我国创新驱动和产业结构调整。

5）建立完善的相应法律、法规、政策制度和机制体制。完善已有的《反不正当竞争法》《旅游法》《消费者权益保护法》及工商管理的相应法规等。建立旅游商品试产的建设、管理、认证、经营规范和标准。实施政府引导、国有主体、市场化运行的主体店，鼓励多种所有制参与经营的特色店，加强监督执法。

2. 研究"设计创新园区的体系化建设"

设计创新园区是智慧型产业园区，不是传统的工业园区。近 20 年来，通过建设"时代创新设计企业孵化器""北京 DRC 工业设计创意产业基地""设计之都——中国设计交易市场"，策划设计"天津中新生态园工业设计园""北京大兴 CDD 创意产业园""大兴工业设计园区""天津滨海工业设计园"等，深入研究了创新设计园区建设的规律、模式和机制。一要转变传统工业园区和经济开发区的建设模式与理念，以及简单的土地开发和房东管理机制，打破不思进取的"吃瓦片"经济模式。二要从创新服务业的特点出发，充分认识到运用设计方法的创新服务业

2011 年建成设计之都——中国设计交易市场

是智慧产业，要尊重其规律。在研究实践的基础上，2011 年我撰写了《大力发展工业设计　建设世界设计产业集聚中心》的论文，提出了智慧型创新设计产业园区建设应具有"八大要素"：①专业化的园区运营团队，而不是政府的管委会；②具有人性化风格的创业空间，而不是"九通一平"的厂房；③设计服务交易市场，而非"科技成果交易中心"；④展示推广中心，而非展览大厅；⑤公共技术支撑平台，而非"大型仪器协作中心"；⑥人才培训基地，而非设计学校；⑦知识产权、金融等服务体系，而非官僚机构；⑧基本生活服务体系，如餐饮、咖啡厅、茶室、公寓，而非宾馆、饭店。以服务创新设计产业为宗旨，这是设计创新型园区建设的基础和根本。

3. 关注"服务型制造"促中国制造产业转型升级、创新发展

我提出了"设计服务型制造业"的产业发展方向。当前我国产业发展正处于转型期，产业供给侧改革成为主题。创新发展理念强调经济、社会和自然之间的系统性、整体性和协调性，对于优化社会经济发展环境、促进产业结构调整、提高经济运行的质量和效率具有巨大的作用。

习近平总书记于 2017 年 12 月在徐州考察时强调："必须始终高度重视发展壮大实体经济，抓实体经济一定要抓好制造业。装备制造业是制造业的脊梁，要加大投入、加强研发、加快发展，努力占领世界制高点、掌控技术话语权，使我国成为现代装备制造业大国。""落实党的十九大关于推动经济发展质量变革、效率变革、动力变革的重大决策，实现中国制造向中国创造转变、中国速度向中国质量转变、中国产品向中国品牌转变，必须有信心、有耐心、有定力地抓好自主创新。"服务型制造是制造与服务融合发展的新型产业形态，是制造业转型升级的重要方向。

服务型制造是基于制造的服务和面向服务的制造，是基于生产的产

品经济和基于消费的服务经济的融合，是制造与服务相融合的新产业形态，是一种新的制造模式。发展服务型制造是制造业转型升级的根本方向。而发展服务型制造的核心是设计。发展服务型制造就要构建以设计为引领、以服务需求为导向的"创新设计、定制化服务、供应链管理、网络化协同制造、服务外包、远程运维服务、智能服务、金融支持服务、信息增值服务、系统解决方案"的现代制造业，这就是"设计服务型制造业"。这一新型制造业模式已成为新时代制造业发展的方向。

章群星：
工业设计赋能浙江传统产业再造升级

ZHANG QUNXING: INDUSTRIAL DESIGN EMPOWERS ZHEJIANG TRADITIONAL
INDUSTRY REENGINEERING AND UPGRADING

章群星
浙江省工业设计协会副会长兼秘书长

2011年，浙江省人民政府出台了《浙江省人民政府关于推进特色工业设计基地建设加快块状经济转型升级的若干意见》。2012年，全省12个省级工业设计示范基地相继建成，浙江省工业设计协会也在同一年成立。7年多来，章群星带领团队多次参与浙江省相关工业设计产业调查、扶持政策等的撰写，落实浙江省经信厅和科技厅关于推动设计与科技融合发展合作协议的项目实施，负责浙江网上科技大市场"工业设计"板块的开发、运营，打造"设计浙江"线上展示和交易平台等，加快推进浙江省科技成果、工业设计成果的转移、转化和产业化进程，推动浙江设计行稳致远。

《设计》：**2019 年是新中国成立 70 周年，改革开放的第 41 年。在这 70 年中，中国设计取得了长足的发展。谈一谈给您留下深刻印象的几个时间节点和事件。**

章群星：从 70 年这个时间轴来看，1984 年，当时的中央工艺美术学院创建了中国第一个"工业设计系"；1987 年，中国工业美术协会更名为中国工业设计协会；2010 年，工信部等 11 部门联合印发《关于促进工业设计发展的若干指导意见》。这是中国工业设计非常重要的三个具有里程碑意义的时间节点和事件，在工业设计人才培养、发挥行业组织作用以及国家战略和政策引导这三方面为我国的工业设计产业发展奠定了坚实的基础，提供了强劲的动力。

从浙江来看，第一个重要的时间节点是 2011 年，浙江省政府出台了《关于推进特色工业设计基地建设加快块状经济转型升级的若干意见》。2012 年，全省 12 个省级工业设计示范基地相继建成，我们协会也在同一年成立，浙江工业设计产业发展从此进入快车道。第二个重要的时间节点是 2016 年，中国第一个工业设计小镇——杭州良渚梦栖小镇正式启动建设，同年 12 月，首届世界工业设计大会在良渚召开，中国首次以设计智慧贡献于全球。

《设计》：**您是从何时开始关注工业设计，如何开始工业设计相关工作，以及这些年来您在这个岗位上切身感受有哪些？**

章群星：我是 2011 年开始关注工业设计的；2012 年创办了《设计与制造》杂志，致力于浙江工业设计产业推动，先后策划和主办了浙江省好设计好产品巡回展、中国五金工业设计展、中国设计智造大奖巡回展、世界工业设计大会·设计展及相关论坛、设计与制造对接等活动；2016 年开始参与中国第一个工业设计小镇——良渚梦栖小镇的建设，在梦栖小镇创建浙江省工业设计创新服务基地，打造工业设计产业生态链。

这些年我感受最深的是对设计的重视已逐渐成为全社会的共识，特别是对传统产业的再造升级的推动作用越来越明显，工业设计正成为创新驱动的核心要素，引领新经济、新制造、新生活。另外，设计的价值依然被严重低估，设计成果的转移、转化和知识产权保护依然是制约创新的两大难题。

当前，以云计算、大数据、物联网、移动互联网和人工智能为代表的新一代信息技术蓬勃发展，新产品、新服务、新模式、新业态快速兴起，居民消费加快升级，创新进入活跃期，工业设计迎来新的重大机遇。设计在此时不再只是一个名词，更是一个充满能动性的动词，设计源自人类对美好生活的不懈追求，而在这个如此多元的世界里，设计更是充满普适性，它能创造世界、改变生活。诚如 2016 年 12 月在梦栖小镇召开的首届世界工业设计大会上，国务院副总理马凯所言："产业因工业设计而更具活力，世界因工业设计而更加美好！"

《设计》：您多年来致力于进一步浓厚浙江省的工业设计氛围，提升浙江设计的品牌内涵，促使设计与制造的高效对接，加快设计成果转化，用"设计+"的力量推动企业提质增效和产业的转型升级，请您详细解读您是如何带领团队取得以上成绩的。

章群星: 浙江是工业设计起步较早、发展较快的省份之一。"十二五"以来，浙江累计实现设计服务收入 471 亿元，设计成果转化产值突破 2.8 万亿元，工业设计发展水平和服务能力位居全国前列，对产业转型升级推动作用显著增强。

工业设计上连技术，下接产业，是产业链中光辉的一环，一个具有链接性、牵引性的桥梁。2012 年至今，我们充分利用《设计与制造》媒体平台"讲述产品故事、展示设计力量"，通过相关展会、论坛，提升浙江设计品牌内涵，通过"设计浙江"线上平台以及一系列的设计对接、设计成果拍卖等活动，推动设计成果的转移转化。特别是 2017 年我们协会发起的浙江传统产业设计再造计划，以"设计驱动"为核心，整合省内外工业设计产业生态链优势资源，通过工业设计为浙江传统产业注入创新活力，帮助制造企业"增品种、提品质、创品牌"，实现传统产业的转型升级。2018 年 4 月，我们围绕 2018 世界工业设计大会"设计·生态"主题，策划主办了世界工业设计大会设计周、设计展等系列活动。活动突出"设计 +"创新元素，成功对接国际工业设计资源，营造与烘托大会氛围，提升了中国工业设计和良渚梦栖工业设计小镇的影响力，推动了设计与相关产业融合发展，为工业设计在消费升级大时代中大施手脚和实现国际化、多元化、市场化的跨界合作创造了新机遇。我们还通过引进落地"光华龙腾奖·浙江设计业十大杰出青年"评选，开拓设计创新广袤空间，强化设计创新形象，树立设计创新价值导向，完善设计产业生态链，挖掘创新设计人才，打造设计创新高地，为促进产业高质量发展提供了强大的动力。

7 年多来，我们协会还利用行业协会力量，为浙江省工业设计产业发展建言献策，本人带领团队，多次参与浙江省相关工业设计产业调查、扶持政策等的撰写，落实浙江省经信厅和科技厅关于推动设计与科技融合发展合作协议的项目实施，负责浙江网上科技大市场"工业设计"板块的开放、运营，打造"设计浙江"线上展示和交易平台等，加快推进浙江省科技成果、工业设计成果的转移、转化和产业化进程，推动浙江设计行稳致远。

《设计》：浙江有着丰富的高校、行业乃至协会资源，在长三角工业设计上有着巨大的发挥空间，在您看来，政府、高校、协会、产业这几方面如何从工业设计的角度相互协作，促进制造业转型升级？

章群星：浙江是制造业大省，依托制造业优势和政府的大力推动，从 2012 年开始以工业设计为突破口、着力点，探索转型升级的道路。全省的工业设计推进工作在抓组织推动，网络化、智能化产品的开发，工业设计企业的培育，工业设计市场的拓展，特色工业设计基地的建设，以及政策、体制、服务的创新上，都取得了较好的成效。工业设计产业发展继续走在全国前列。而由浙江省政府支持、中国美术学院主办的首个国际性学院大奖"中国设计智造大奖"以及两届世界工业设计大会的顺利举办和广泛的影响力，更使"浙江设计"和"浙江智造"为世界所瞩目。

1. 政府重视，政策大力推动

着力加强政策扶持，浙江省政府先后出台了《关于进一步提升工业设计发展水平的意见》《关于推进特色工业设计基地建设加快块状经济转型升级的若干意见》等一系列政策性文件。发挥财政资金的引导作用，从 2012 年开始，每年从浙江省战略性新兴产业专项资金中安排专项资金，扶持工业设计产业发展；落实国家支持工业设计发展的减税政策，执行所得税税前加计扣除政策等，切实减轻浙江省设计企业的成本负担。着力加强体制创新，率先开展工业设计职业资格评价制度的改革试点，探索推动将获得中国设计智造大奖作为取得相应工业设计职业资格的重要依据，为工业设计产业的人才队伍建设提供机制保障。

2. 氛围浓厚，载体发展迅速

全省拥有工业设计公司 4000 余家，其中近 15% 的大中型制造企业设立了工业设计中心或设计院。2017 年，浙江省 7 家企业入选国家级工业设计中心，入选数量居全国首位，新认定 67 家省级工业设计中心，确定温州乐清市工业设计基地为省级特色工业设计示范基地。截至 2019 年，全省拥有 11 家国家级工业设计中心、23 家省级重点企业设计院和 207 家省级工业设计中心，在各自领域较好地发挥了产业带动作用。

3. 产业集聚，带动效应明显

围绕浙江省块状经济特色优势，浙江省工业设计产业逐步呈现集聚效应，工业设计小镇和设计基地蓬勃兴起。工业设计基地聚焦特色产业，集聚设计资源，加快了工业设计创新成果产业化的步伐，助推地方块状经济产业转型升级，对经济发展起到积极作用。其中，18家省级特色工业设计示范基地，集聚工业设计企业884家，2017年实现设计服务收入26亿元，同比增长13%，新增专利授权4499项，17件作品荣获红点、iF、IDEA等国际性大奖。全省涌现出一批以工业设计为重点的特色小镇，如中国首个工业设计小镇——余杭良渚梦栖小镇，定位"设计+"，以工业设计为主导，兼顾文创、环境设计等各类设计产业，打造"设计联合国"。杭州市拱墅区工业设计特色小镇正在紧锣密鼓地建设中，助力"工业制造"向"工业创造"迈进。宁波市镇海区引进洛可可、木马设计等著名工业设计机构，打造以"智能硬件设计生态圈"为主要特色的i设计小镇。

4. 成果丰硕，创新要素突出

浙江省已有37所高等院校开设了设计类专业，工业设计类实验室和校外实践基地建设不断加强，省内主要产业集聚区、省级特色工业设计基地、重点骨干企业等与省内外上百所高校设计类专业建立了合作关系。浙江大学、浙江工业大学分别在台州、义乌建立了工业设计院，上海交通大学在嘉兴建立长三角工业设计院。中国美术学院、江南大学、西安交通大学、浙江理工大学等一大批省内外高校在浙江省产业集聚区建立设计工作室和实训基地。许多制造企业纷纷与设计类院校和机构开展合作，在新一轮经济发展中抢占先机。例如，安吉的永艺股份与德国黑森州大学设计学院、美国SP公司、韩国汉森集团及浙江大学、湖南大学、南京航空航天大学等合作，致力于坐具的原理、结构和外观造型设计，从一家默默无闻的公司成长为中国座椅行业唯一一家主板上市企业。同时，全省上下开展了丰富多彩的工业设计大赛活动。

在浙江省工业设计肥沃土壤中成长起来的中国设计智造大奖（Design Intelligence Award，DIA），是一个整合艺术、科技、产业和服务等前沿力量的国际性、开放性的学院奖，受到了国内外各方的广泛关注和好评。浙江省的方太"水槽洗碗机""小黑侠——自拍无人机""泊车 AGV"分别获得首届、第二届、第三届中国设计智造大奖最高奖——金智奖。第三届大奖收到全球 41 个国家和地区的 7721 件设计作品，较上届增长 2 倍左右。其中，浙江省参赛作品 2080 件，复评后占 650 件复评作品的 1/3。

在国家人力社保部的支持下，浙江省成为继广东之后全国第二个开展工业设计职业资格制度试点省份。此外，浙江省工业设计公司和制造企业设计的产品屡获 iF、红点、IDEA、红星等国际国内设计大奖，仅杭州市就有 22 件作品荣获 2018 年德国 iF 设计奖，博乐设计周立钢等 5 人被中国工业设计协会授予"中国工业设计十佳杰出设计师"。2014 年和 2015 年光华龙腾奖评出的中国设计业十大杰出青年，浙江省就占了 5 席。2017 年，浙江省工业设计力量囊括第十三届光华龙腾奖三项大奖，设计人才在"中国设计业十大杰出青年"奖项中占了 3 席。2018 年，浙江省两名设计领军人才获"光华龙腾奖·中国设计业十大杰出青年"，中国美术学院院长许江获"2018 光华龙腾奖中国设计 40 人特别奖"。目前，全省拥有各类设计人才 5 万余名，其中高级工业设计师 69 名，18 家省级特色工业设计示范基地集聚工业设计人员 11 523 人。

日益优化的工业设计发展环境，如磁石般吸引着全球设计资源向浙江汇聚，学术、产业、资本、渠道相互赋能，设计正推动着浙江产业转型升级、结构优化和经济高质量发展。

《设计》：您曾表示希望能在梦栖小镇打造生态链的闭环，整合相关的资源，

以创新驱动来推动浙江的制造业，向浙江创造发展。请您谈谈良渚梦栖小镇目前的发展状况以及协会从中发挥的作用。

章群星：梦栖小镇之名源自北宋沈括《梦溪笔谈》，取意设计梦想栖息之地，核心区规划面积 2.96 平方公里，于 2015 年 11 月正式启动建设，2016 年 1 月 28 日被列入省级特色小镇，在 2016 年年底召开的首届世界工业设计大会上，被授予"中国工业设计小镇"称号。

梦栖小镇以多元、包容、开放、跨界为引领，按照"有核无边、辐射带动"的规划思路、"逐步整合、逐步投用"的建设思路，实施"科技 + 文化 + 金融 + 人才"战略，打造"三大集聚区"——设计产业集聚区、设计创客创意区和设计人才生活区，打造"云上梦栖"，布局"五大中心"——设计中心、创意中心、创业中心、创新中心和金融中心，建设"三生四宜"——生产、生活、生态、宜居、宜业、宜游、宜学的设计梦想栖息之地。

2016 年，浙江省工业设计协会与良渚新城管委会进行战略合作，在梦栖小镇共建浙江省工业设计创新服务基地。

事实上，创建一个有效整合产业链优质资源的高能级设计集聚平台在浙江呼之欲出。浙江省从 2011 年年底至 2012 年年初开始推进工业设计产业发展，其中一项重要举措就是在全省各个地市以及经济强县区建立省级工业设计示范基地，通过基地建设来吸引集聚一批设计企业，为当地的块状经济、广大的浙江中小企业提供设计服务，帮助制造企业提升产品价值，助推地方块状经济产业转型升级。经过近 6 年的发展，基地建设和运营取得了很大的成效，培育了许多优秀设计公司和设计人才，涌现了一大批好设计、好产品。但是从浙江工业设计产业发展现状来看，这 18 个基地引进的都是以设计服务为主的设计公司，缺少一个园区或基地能够把包括工业设计在内的产业链上的优质资源整合起来，从而为制造企业、设计企业、省级工业设计基地提供产业链上的服务。基于此，我提议创建浙江省工业设计创新服务基地，打造以工业设计为核心，集设计服务、产品孵化、展示推广、成果转化、教育培训、体验旅游等多功能于一体的生态产业链平台，为梦栖小镇企业及全省工业设计产业提供服务。

在 2016 年 12 月召开的首届世界工业设计大会期间，工业和信息化部、浙江省政府签订了《关于共同推进浙江省工业设计产业发展的战略合作协议》。协议约定，工业和信息化部与浙江省政府在杭州余杭良渚共建中国工业设计小镇，将梦栖小镇打造成"世界工业设计高地"和"全球资源聚合平台"，使之成为全国设计产业发展的标杆。根据协议，浙江省政府将大力推进和支持梦栖小镇建设，支持浙江省工业设计协会在良渚梦栖小镇打造浙江省工业设计创新服务基地。

两年多来，在浙江省经信厅、良渚新城管委会的领导和浙江省工业设计协会会员企业的支持下，浙江省工业设计协会和浙江省工业设计创新服务基地积极落实省部合作协议，突出平台效应，合力推进工业设计在梦栖小镇落地生根、精彩绽放，努力将梦栖小镇打造成为全国设计产业发展的标杆。

目前，基地主要通过搭建五大中心为浙江的创新设计提供全产业链服务，实现设计共创和成果共享。这五大中心包括：①浙江省工业设计创新中心。整合省内外优秀工业设计企业、设计师、高校院所的专家、产业生态链上的优质机构，共同为浙江的设计创新提供服务。②浙江省工业设计展示中心，包括智能制造、智能家电、智能交通、新材料、新工艺等区块。③浙江好设计、好产品推广中心，借助浙江省工业设计展示中心等载体，帮助好设计实现产品化。④浙江省原创设计师品牌孵化中心。整合浙江优秀的设计企业和设计师，结合各地的产业，孵化真正属于浙江的原创设计师品牌。⑤浙江省工业设计培训中心。其中，浙江省工业设计研习院承担了浙江省人社厅和省经厅委托的工业设计培训项目，重点推出"下一代设计师"的高研班，帮助年轻设计师提升设计能力和设计管理能力。

基地的入驻与引领使中国工业设计小镇的资源整合能力不断提升，产业对接的广度和深度快速拓展，平台优势日趋显现。在两年的时间里，浙江省工业设计创新服务基地吸引和带动了大批设计企业及大量设计资源扎根和进驻梦栖小镇。梦栖小镇从刚开始的以工业设计为主的发展定位，到如今拓展至以"设计+"为中心，连接智能制造、文化创意、互联网、资本、人才等的"设计+N"的新模式，并大力发展绿色设计和服务设计，形成了百花齐放、百家争鸣的局面，一条全新的设计生态链正在逐渐形成。截至 2018 年年底，梦栖小镇累计完成投资 60.94 亿元，集聚设计产业项目 435 个，引进设计人才 2700 余名。入驻企业总营收 27.96 亿元，其中设计类特色产业营业收入为 23.45 亿元，纳税总额 10833.79 万元；工业设计成果交易数 47 个，转化产值 2169 万元。众多创新设计成果获得德国 iF、红点设计奖，日本 G-Mark 设计奖，意大利金圆规奖，中国设计智造大奖、红星奖等国际国内设计大奖；众多设计领军人物获得光华龙腾奖等重磅级奖项。

如今的梦栖小镇已举办两届世界工业设计大会，意大利金圆规奖、中国设计原创奖、中国创新设计大会、《福布斯》中国设计力量榜单等也在此举办和发布。它是实施创新驱动发展战略的新通道，是产业发展的新高地、新引擎，是创业创新的新平台、转型升级的新载体和推动落实"中国制造 2025"浙江行动的新抓手。

《设计》：面对新的发展机遇和挑战，您如何评价工业设计在产业转型中的作用？接下来，协会发展的理念、方向和规划是怎样的？

章群星：工业设计是一个"创思、造物、造福和造化"的创新发展实践和过程，对制造业更具有"发展引领""功能提升""品牌创立""文化融合"等重要作用和强大功能，是促进和加快制造业调整结构、转型升级、提质增效的重大战略抉择。

浙江重工业少，产业结构的特性决定了浙江工业设计的特性主要在于满足人民对美好生活需求的消费品类。我认为这种类型的工业设计是提升人民生活质量的工业设计，也是工业设计中不可或缺的部分。

针对目前工业设计对高精尖各技术领域的跨界整合能力有限，其在用户需求挖掘、技术集成创新等方面的作用发挥不足，尚未深度参与科技成果转化前端的现状，我们协会下一阶段将围绕省经信厅制定的工业设计产业发展重点来开展工作。

1. 完善设计创新体系，提升协同设计能力

发挥浙江省转型升级产业基金的引导作用，吸引社会资本投向工业设计产业化项目和重大设计共性平台，建设产业工业设计数据库，提供在线设计工具，推进网络众创设计。推动工业设计从零件、散件设计向组件、模块件、总集成设计发展，从注重产品外观功能设计向包含研发设计、工艺流程设计、服务模式设计的产品全生命周期设计发展，从以产品升级为主向整体系统优化发展。支持制造企业由大规模批量化生产向个性化定制设计、智能设计、绿色设计转变。加强互联网新业态设计，鼓励制造企业利用物联网、大数据、移动互联网等技术，推动基于信息服务的设计应用研究，促进工业设计向高端信息化设计服务转变。

2. 深化设计与制造的融合，发挥示范企业带动作用

引导有条件的制造企业设立独立核算的工业设计中心或设计院，在制造业龙头骨干企业和知名工业设计公司中规划建设一批省级重点企业设计院，支持申报国家级工业设计中心。进一步推动工业设计元素和功

能融入省级制造业特色小镇，提升工业设计对当地产业发展的引领和带动作用。依托浙江网上技术市场，建设工业设计成果交易平台，提供工业设计的信息发布、成果展示、在线路演、专家咨询、竞价交易等在线服务。

3. 完善设计服务平台，构建设计良性生态

支持设计企业与制造企业开展形式多样、内容广泛的对接合作，大力推广"设计＋科技""设计＋资本""设计＋品牌"等工业设计共享经济新模式。强化专业设计人才培养，进一步扩大国内外交流，引进一批设计领军人才。完善工业设计职业资格试点，进一步拓宽工业设计从业人员评价范围，完善评价条件，创新评价方式，加快工业设计人才职业化。鼓励企业和个人申报工业设计专利、商标和著作权，加大对侵权行为的打击力度，建立维权机制，畅通维权渠道，提高维权效率。健全工业设计知识产权交易服务体系。

4. 探索新型服务模式，提升成果转化效率

在设计资源丰富或设计需求量大的中心城市、产业集聚区和工业强县（市、区）中开展省级特色工业设计示范基地建设，并推动其专业化发展，围绕当地块状经济转型升级，进一步明确定位，创新服务方式，实现精准对接。鼓励各地积极引入设计资源，与本地特色产业展开合作，促进设计成果落地生根，提升本地工业设计发展水平。做大做强龙头设计企业，支持符合条件的工业设计企业上市。积极推广"互联网＋工业设计"，探索建设线上线下开放性共享平台，发展众创设计、众包设计、定制化设计、用户参与设计、云设计、网络协同设计等新型服务模式，促进工业新产品产值率明显提升。

5. 拓展设计边界，丰富设计生态圈

一是增强绿色设计，为可持续发展提供重要支撑。当今的工业设计是一个大设计概念，不仅在于产品外观结构、功能、体验、品牌等领域，还应该有更新、更广的内涵。比如着眼于可持续发展的绿色材料应用的绿色设计。绿色设计是绿色经济、可持续发展的基础和源头，因为设计决定了产品和系统全生命周期的资源能源消耗和排放的总水平。绿色、低碳设计将从源头上促进节能、降耗、减排，为可持续发展提供重要支撑。二是以服务创新设计产业为抓手，推动设计向价值链高端环节延伸。据统计，浙江省遴选的示范企业服务收入占总收入的比例接近21%，高于国内制造企业平均水平1倍以上。这是浙江的优势，也是浙江工业设计大有可为的空间。尤其是在当前用户市场的大环境下，大力发展智能设计、时尚设计、品牌设计、网络设计和体验交互设计等高端领域，鼓励"设计＋文化""设计＋旅游""设计＋服务"等新模式和新业态发展，无疑是推动工业设计向价值链高端环节延伸的重要途径。

张琦：
现实需要更专业、公益性更强的设计组织

ZHANG QI : WE NEED MORE PROFESSIONAL AND MORE PUBLIC WELFARE
DESIGN ORGANIZATION

张琦

光华设计基金会理事长、世界绿色设计组织执委、国际设计联合会执委

　　光华设计基金会于 2010 年成立，是在十一届全国人大常委会副委员长路甬祥倡议下成立的中国第一家设计基金会。基金会秉承"扶持设计人才成长、推动设计产业发展，致力于追求人与自然和谐共生"的宗旨，采取公益服务模式，在设计产学研合作、科技创新成果转化、支持地方设计创新基地建设、国际创新设计交流、全球绿色设计发展等方面积极开展工作，取得了丰硕的成果。基金会面向全国设计人才、专业机构开展表彰、奖励和资助，延续 2005 年起在团中央支持下设立的"光华龙腾奖"（国科奖社证字第 0223 号），通过"中国设计贡献奖""中国设计业十大杰出青年"等系列奖项，连续举办 14 届全国评选，累计表彰行业领军人才两万余人。参选对象包括产品设计、建筑设计、服务设计等设计门类，获奖者在引领中国的创新设计中发挥了中流砥柱的作用。

　　"创新是一个民族进步的灵魂，是一个国家兴旺发达的不竭动力，也是中华民族最深沉的民族禀赋。新形势下，设计 3.0 将赋予中国设计新的意义。中国设计人才将肩负起新的责任，并迎接世界给予我们的最好的历史机遇。"在访谈中，光华设计基金会理事长张琦表示，"关于'光华龙腾奖'具体讲，它是一种责任、一种担当，承载推动中国创新设计发展的历史使命；同时肩负培养造就创新设计优秀人才的责任。它又是里程碑，树立一个个自主创新楷模，让中国设计之路可以被铭记。"

《设计》：2019 年是新中国成立 70 周年，改革开放的第 41 年。在这 70 年中，中国设计取得了长足的发展。请您从自己的专业角度出发，谈一谈给您留下深刻印象的几个时间节点和事件。

张琦：新中国成立 70 周年，中国设计的发展有很多内容是让人深刻难忘的，最让人深刻难忘的应该是我们的"两弹一星"。在 20 世纪 50 年代、60 年代那样极不寻常，又面临严峻的国际形势下，为了保卫国家安全、维护世界和平，国家果断地做出了独立自主研制"两弹一星"的战略决策。大批优秀的科技工作者，包括许多在国外已经有杰出成就的科学家，以身许国，怀着对新中国的满腔热爱，响应党和国家的召唤，义无反顾地投身到这一神圣而伟大的事业中来。在当时国家经济、技术基础薄弱和工作条件十分艰苦的情况下，自力更生，发愤图强，完全依靠自己的力量，用较少的投入和较短的时间，突破了原子弹、导弹和人造地球卫星等尖端技术，取得了举世瞩目的辉煌成就。这是 70 年里让人最印象深刻的事情之一。

随着新中国的成立，我国在农业、工业这样传统一产、二产里也都有很多让人特别难忘的事情。首先，在水利工程方面，以"红旗渠"为代表的小型水利工程设计是对中国农业生产产生深远意义的重大举措，改变了农业生产的基本格局。中西部很多地区因为有这种小一型、小二型水利建设，地方的农田水利工程一下上了一个台阶，农业生产有了根本性的改变，大大提高了劳动生产率。其次，农业机械化工程方面随着农业机械设计的进步，如小型收割机、小型短途运输手扶拖拉机等农业机械设计为农业生产也做出了非常大的贡献。

农业生产里面另一个让人印象深刻的还是农业研发机制、成果的转化和生产模式的变革。这种生产模式的变革，其实也是一种农业生产流程设计。杂交玉米、杂交水稻的研发与供给对整个社会经济的变革都起到了非常重要的作用。

这70年，从现代化的程度来看，工业化的进步是从简单的生产到大量代工，再到有自己自主创新设计的一个发展过程。虽然我们的整体设计水平还达不到世界一流，但是也已经进入世界经济去进行全球性经济活动交流。比如，当时的凤凰相机、海鸥相机也能出口赚外汇。

除了农业、工业方面的发展，70年里让人印象最深刻的变化还有人才的培养。在短短20年的时间里，1000多所高校都设立了设计专业。高峰时期，国家每年培养出50多万名设计专业的毕业生，这个数量级给中国设计的发展打下了坚实基础，同时也为整个设计产业的发展带来了新活力，是中国设计变化的一个真正源泉。

70年里，要说到设计从产品、产业的变革到人才的培养，值得一提的还是对有关设计政策的不断重视和优化，从工业设计到服务设计、从创新设计到绿色设计，国家有关部委这些年都出台了非常多的政策，对设计行业的大发展，起到很好的引领作用。比如，为推动绿色设计发展，由国家发展改革委、科技部于2019年4月15日联合出台了《关于构建市场导向的绿色技术创新体系的指导意见》（发改环资〔2019〕689号），明确了绿色技术所涵盖的范围，指出"绿色技术创新正成为全球新一轮工业革命和科技竞争的重要新兴领域"，并对构建市场导向的绿色技术创新体系提出了具体的指导意见。绿色技术创新体系建设与光华设计基金会的宗旨和发展目标高度契合，基金会愿意在科技部指导下，以前期的行业积累为工作基础，全力配合推动这一国家层面政策的落地，为国家实施绿色发展战略、推动绿色产业发展贡献力量。

《设计》：您在创新设计领域深耕多年，请您谈谈对创新和创新设计的理解。

张琦：关于"创新"和"创新设计"的含义，我想引用两个人的话。

"创新是一个民族进步的灵魂，是一个国家兴旺发达的不竭动力，也是中华民族最深沉的民族禀赋。在激烈的国际竞争中，惟创新者进，惟创新者强，惟创新者胜。"

——2013 年 10 月 21 日，习近平在欧美同学会成立 100 周年庆祝大会上的讲话

"创新设计的价值在于：提升制造服务品质，赢得用户信赖，获得竞争优势，创造市场价值；能够为用户创造新体验和新价值；创新设计新工艺、新装备，可实现大幅提质增效，乃至引发产业变革；好设计可以创造新需求，开拓新市场，创造产业新生态；绿色设计引领促进资源高效、清洁和循环利用，体现了创新设计的生态环境价值。而知识技术、创新环境、体制机制、价值理念、创意创造、创新人才是创新设计的竞争力要素。"

——引自 2016 中国好设计奖与第十二届"光华龙腾奖"颁奖仪式上路甬祥院士《再论创新设计引领中国创造》报告

"创新理论"是政治经济学家约瑟夫·熊彼特最早提出的。他在做出"创新"定义的时候是基于商业和市场的语境。熊彼特强调"创新的源泉来自生产端"。他认为，什么样的工厂、什么样的生产决定什么样的创新，现在工业设计也是这样。20 世纪六七十年代，美国开始兴起管理创新，即"软实力"。管理学之父德鲁克对创新做了新的解释："创新的源泉不仅来源于生产端，更来源于消费端。市场需求激发创新。"比如，因为需要更高效地解决交通问题，所以设计生产了大型商务飞机、高铁等。

随着科学技术的进步，全球在 20 世纪 80 年代进入知识网络经济时代，社会发展也步入生态文明建设时期。大家发现创新并不完全来自生产端或消费端，不是某个产业或某件产品，而是来自创新者对新技术的集成应用，最典型的例子就是乔布斯。滑屏技术在康柏公司放了 10 年无

人问津，因为它没有大量的人机交互需求，键盘能解决所有问题。乔布斯把它买回苹果公司继续研发，基于人需要简单地使用功能复杂的东西，乔布斯把这些硬件、技术进行融合，解决了这个问题。从工业设计的角度来讲，如何在手机中集聚更多的功能，苹果做了很多创新，如用五轴数控机床制作外壳，而不是用模具。这种用现代数字制造来控制成本就是新技术的创新应用，对用户的最大创新还有历史性地加入了手机照相功能。

新形势下，我们要深刻认识创新设计的价值，不断提升创新设计能力。加强创新设计，需要从理念、环境、基础、教育、文化等多方面入手。以创新发展理念为指导，把握网络时代设计的新特征——绿色低碳、网络智能、开放融合、共创共享。完善政策法规环境，切实做好知识产权保护，为创新设计提供有效法治保障。以市场为导向，改革创新资源配置机制、权益分享机制、设计评价机制，持续增加对设计基础研究和前沿研究投入，为自主创新夯实知识与技术基础。同时，国家、地方和企业应加强对创新设计的投入，建立创新设计基金，加大对设计方面创新创业的支持力度。着力培养设计人才，提升人才质量，强化创新设计人才是基础，引导中国设计面向世界、面向未来，走向高品质、迈向中高端。

创新设计是把握新产业革命机遇的必然要求。设计引领才能成为新产业变革的领跑者。在第十一届全国人大常委会原副委员长路甬祥及中国工程院常务原副院长潘云鹤的支持下，由光华设计基金会牵头设立了"光华创新设计研究院"，主要以城市为目标，开展创新设计战略咨询，服务于城市创新发展。开展国际合作、绿色设计合作、培训、服务设计合作、会展品牌活动、技术转移、设计公共服务平台等工作。

《设计》：在诸多设计奖项中，光华设计基金会的奖项卓尔不群，请您介绍一下"光华龙腾奖"设立的初衷以及一路走来的心路历程。

张琦：关于"光华龙腾奖"，具体讲它是一种责任、一种担当，承载推动中国创新设计发展的历史使命；同时肩负培养造就创新设计优秀人才的责任。它又是里程碑，树立一个个自主创新楷模，让中国设计之路可以被铭记。

光华设计基金会最早的工作体系是在共青团中央所属中国光华科技基金会的创新工程办公室。当时共青团中央有一个全国性的"中国十大杰出青年"评选活动，评选一些行业的"杰出青年"，像"农村十大杰出青年""IT 业十大杰出青年"等。我们在当时做了一个创新工程体系，就在想"人才"是最重要的，是不是也可以评一个设计业的十大杰出青年。2005 年，"设计"这个概念还少有人关注，我们希望中国设计像巨龙腾飞，于是在团中央支持下创立了"光华龙腾奖"。2011 年 10 月，"光华龙腾奖"获得国家奖励办批准成为国家级设计人才表彰奖（国科奖社证字第 0223号），是中国设计行业第一个、跨领域、公益性的杰出人才评选活动。

"光华龙腾奖"的与众不同表现在三个方面。

第一，"光华龙腾奖"是专门表彰奖励创新人才的奖项，与其他大多数表彰产品的奖项有本质区别。其重在表彰人才的"行业引领性""创新推动力"，而不是评价其设计作品，因为创新推动的真正源泉是创新者们。

第二，"光华龙腾奖"评奖始终坚持"公益、公开、公正"的评审原则。其中，公益模式的设立也是考虑到奖项的公正性、权威性，以及对行业的推动性、必要性，所以采取公益模式，评审过程不收取任何费用，也不接受商业冠名。坚持"公开性"，全部过程向社会公开。坚持"公正性"，由部级、厅局级以上事业单位、民政部批准的全国性行业协会、有部委批准文件的联盟、地级市以上行业协会、青年联合会、国务院学位委员会学科评议组设计成员所在单位、全国性媒体等组织推荐，不接受个人申报。由各领域推荐的专家和历届中国设计贡献奖、十杰获得者组成评审委员会，每年公开抽签组成当届评委团。采取初评、公众投票、评委团远程投票、抽签评委现场投票四个指标加权产生最终结果。光华设计基金会不参与投票。

第三，"光华龙腾奖"强调"设计对国家承担的使命""设计对可持续发展的担当和责任""设计怎么样让生活和世界变得更美好"等时代主题，在创始之初就把设计做了一个跨界的定义。把建筑设计、环境设计、工业设计、文化创意设计、视觉传达设计、数字创意设计、智能制造设计及服务设计等诸多门类进行综合统筹，从设计价值本身和设计价值的贡献来制定"光华龙腾奖"评选标准。

光华龙腾奖是中国设计领域人才表彰最高奖，自2005年起，15年来光华龙腾奖累计共评选表彰"中国设计业十大杰出青年"140人，"中国设计贡献奖"158人，表彰"龙腾之星"及系列奖项获得者20000多人。"中国设计业十大杰出青年"都是行业领军人物，长期致力于推动设计产业创新发展，在其行业或地区都有极强的引领性和示范性，对产业的发展创新起到了真正引领的作用。获得光华龙腾奖后，王华明、吴志强先后成为中国工程院院士，陈冬亮、吴晨成为全国劳动模范。"光华龙腾奖"获奖者得到地方政府认可，如深圳市将"光华龙腾奖·中国设计业十大杰出青年"纳入高层次人才奖励补贴政策，最高奖励480万元。

"光华龙腾奖·中国设计贡献奖"金质奖章获得者徐志磊院士2019年已87岁高龄，依然在为推动创新设计奔波，依然上讲台播撒光和热。"光华龙腾奖"委员会主席柳冠中教授，回国后的33年来始终在为设计大声疾呼，探寻设计真理。光华设计基金会名誉理事长石定寰，无论在国家部委工作还是在退休之后，创新设计、绿色设计始终是生活中的主旋律。

要说"光华龙腾奖"这么多年评选推动的心路历程，可能最难的就是从初评开始，到终评都会面临的一个问题，即"光华龙腾奖"的获奖率不是很高，从评出中国设计青年百人榜的时候，就已经充满了选择标准从优改进的问题。当然"光华龙腾奖"评选的规则，一旦定下来就不会随意改动，都是按照规则来评选，并且我们也在不断地优化它。但是规则毕竟在执行过程中会有和现实情况不是那么完全一一对应的情况，所以终评的时候，进入提名奖就充满了一定的竞争，提名候选人再竞评十杰，竞争就更加激烈。每次看到一些在产业发展方面做了很多探索创新的提名候选人最后没有被评上，我们都感到很遗憾，有些同行业的朋友也会感到惋惜。

其实，我们也一直在和我们的参评人讲，作为一个公益性的奖项，我们主要还是以"责任、担当"为行业发展的准绳，所以评选的过程中，究竟能不能获奖，其实我想说的是评上了很光荣，评不上其实也光荣，因为按"光华龙腾奖"的推报制度，推报的每位参评人都是很了不起的，都是行业的精英，是行业的中流砥柱。未获"十杰"的人也都是被上百家行业机构从百万优秀设计从业者中推荐出来的，已经很值得骄傲。而且有很多提名人和百人榜获得者还创立了世界级公司，他们同样很优秀。我们想的是怎么样让这个奖的所有参评者能够获得更多的荣耀。这其实是这么多年，我们一直在努力的一个方向。我们衷心希望更多行业有为人士成为行业领军者、行业领袖。

另外，从评选的过程和最终结果来看，我们还有很多地方需要改进，特别是行业的覆盖和地区的覆盖，还是不太均衡。比如，近些年东部地区参评及获奖人数较多，这与东部发达地区的产业发展有关；西部地区的总体数量偏少，行业覆盖也不是那么全，包括像香港、台湾有参评者，但获奖的人数并不是很多。我们希望在以后的评选中能够更好地平衡发达与发展的关系。还有就是评选的机制优化，我们希望建立"光华龙腾奖公益基金"，因为"光华龙腾奖奖金池"到目前还是由基金会在承担。我们希望通过"公益基金"的建立，让更多关心、支持创新设计的机构可以更好地支持"光华龙腾奖"，让"光华龙腾奖"的公益性获得更多保障。同时，我们也希望"公益基金"可以形成一个对"光华龙腾奖"获奖者和参评者更好的服务和支持机制，给予他们更多的能力再提升，提供一些公共资源，让他们能够在创新创业过程中起到更好的创新引领作用。

在这里要感谢新华社主管《中国名牌》杂志十几年来一直对"光华龙腾奖"评选活动的支持与参与。当然还有其他一些媒体也都不断地为"光华龙腾奖"的评选传播贡献力量，使得"光华龙腾奖"的影响力不断增强。在此更特别感谢《设计》杂志能够专门关注这样一个话题。

《设计》：在推动整个设计领域创新设计方面，光华设计基金会起着怎样的作用？接下来还将向哪些领域拓展？将着力推动哪些具体工作？

张琦：作为最早用公益方式来推动中国设计产业的设计机构，光华设计基金会的公益性和民间属性得到了很多传统行业组织、专业组织和一些地方机构的大力支持。我想基金会在行业里起的作用主要还是积极探索设计的创新思想和理论。我们这个思想理论是以路甬祥院士的"设计3.0"思想理论为基本指导原则。

设计是一个年轻的学科体系，对中国来讲意义重大。纵观全球的发展，设计与经济发展、社会进步、科学创新都息息相关。设计的推动离不开三个层面：一是要有正确的思想理论；二是在正确的理念和价值指引下对应的法律和政策；三是市场层面的资源配置和产业的升级、发展。

设计思想理论的传播，设计价值理念的不断交流和推广，与有关政策的推动是至关重要的。自2005年开始到2010年，我们一直在做设计学学科建设的推动的工作，直到2011年，通过全国人大代表滕卫平建议案，"设计学"经国务院学位委员会批准成为"一级学科"。但是我记得在这个过程当中，我们实际上是希望设计学能够成为一个门类。这也是我们接下来要继续推动的一项工作，争取把设计学推成一个独立的门类。现在是 13 个学科门类，设计学有没有可能成为第 14 个学科门类，这是我们特别期待的。

基金会除了设计理念的推动，还在推动服务设计、绿色设计、创新设计等方面做了诸多工作。通过联合地方政府和社会力量，举办"中国设计节""中国服务设计大会"等会展，努力搭建起设计产业集聚平台、设计人才服务平台、设计信息交流平台和设计投融资服务平台。以设计瑰谷为载体，建立基于设计的城市系统创新综合体，目前已在北京、上海、天津等 8 个城市落地。比如：在基金会的多年努力下，通过开展"服务设计研讨会""中国服务设计大会"等一系列活动，2018 年 1 月 10 日，商务部、财政部、海关总署联合发文，把服务设计写入《服务外包产业重点发展领域指导目录（2018 年版）》，而且对服务设计给出了一个定义。这是我们联合北京、广东、上海、浙江等地高校和相关设计机构共同研究推动的结果之一，服务设计对于中国设计产业的发展会越来越重要。

服务设计会影响人类生活的方方面面，从设计伦理的角度来讲，我们要关注服务设计带来的结果，无论商业服务还是公共服务，服务设计的目的都应该是让人类的生活更美好。作为非政府组织，基于公益属性，我们提出了筹建"服务设计公益专项基金"。结合 2019 年的第二届中国服务设计大会、优秀服务设计案例评选等活动，将服务设计推动落到实处。

自 2006 年起，开展中国设计节，利用创新设计手段为地方产业服务，至今已举办 14 届。第十四届中国设计节拟定于 2019 年 10 月于北京召开。

同时，基金会也在行业组织的建设上，从基金会本身出发，孵化和支持了很多新平台建设。2013 年，世界绿色设计组织（WGDO）在比利时布鲁塞尔注册成立，它是由中国人发起的，世界上首个致力于推动绿色设计发展的非营利性国际组织，也是由基金会支持推动建立起来的。WGDO旨在全球范围内倡导和传播"绿色设计"理念，以"绿色设计"为手段引领生产方式、生活方式、消费方式变革，实现人与自然融合共生，通过世界绿色设计论坛中国峰会、欧洲峰会、世界绿色设计博览会以及评选绿色设计国际大奖/绿色设计国际贡献奖、发布《世界绿色设计报告》等形式，促进"绿色设计"信息、技术、材料、项目、资本、人才等交流与合作，搭建全球性绿色发展对话平台。

世界绿色设计论坛，作为绿色设计领域全球年度盛会，先后在瑞士卢加诺、意大利米兰、比利时布鲁塞尔、坦桑尼亚达累斯萨拉姆、德国弗莱堡、中国扬州、韩国首尔等地举办了20多场高规格论坛；在全球范围内推广"绿色设计"理念，积极推动生产变革、消费变革、生活方式变革；通过举办论坛、组织展览、开展国际互访、进行评选表彰等多种形式，在多个领域达成了影响深远的国际合作，得到了众多国际组织及专业机构的支持和响应。先后有数百位各国政要、3000余家知名企业出席论坛系列活动。

作为WGDO政策咨询、研究开发、趋势分析、成果应用、标准评定的"高端智库"，2015年10月绿色设计研究院在天津成立。绿色设计研究院以绿色发展战略为指导，引进国内外绿色设计的人才和经验，涵盖绿色建筑建材、绿色纺织服装、绿色家电、绿色通信、绿色办公、绿色交通、智能制造等领域，为地方企业提供各类绿色材料、绿色技术应用转化服务，构建新材料、新技术对接桥梁。研究院目前已建立储备了包含上述行业和领域的绿色项目库，可采取政府引进或机构共建的模式，灵活开展服务和合作，促推绿色项目落地。

绿色发展，设计先行。从产业发展来看，绿色设计是启动绿色发展的第一杠杆。它不仅是一种可持续发展的设计理念，更是贯穿生产、消费、流通各个领域的"源头"环节，决定了产品、工艺、装备、服务的生态环境友好性和工业化、信息化、城镇化、农业现代化的绿色化水平，其目标是创造新的生活方式和消费模式，满足人类对美好生活的多方面需求。近年来，在光华设计基金会的推动下，绿色设计陆续得到政府、学术和产业界的普遍接纳和认可，形成了一系列学术研究成果。2016 年，在基金会的推动下，时任国务院参事、全国政协委员、中国科学院可持续发展战略研究组组长、首席科学家牛文元先生主编出版了全球首份以"绿色设计"为主题进行专业研究的系列性年度报告《2016 中国绿色设计报告》。"绿色设计"成为中国科学院认可的学科方向。

在国内我们也发起成立了北京绿色设计促进会、扬州绿色设计协会，现在也正在重庆、武汉、广东、浙江、天津等地推动行业组织的创建。光华设计基金会还以参与推进"国家设计创新建言献策"为己任，调动社会各方面力量，以多种方式建言献策，助力中国设计产业蓬勃发展。

《设计》：在您看来，推动中国设计的发展，还需要什么样的设计组织做哪些工作和努力？

张琦：基金会在行业里面所做的工作，一是通过"光华龙腾奖"树立一个个模范榜样，树立创新设计的典范，寻找和扶持青年创新的杰出人才；二是在行业组织的发展方面，推动构建多层次、多元化的设计业国内外组织；三是希望在设计学的学科发展方面做一些推动和支持。下一步我们还会在学科发展和产业发展的高端上去做更多推动。比如，在设计学学科的科学发展方面，我们希望在设立"中国设计院士"这样的一些话题上进行探索和推动。

在促进中国设计的发展方面，设计组织其实有很多。但是我们希望有更专业、在产业发展和学术研究方面能够有更多融合的设计组织出现。

更专业、更落地、公益性更强的设计组织，应该是我国目前最需要的。要围绕服务设计、绿色设计、创新设计的标准制定、人才培训等方向，包括与市场发展和经济发展相关的一些资源匹配，做更多的推动与合作。尤其在一些重点领域，比如整个城市发展的规划设计，其实对整个城市的生命力都非常重要。就像十几年前，在德国的雅盛工业园里就有基于科技的大大小小各种科技型的组织上百家，这些组织中有一半是和设计创新相关的机构。

《设计》：请您与《设计》的读者分享一两件您目前正在关注的设计领域的事件。

张琦：我现在正在关注设计界的两件事情。第一件是设计投资，基金会最近也联合一些资本机构在做设计产业基金。2019 年 5 月 16 日，"光华产业投资基金"正式在济南注册成立，该基金由基金会与鸿茂恒资产管理（北京）有限公司合作发起，基金运作将由国家院士、政府智库相关领导、外籍专家及企业精英等组成专家顾问委员会，对投资项目进行经济价值、生态环境价值、社会文化价值以及投资价值的多维度分析，投资领域包含新能源、人工智能、生物医药、绿色设计等 8 个主导方向，其中绿色技术是其投资重点领域之一。

我认为设计投资是目前中国设计最重要的一个点。设计再好、再有价值、再有未来，都需要被投入。所以我想，如何更好地推动设计发展，让更多的投资流向设计，这可能是目前基金会比较关注的一件事情。

第二件是我在三四年前提出的"世界语境下的中国设计的发展，一定要有中国自己的特色"。从目前来看，其实中西方的经济发展、社会发展，本来走的路就不一样，面对的问题也不一样，社会背景、文化背景也都不一样，所以现在我们在全球经济一体化、全球发展一体化的背景下，冲突必然就会产生。这种冲突对世界的影响其实是非常大的，尤其是在刚刚步入要和全球同步发展并参与全球性竞争的时刻，中国设计在这种全球的、商业性的流动和竞争上还很稚嫩。这个时候，中国设计该有一个怎样的方向，这其实是行业发展非常重要的一个新起点。我们要培养什么样的设计人才？我们在培养设计人才的过程中的导向是什么？商业非常重要，但是有没有比商业更重要的东西？就像很多年前大家都提出类似的话题：我们做杯子是为了喝水，但如果水都污染了，我们做的杯子有什么用？设计也面临这样一个问题。发展设计是为了让自己的生活变得更美好，但是如果我们只是一味追逐个人或者是小群体的商业利益，所付出的代价是非常高的。那么，我们怎样用绿色设计的思想理念引领设计的发展，让设计真的可以成为推动世界经济可持续发展的一个动力，成为构建人类命运共同体的重要力量，就需要我们非常严肃认真地思考，中国设计究竟要靠什么来驱动和牵引？中国设计如何能够在推动经济发展、建立友好的生态环境方面做出自己的贡献，走出自己的创新之路？这个时候不回答这样的问题是不行的。

在全球经济一体化的过程中，消费带来了推动，消费本身就涉及我们对这个世界和对自己的看法。比如，北欧的设计对环境、对大众的顾忌非常多，特别值得我们学习借鉴。或者说，怎么样用更少的投入，获得更多的设计赋能。这是我们中国设计要去思考的问题，不管是在能源的获取、使用、节能等话题上，还是在我们的生活方式的设计方面。因为人的生活方式虽然有内在的需求和冲动，但是其实也是被设计出来的，所以设计师的职责很重要。我们是不是可以设计出更简单、更简洁、更高效、更优美、更幸福、更快乐的生活，这是设计需要去思考的。网络经济时代，人工智能的发展让我们可以从传统的生活和生产模式中解放出来，但是解放出来后去干什么？设计的价值是可以把人的生命、人的体力、人的精神做更多的延伸、解放和加强，这种加强本身赋予了生命更多的价值和意义。因为设计而带来的生命更多的价值和意义，怎样可以变得对未来更有价值，我想这应该是我们去更多思考的问题。

最后，我想说，光华设计基金会承载了太多期待，我们深感责任重大。"为天地立心，为生民立命。"基金会立足行业发展，不断搭建更为广泛的交流与合作平台。十多年来，我们一直坚持用设计手段推动社会发展；基金会也甘当铺路石，愿意与每一位"光华龙腾奖"获得者、支持和热爱设计事业的有识之士共同托举起中国设计的未来！

交流 × 设计 × 中日 | 第二章

中日之间的设计交流

CHINA-JAPAN DESIGN EXCHANGE

《设计》杂志社主编 李杰

第二次世界大战后的日本，现代设计迅速发展成熟。自20世纪50年代起，仅用30多年时间就完成了欧美各国需要70多年才能达到的现代设计发展水平，震惊世界。日本取得如此显著的进步，除了其他因素外，工业设计在其中也起到了举足轻重的作用。

从20世纪90年代起，日本的工业设计进入世界的一流发展水平。1989年，世界设计会议和设计博览会在日本召开，进一步开阔了日本设计师的视野。1993年，日本政府根据经济形势的变化再度发表了"时代变化对设计政策的影响"一文，要求设计师根据时代的变化调整设计理念和方向，为推动日本经济转型升级服务。日本设计师及时调整了设计观念，把国际上通行的设计理念（如无障碍设计、绿色设计和通用设计概念）运用到工业设计中，这对日本经济结构的转型升级逐渐走出长达十年的经济衰退起到了重要的推动作用。

自改革开放以来，中国开始探索现代设计发展的道路。我国在各方面取得了巨大的成就，人们对于产品的需求已经不再停留于可以使用的层次，也开始更加注重产品的外观、情感共鸣、适用性等附加价值，因此，工业设计的地位慢慢开始变得越来越重要，中国的工业设计相对于其他发达国家起步晚，底子很薄弱，找到一条适合自己的道路显得十分重要。放眼国际，日本和我国有很多相似的地方，日本的工业设计起步相较于西方晚了大概一百年，然而它们却在短短的几十年间跻身于世界设计大国之列。

日本的现代设计大量地吸收外国文明和现代设计的精华，并与其传统相互融会贯通、共生互惠，形成特有的"双轨制"，使其设计不仅与世界先进科技同步，又带有鲜明的日本特色，具有其他国家无法取代的重要特征，是日本成为世界级设计强国的制胜法宝。其他国家的民族设计在与现代设计相结合时受到了或多或少的影响，日本与之完全不同，日本传统的设计不但并未因此受到影响，反而得到了更好的发展。

2019年秋冬，在湖南长沙和广东东莞举行的两场具有中日设计交流回顾性质的学术交流活动就是对20世纪80年代日本支援中国工业设计发展的回顾和总结，成为中日设计交流合作40年承上启下的节点。无论拥有的悠久历史文化，还是战后薄弱的工业设计，这与当今的中国工业设计何其相似，因此，研究日本设计的发展历史，加深与日本设计界的交流，对于我国迅速发展自己的设计的同时保持自己的传统文化，有着十分重要的意义。

中日工业设计教育四十年交流溯源
——回眸湖南大学工业设计研究班

FORTY YEARS OF COMMUNICATION BETWEEN CHINA AND JAPAN IN INDUSTRIAL DESIGN EDUCATION
——LOOKING BACK AT HUNAN UNIVERSITY INDUSTRIAL DESIGN RESEARCH COURSE

刘梦非
湖南大学设计艺术学院助理教授

2019 年 10 月，借日本政府对华政府开发援助（ODA）项目 40 周年回顾展之机，湖南大学设计艺术学院的四合院里，开展了一系列中日设计溯源交流活动。活动围绕 1982 年 2 月 10 日至 3 月 3 日在湖南大学开办的工业设计研究班展开，邀请了当年来自日本千叶大学的研究班老师永田乔，参加过研究班学习的殷正声、陈汗青、柳展辉、谭子厚、揭湘沅、姜柏青、赵江洪、肖狄虎等，以及负责经办研究班活动的教师程能林和负责翻译工作的李妲莉等参与交流。在湖南大学、湖南省科技厅、日本驻华使馆、日本国际协力机构（JICA）、日本千叶大学代表的共同见证下，与会者回顾追忆当年的合作往事，审视工业设计发展的当下，畅想中日设计教育界进一步强化交流的未来。永田乔教授带来了其珍藏近 40 年的研究班汇报资料，并将其赠予湖南大学设计艺术学院。该资料长达 137 页，详细记录了当时的工作进展情况、研究班的成果、关于工业造型领域发展前景的建议等相关内容。

笔者通过这次活动的座谈交流和对相关亲历者的访谈，以及永田乔提供汇报资料的整理，对 20 世纪 80 年代初在湖南大学举办的工业设计研究班的基本情况，以及其对湖南大学工业设计学科的建设，乃至对我国工业设计教育和研究的发展所产生的积极作用和巨大影响，有了进一步的认识和了解。

1982 年工业设计研究班汇报资料

"湖南大学是我国在工科院校中第一个设置工业设计专业的院校。"——蔡军

40 余年中，其在设计专业领域的国际交流活动不断，人员往来频繁，国际设计资源稳定丰富，不仅拥有一个开放式、全球化的师资队伍，重视学生核心能力与内容知识体系的培养，还创建了一套完整的创新教学方法与知识分享体系。仅近几年，该院学生就获得国内外各类设计大赛奖项 400 余个，其中红点、iF、G-Mark、IDEA 设计奖 97 人次，67 名学生获得教育部组织的全国大学生工业设计大赛二等奖及以上奖励。近五年，共有 286 名学生进入微软、诺基亚、阿里巴巴、腾讯等全球 500 强企业和国际知名设计机构工作。这样的成绩，得益于该院成立之初打下的坚实基础，以及国家科学技术委员会（以下简称国家科委，现为科技部）和第一机械工业部（以下简称一机部，现为工业和信息化部）对该专业的重视扶持；与中日技术交流合作机制下，日本政府和日本国际协力机构的支持，日本筑波大学及千叶大学的配合，多方合作实现的两期（1982年及 1984 年）研究班的开办，以及此后频繁的设计交流合作、人员往来密不可分。

"当时一机部看得比较远，认为中国的工业产品要发展，外观质量很重要。"
——程能林

作为一机部直属高校，湖南大学工业设计专业的设立与国家对于工业产业发展方向的方针规划息息相关。1977 年，湖南大学受一机部委托设置"机械造型及制造工艺美术研究室"；1980 年开始，在湖南大学多次举办全国性的专业培训班；1982 年开始正式招生，当时叫作"机械造型工艺美术专业"；1984 年，根据教育部工科专业目录改名为"工业造型设计专业"；1987 年，在中国工业设计协会正式更名的同一年，改为"工业设计专业"。

湖南大学工业设计学科起步的 20 世纪 80 年代初，正值中国实行改

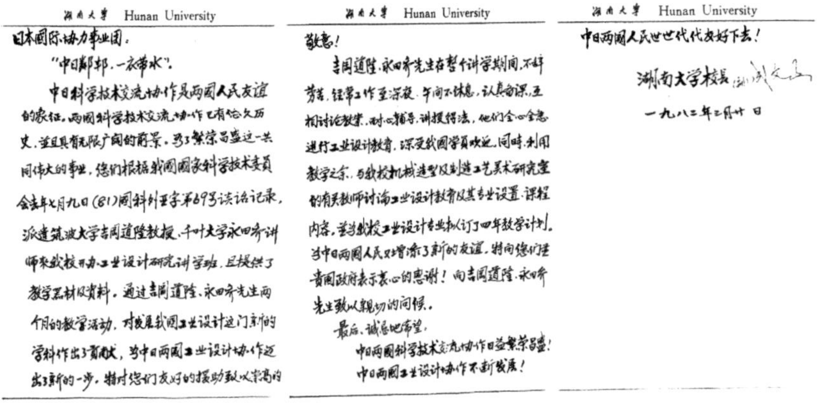

湖南大学 Hunan University

日本国际协力事业团：

"中日邻邦，一衣带水"。

中日科学技术交流协作是两国人民友谊的象征。两国科学技术交流协作已有悠久历史，并且具有无限广阔的前景。为了繁荣昌盛这一共同伟大的事业，您们根据我国国家科学技术委员会去年七月九日(81)国科外亚字第69号谈话记录，派遣筑波大学吉冈道隆教授、千叶大学永田乔讲师来我校开办工业设计研究讲学班，且提供了教学器材及资料。通过吉冈道隆、永田乔先生两个月的教学活动，对发展我国工业设计这门新的学科作出了贡献，为中日两国工业设计协作迈出了新的一步。特对您们友好的援助致以崇高的敬意！

吉冈道隆、永田乔先生在整个讲学期间，不辞劳苦，经常工作至深夜，午间不休息，认真备课，互相讨论教案，耐心辅导，讲授得法，他们全心全意进行工业设计教育，深受我国学员欢迎。同时，利用教学之余，与我校机械造型及制造工艺美术研究室的有关教师讨论工业设计教育及其专业设置、课程内容，并为我校工业设计专业拟订了四年教学计划。为中日两国人民又增添了新的友谊。特向您们并贵国政府表示衷心的感谢！向吉冈道隆、永田乔先生致以亲切的问候。

最后，诚恳地希望，

中日两国科学技术交流协作日益繁荣昌盛！

中日两国工业设计协作不断发展！

中日两国人民世世代代友好下去！

湖南大学校长

一九八二年二月廿日

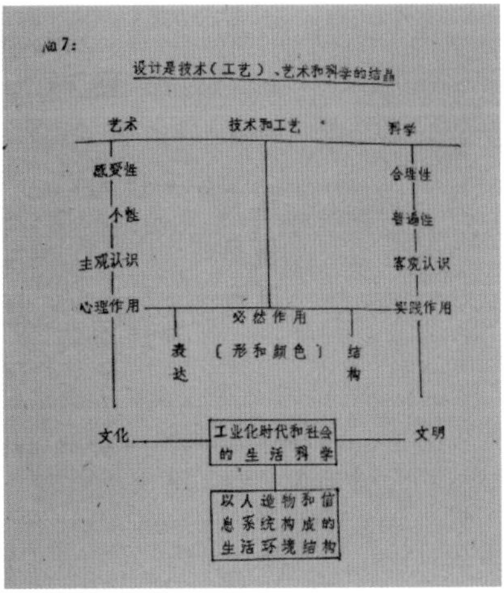

上 | 时任湖南大学副校长成文山教授致函 JICA 对 1982 年工业设计研究班的开办表示感谢

下 | 研究班教案中"设计的定义"

革开放，百废待兴、百业待举。当时，在我国制造行业，产品质量尤其是外观质量比较差的问题突出，由于思想较为禁锢，对产品的外观质量普遍不够重视，认为产品能用就行。为此，国家开始重视工业产品的设计，1981 年 7 月 9 日，国家科委向日本驻华大使提出了关于工业设计技术合作的建议。其之所以希望与日本展开合作，是因为 20 世纪 70 年代中日恢复邦交后，中日关系迅速升温，且日本经济也处于高速发展的黄金期，其工业产品在国际上的知名度越来越高，影响越来越大。国家科委的建议得到日方的积极响应，JICA 于 1981 年 7 月下旬拟定《日本政府关于科技合作的提议》。

在中日两国政府的关注与支持下，在中国举办工业设计教育研究班提上了议事日程，日方由 JICA 提供支持，而中方则由国家科委和一机部提供平台。在日方《汇报资料》的前言中，日方专家特别提到"中华人民共和国国家科学技术委员会和第一机械工业部在宣传工业设计对于国家工业及其有关领域的进一步发展的重大意义方面做出了不懈努力"，足见当时政府对工业设计专业发展的重视程度。

JICA 拟定的《日本政府关于科技合作的提议》中，明确表示将以"工业设计为工业活动的计划发展服务"为主题，派遣两名专家到中国开办工业设计教育研究班。此后，日方又为此举办讨论会，并着手初步准备工作，至同年 12 月 18 日，日本文部省把筑波大学和千叶大学的两位校长对于派遣计划的书面批准转交给了两位专家，受委任的是日本筑波大学吉冈道隆（Yoshioka Michitaka）教授及千叶大学永田乔（Nagata Takashi）老师。吉冈道隆是日本知名设计师、设计教育家，有丰富的工业设计实践和教学经验，1933 年获美国芝加哥伊利诺伊理工大学硕士学位，1937 年就任千叶大学工学部教授，1951 年转任筑波大学艺术学院教授，1963 年退休后获筑波大学名誉教授称号，任东京家政学院大学教授；1940—1951 年担任日本工业设计协会理事；1946—1958 年长期担任日本优良设计奖的评审工作。千叶大学教师永田乔则先后获美国加利福尼亚大学洛杉矶分校硕士学位、英国德蒙福特大学博士学位。两位老师于 1982 年 2 月 1 日抵达北京，正式开始第一期研究班的教学工作。此后，吉冈道隆教授携同筑波大学原田昭（Akira Harata）老师于 1984 年再次赴湖南大学，举办了第二期研究班。

"研究班的生源以湖南大学各个专业为主，也有全国各地的教师，东北、上海、无锡等，都是一机部选派的。"

——谭子厚

据程能林、谭子厚等老师回忆，工业设计专业的设立，一机部也曾考虑过上海和广州的高校，但最终因为湖南大学的学科覆盖面比较广，选定了在该校发展工业设计专业。由于它是新设置的专业，教师也是从学校各个专业召集的，分别来自土木工程、建筑、材料、化工和美术等各个领域，因此，参加首届工业设计研究班的学员也以这些教师为主，另外，还有包括上海同济大学殷正声老师在内的全国其他院校选派的专业教师等。

湖南大学对于这个新专业的设置以及研究班的开办极为重视。从 1981 年 9 月开始，多次与日方联系，探讨该研究班的开办目的、内容与形式，安排时间并翻译讲学所需的所有资料等。谭子厚等多位老师也回忆，当时学校给了研究班最好的房间，后来又建设了全校唯一的空调教室，供研究班及工业设计专业使用。

湖南大学对于研究班的成果是满意的。时任校长成文山教授在首届研究班结束之后，专门致函 JICA，高度评价吉冈道隆、永田乔先生的讲学，以及工业设计研究班的成效，称"吉冈道隆、永田乔先生在整个讲学期间，不辞劳苦，经常工作至深夜，午间不休息，认真备课，互相谈论教案，耐心辅导。讲授得法，他们全心全意进行工业设计教育，深受我国学员欢迎，同时，利用教学之余，与我校机械造型及制造工艺美术研究室的有关教师讨论工业设计教育及其专业设置、课程内容，并为我校工业设计专业拟定了四年教学计划。"

"通过吉冈道隆、永田乔先生两个月的教学活动，对发展我国工业设计这门新的学科作出了贡献，为中日两国工业设计协作迈出了新的一步"。

"关于第一期研究班，虽然一些文字资料上写着短期培训班，但吉冈教授多次强调来学习的大多是有一定工作年限的老师，应该叫作'工业设计研究班'。"

——柳展辉

整个课程围绕着"什么是工业设计"这一点展开。研究班的教学内容，三分之一为理论基础，三分之二为课程设计。从工业设计基础、发展史、方法论到材料学、人机工学等各个方面均有涉及，一切围绕"什么是工业设计"展开。而"工业设计"一词，当时在日本被译作"意匠"二字："意"由"心"和"音"组成，代表内心的活动是由诸如声音这样的知觉来表现的，是思想；"匠"则是用斧头做箱子，代指技巧。它包含着"由心产生最终归结于心的不断经营"的意思，也可以说是"开始于希望，归结于希望的不断经营"，其中的深意可以说是日本设计界对于设计行为认识的基础。研究班里，对于设计更加直接的定义是"技术（工艺）、艺术和科学的结晶"，强调其"工业化时代和社会的生活科学属性"及"以人造物和信息系统构成的生活环境结构"。

相对于吉冈道隆教授强调的针对工业设计体系及理念的内容是希望学员共同参与研讨，深入理解的"研究班"性质，永田乔老师则认为，由于学员专业背景不同，设计部分的内容则是非常基础的，相当于大学一年级水平。课题有事物的表达，铁丝造型、铁丝连接，吸管结构、人工质地的创造，拖拉机设计素描图及其改良，电吹风的设计等。柳展辉

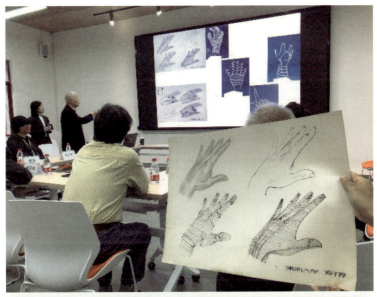

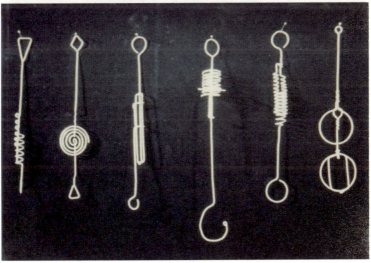

上｜2019 年湖南大学中日设计溯源交流活动中，永田乔老师回顾演讲时展示谭子厚老师的事物的表达作业
下｜铁丝连接课题作业

老师特别提到研究班初期的"纸的连接"课题，要求两个不同颜色的纸条，不靠糨糊、胶水等仅靠构造连接起来，还需要做六种连接方式。开始有学员将纸剪成细条编织起来，从工艺美术的角度讲，这是高水平的，造型也很漂亮。但是，吉冈道隆老师告诉学员，从材料本身的力学性能来讲，这种属于破坏。这个课题讲究的是"纸是材料，连接是构造，制作是生产"，这三者结合完成它的功能，就是功能、技术、艺术的统一。对数量的要求，则促使学员进行思维发散，努力地去想新的东西，不裹足不前，故步自封。

"日本专家带来的是一套完整的教育体系，包括工业设计的基础、方法论和理念，也启发了我们第一个教学计划的制订，对学科的发展影响巨大。"——赵江洪

20 世纪 80 年代初的日本，在经历了很长一段时间的萧条后，迎来了经济社会发展的鼎盛时期。1979 年，索尼开始发售随身听。1980 年，日本机动车生产台数达世界第一。与之相应的是设计需求的水涨船高，从平面设计到工业设计，再到建筑设计等全设计领域的蓬勃兴盛。1978 年，日本平面设计师协会（JAGDA）成立；1979 年，国际工业设计协会（ICSID，现为世界设计组织）第一届亚洲地区会议在东京召开；1981 年，日本知名设计期刊 *AXIS* 创刊；1982 年，日本优良设计评选制度 25 周年纪念展在东京举办。

赵江洪老师回忆，在这样的背景下，日本设计师的思想以及他们理解世界的方式是非常积极的。而海外经历丰富的吉冈道隆教授和永田乔老师，他们的理念是非常先进且正确的，和我们非常契合的是他们也是工科背景，又是综合性发展的。他们也清楚当时我们在这方面还处于启蒙阶段，所以，他们带了很多基本的材料，包括模型材料、曲线板、椭圆板等。两位日本专家在《汇报资料》中也回忆，当时他们面临着两个问题：①湖南大学准备成立工业设计系；②要把教学与工业活动紧密联系起来。因此，专家们把任务分解为三个部分：①工业设计研究班的教

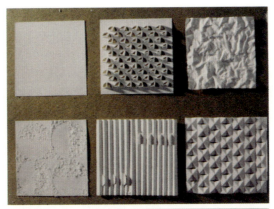

上 | 人工质地的创造课题作业
中 | 拖拉机设计素描图及其改良课题（李继生作业）
下 | 纸的联接课题（谭子厚作业）

学与指导；②帮助制订教学计划，安排课程学习内容，讨论专业教室、综合实验室等的需求及面积，实验室仪器设备等问题；③讨论学校教学科研活动如何同工业活动相结合、相促进的问题。

为此，永田乔老师还特意提供了一本包括日本各个高等院校以及德国、美国相关院校关于工业设计教育计划的资料给湖南大学工业设计系，供该系制订教学计划参考。

"两期的研究班和之后的中日设计人员的交流对我们专业的发展乃至中国工业设计行业的影响是巨大的。尤其是 JICA 对我们提供的 5000 万日元的资助，使得我们有机会建立国内最早的人机学研究室。"

——何人可

据 JICA 驻北京事务所首任代表八岛继男先生回忆，经过第一期的工业设计研究班，吉冈道隆教授深入了解了我国工业设计教育的情况和困境之后便与他联系，表示需要进一步的硕士、博士交流课题的设置，更需要一些必需的设备支持。除了 JICA 外，吉冈道隆教授还与日本外务省联系，争取更多的政策和经费支持。经过多方努力，由 JICA 支持了湖南大学 5000 万日元的人机工学相关仪器设备，以及部分工业设计书籍刊物，帮助湖南大学完成了国内首个人机工学研究室的设立，为该院之后的以人机工学为基础的科学设计方法论体系的发展奠定了基础。

工业设计研究班帮助湖南大学工业设计系初步建立了完整的教学研究体系，使该学院的专业教学迅速走上正确的、与国际接轨的发展道路，为该校乃至全国的工业设计学科壮大提供了宝贵的资料、经验以及人员交流的契机，培养了一批具有国际视野的专业人才。首届研究班之后，研究班的学员赵江洪、殷正声，就由吉冈道隆教授举荐分别前往美国、日本做访问学者。这一年 9 月，经吉冈道隆教授牵线，时任校长成文山率领包括工业设计系主任王绍俊在内的湖南大学访日大学教育考察团前往日本访问，考察了筑波大学、千叶大学、大阪府立大学、东京工业大学，并与筑波大学、千叶大学商定了包括工业设计学科在内的学术合作、人员交流的相关事宜。之后，湖南大学工业设计系先后派出多名教师、学生前往日本千叶大学学习、交流，并与千叶大学工业意匠学科（现设计学科）建立了长期的合作关系。永田乔老师还将其手中关于美国工业设计史的相关资料推荐给湖南大学工业设计系的李妲莉、何人可老师，编译了《美国工业设计》一书，由上海科学技术出版社出版，亦成为国内较早介绍国外工业设计的专业书籍。

中日工业设计界的交流正如当年吉冈道隆教授与原田昭老师亲手栽下的那株友谊之树一般，以工业设计研究班为契机，在四合院里生根发芽，经过 40 余年一代代工业设计人的接续传承，如今已枝繁叶茂、绿叶成荫，必将福泽更多的后继学子，为我国工业设计的发展带来更多元的经验与资源，推动该学科蓬勃发展，最终服务于人，服务于社会，使人们迈向理想中的幸福生活。

原田昭：
在湖南大学的教学围绕"应该为人们设计什么"的产品企划展开

AKIRA HARATA： TEACHING IN HUNAN UNIVERSITY REVOLVES
AROUND "WHAT SHOULD DESIGN FOR PEOPLE " PRODUCT PLANNING

原田昭
札幌市立大学首任校长、筑波大学教授

原田昭，筑波大学教授，设计学博士，札幌市立大学首任校长。曾任日本设计学会会长、北京理工大学设计艺术学院客座教授、清华大学美术学院名誉教授、亚洲国际设计学会会长、日本感性工学会会长等，现为日本感性工学会参与、日本设计学会名誉会员、亚洲联盟超越设计展（ANBD）名誉会长等。

一直以来，制造的价值轴都是基于高性能、可靠性和低价格的，但是作为新的价值轴，具有创造力基础的日本人固有的感性受到了关注。物体开始打动人心之后才会被作为有价值的东西收入生活中，但是形态对人类带来了怎样的生理刺激还不知道，像这样测量评价工业产品的具体部分形态给人带来怎样感受的研究是必要的。因此，原田昭先生决定在湖南大学不是进行"如何造型比较好"的设计技术讲解，而是围绕"面向人们设计什么比较好"的产品企划进行讲解。

《设计》：请介绍一下您所经历的日本工业设计和工业设计教育的发展历程。

原田昭：1964 年，我就职于 GK 工业设计研究所。那是一个要求设计师具备出色的感性化认识才能提供优秀设计的时代。我在 GK 工作了 14 年。当时，我受到一家玻璃公司委托从事一个课题研究。这个课题是要了解使用玻璃这一无形的材料能够构建出具有何种别样功能的新产品。我因为提出了玻璃系列家具而获得了通产大臣奖，并成为公司的企划部部长。

1978 年，我成为筑波大学的一名讲师。从 1983 年开始，为了研究出一个合适的设计方法，让即使不是天才的设计师也可以创新性地提出目前不存在于世界上的设计。我用计算机分析人们在选择商品的时候更重视哪个部分来协助做出购买决定，开始推进数理模型的应用。其结果是，像多元回归分析、联合分析等分析法被很多拥有设计部门的企业接受并广泛应用。这时正好是 36 年前的 1984 年，也就是湖南大学工业设计短训班开班的时间。

1985 年，我在美国伊利诺理工大学担任客座研究员，学习了诞生于美国的先进认知科学和 AI（人工智能）技术。回国后，我在筑波大学开始致力于内置智能技术的工业产品的用户界面研究，并逐渐发展到范围更为广泛的用户界面设计，例如电视和计算机的控制器、轿车安装面板的接口设计，甚至宇宙开发事业相关的月球观测卫星和月球表面着陆机的模型设计等。

1996 年，我认为设计领域将迎来一个新时代，在这个时代，理论的重要性不言而喻，但是感性的重要性将更为重要，因此我开始努力构建感性工学的世界。在日本学术会议的协助下，我创立了包括很多设计以外工学领域的研究人员在内的日本感性工学学会。

2002 年，筑波大学成立了拥有艺术学、教育学、心理学、心身障碍学、体育科学、医学六个博士课程的人类综合科学大学院（研究生院）。

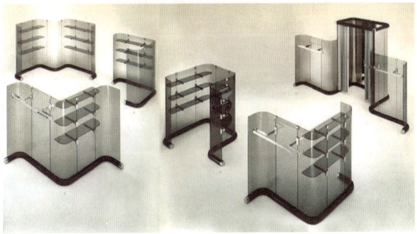

上 | 未来之家：结构设计——原田昭 1964
下 | 玻璃家具——通产大臣奖 1975

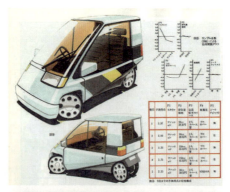

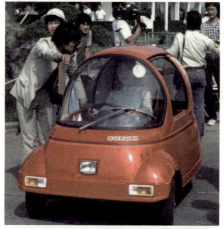

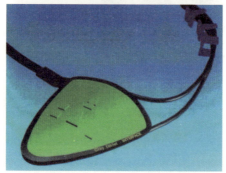

上｜50cc 最小轿车——原田昭 1984
中｜50cc 最小轿车实验验证中
下｜电视遥控器——细谷多闻 1990

150

我成为包括艺术学（含设计）、心理学和脑科学在内的感性认知脑科学专业的主任。

现在跨学科的设计研究和教育变得非常活跃。我于2004年从筑波大学退休，2006年就任札幌市立大学第一任校长。这所大学通过护理学和设计学两个领域实现了不同领域的合作教育，最近开始致力于AI技术的应用。

《设计》：“日本设计”已成为一种世界公认的设计风格，您认为“日本设计”风格的内核是什么？特色是如何形成的？日本工业设计是如何度过copycat发展阶段的？

原田昭：1952年，日本工业设计协会成立；1953年，日本设计学会成立。前者是设计师相关的职能团体，后者是设计相关的教育、学术研究团体。日本设计的独特性，说是有学术背景也并不为过。因为人的喜好并不是固定的，而是经常变化的，因此对于设计来说，掌握它向哪个方向变化相关信息的技术是必要的。

即使是盒式录音带设计这样的小工业产品，也要在基于关注哪种造型构成要素的实验基础上，通过综合分析，计算各元素相关属性水平的效用值进而设计出最适合的模型，通过产品得分点的优势组合才能提高在世界市场的占有率。我觉得这样的科学探索是非常关键的。

如果还有一点需要强调的话，那就是作为一个重要的设计管理方向，以跨领域、跨学科的团队合作形式进行设计和制造。日本和泰国的鸡形态偏好的感性模型的国际比较研究，是一个像下图一样的研究组织构造。虽说是鸡，但也不仅仅是生物性，而是一个融合语言性、流通经济性、文化性、信息工学性、空间情报性以及信息设计性等跨领域的联合研究。

日本之所以能脱离copycat，是因为日本人受“模仿别人不好”的道德观念的影响。因此，如果出现新技术，日本的做法就是通过创造更新

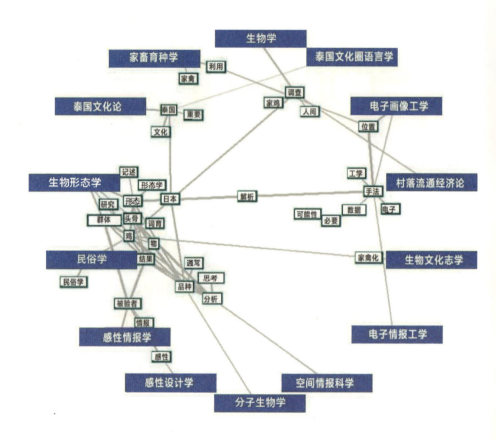

鸡形态偏好的感性模型的国际比较研究 科研代表：原田昭 2008

的技术来打破这种局面。

《设计》: 当年您前往湖南大学工业设计研究班授课时，日本的工业设计是怎样的状态?

原田昭: 1984 年前后，我调查过日本相关工业设计杂志的报道中出现了何种关键词。"信息"这个词极度增加，在各个方面都表现出了信息化社会的影响。

根据瑞士洛桑国际管理发展学院(International Institute for Management Development，IMD)的调查，日本的国际竞争力在 1992 年是第 1 位，但在 10 年后的 2002 年却退居到了第 32 位。这表明日本在"信息"方面的创新开发能力明显衰退。之所以会出现这样的结果，不仅是日本输出力的钝化和企业内的研究开发投资力的协同钝化，也被认为是企业创造力弱化的结果，这也给日本的学术研究提供了新课题。

一直以来，制造的价值轴都是基于高性能、可靠性和低价格的，但是作为新的价值轴，具有创造力基础的日本人固有的感性受到了关注。物体开始打动人心之后才会被作为有价值的东西收入生活中，但是形态对人类带来了怎样的生理刺激还不知道，像这样测量评价工业产品的具体部分形态给人带来怎样感受的研究是必要的。因此，我决定在湖南大学不是进行"如何造型比较好"的设计技术讲解，而是围绕"面向人们设计什么比较好"的产品企划进行讲解。

《设计》: 筑波大学设计专业在当时 (1984 年) 的情况是怎样的? 设计理念以及设计教育方针如何? 设计学科有怎样的特色呢?

原田昭: 1984 年的艺术专业学群 (学部) 的专业领域包括以下 10 个: 艺术理论、绘画、雕塑、书、结构、综合造型、传达设计、生产设计、环境设计、建筑设计。研究生院博士课程的艺术学研究科于 1976 年开设艺术学、艺术教育学、美术学、结构学、设计学 5 个方向，1983 年毕业了第一名博士。

　　筑波大学是一所拥有包括医学部在内的综合大学，所以学生在专业科目以外是可以自由选修其他学部的基础课程。我因为喜欢物理学，所以听了获得诺贝尔物理学奖的朝永信一郎博士的基础物理学概论和社会工学的统计解析论等。像这样能够参加不同学科、不同领域课程的制度设计，对于推进设计研究来说是非常重要的。

《设计》：1984 年之后您与中国设计界有哪些交流活动？请介绍其中让您印象深刻的。这些活动对于筑波大学设计专业，或者您个人来说有哪些影响？对学生有哪些影响？

原田昭：1984 年以后，有一位中央工艺美术学院的教师作为研究员来到筑波大学生产设计专业，接受了我 3 年的"产品企划"训练，那位老师就是王明旨先生，他回到中国后就担任了中央工艺美术学院院长。之后，我几次接受中央工艺美术学院的邀请，并在 1987 年承担了为宇宙空间站提供设计提案的课题。后来，中央美术学院与清华大学的美术学院合并。我被邀请参加了合并纪念研讨会，并以"艺术和科学"为题进行了特别演讲。那时，我获得了清华大学美术学院名誉教授的称号。

　　我成为札幌市立大学校长以来，清华大学美术学院和札幌市立大学缔结了学术交流关系并一直持续下来。札幌市立大学每年都有来自中国的留学生入学，学生交流也在顺利进行。2008 年开始的亚洲联盟超越设计展（ANBD）成立了基础设计领域的作品展小组，我被委托担任日本（札幌市立大学）、中国（天津美术学院、台湾云林科技大学）、韩国（首尔大学）的网络理事长。到 2018 年已经经过了 10 年，我也退出这个职位了。不过这个活动现在还在继续，规模也在大幅扩大。

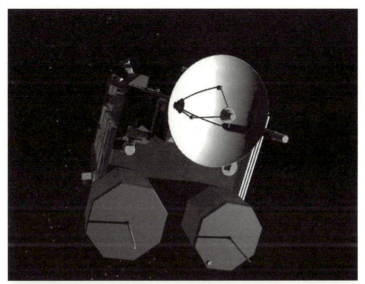

上｜模拟环月卫星
下｜对接 ISS 的孵化器——柿山浩一郎

《设计》：当年湖南大学工业设计研究班的学员给您留下了怎样的印象？您如何评价学员的学习经历和成果？

原田昭：湖南大学工业设计短训班在中国和日本之间的工业设计交流中起到了重要的桥梁作用，真是感慨万千。实际上，在短短一个半月的时间里，参加的教师们从工具问题点和解决方案的关系图出发，按照严格的课题要求，完成了机器内部功能部件的构成图。最终，全体参训、受训人员都被创造出的非常棒的作品所感动。我强烈感受到这个班的老师们的未来和湖南大学的未来是光明的。我也非常感谢对从早上到晚上都很热心地为我们提供帮助的中文翻译李妲莉老师。不管怎么说，日本以中国传来的文化和技术为基础成长起来，我觉得我们做的这件事多少有一点报恩的感觉，所以我们一天一天过得非常充实，度过了非常幸福的40天。

《设计》：您如何看待中国的工业设计发展和现状？有什么不足？设计教育还应该做些什么？

原田昭：随着中国经济的发展、设计能力的成长，自然科学基础研究相关成果的发表数量也在显著增加。我认为正是在这种宽裕的时候，推进设计和这些基础科学研究的联合研究开发，以及从设计的角度解决在中国可能发生的日常性独自问题的研究才是最重要的。把成熟社会中预想的环境问题和社会问题作为设计课题，不仅仅应该是设计师的任务，也需要通过和不同领域的研究人员的合作研究来解决复杂问题。这才是设计教育的未来。

《设计》：您认为工业设计师应当如何在工作之后继续学习？

原田昭：我结合自己的情况谈一下退休之后的事情吧。由于各个国家的社会保障机制不同，退休之后的情况不能一概而论，但是如果能继续学习各自关心的事情就很幸福了。对于我来说，以前为了教学生们，我一直在推进理论性设计方法的研究，但是从大学退休后，我把自己能活动手臂的造型设计作为兴趣点并沉迷其中。2019 年 4 月，我受美国邀请参加了陶艺展。

《设计》：请您为中国青年设计师提一些建议。

原田昭：中国是一个既有历史又有个性的国家，所以可以利用这种世界观，通过不同领域的合作来解决问题。今后，不仅是一个国家，多个国家可以在不同的领域合作，积极地建立以"防灾""防疫"等"问题·解决"为目的的设计项目也是一个方向。

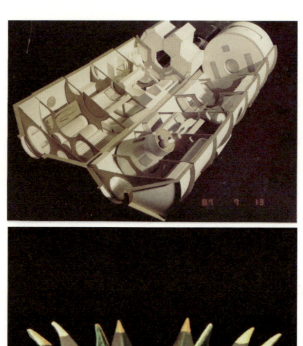

上 | 中央工艺美术学院宇宙基地模型 1987
下 | 受邀参加美国俄勒冈州日本庭园陶艺展的作品——原田昭 2019

世界市场占有率 1/3 的盒式录音带：原田昭 1984

永田乔:
来自不同专业的学员充满激情
NAGATA TAKASHI: STUDENTS FROM DIFFERENT PROFESSIONS ARE PASSIONATE

永田乔
日本千叶大学教授

　　永田乔，博士，日本千叶大学教授。1969年获美国加利福尼亚大学洛杉矶分校硕士学位；1999年获英国德蒙福特大学博士学位；2003年退休后，在多所大学担任客座教授，在澳大利亚蒙纳士大学任研究员。著有 *Image, Perspective and Design*（1979），日文版译著有 *THE MACHINE AGE IN AMERICA* 1918-1941、*THE AMERICAN DESIGN ADVENTURE* 1940-1975等。

　　最初来到中国授课时，永田乔教授对中国设计完全没有概念，研究班的学员有工程师、化学家、艺术家等，他们重新将设计作为职业的方向，在永田乔先生看来颇为不同寻常。"班上的学员非常有激情，聪明又热情。这也是他们能够成功的原因。"当年没有学员名单，永田乔先生非常细心地在与学生的大合影上给每个人都编了号码，以便日后能够记住他们。永田乔教授带来了其珍藏近40年的长达137页的研究班汇报资料，并将其赠予湖南大学设计艺术学院。该资料详细记录了当时的工作进展情况、研究班的成果、关于工业造型领域发展前景的建议等相关内容。

《设计》：您来中国做这个项目的时候，日本的工业设计是什么样的水平？

永田乔：40 年前日本工业正在崛起，日本工业设计蓬勃发展，例如丰田、松下等品牌都做成了世界闻名的品牌，全球都很关注日本的产品。

《设计》：这个研究班的课程设置最初是怎么考虑的？

永田乔：毕竟是 40 年以前了，我的记忆也不是特别清晰了。我们的课程大概分为两种，一种是授课，另一种是实践。

《设计》：在当年研究班开课之前，您对中国的设计水平的认识是什么样的？课程开始后，您对中国设计师的评价又是怎样的？

永田乔：当时我对中国设计完全没有概念，因为没有获取信息的渠道，当年也没有设计类的杂志。我来了之后，参与课程的学员有工程师、化学家、艺术家等，并没有设计师。他们重新将设计作为职业的方向！这就是我所知道的我们研究班的起点，颇为不同寻常。那个年代好像各国都是这种状态。

班上的学员非常有激情，聪明又热情。这也是他们能够成功的原因。当年我没有学员名单，授课是通过一位李老师做日语翻译。我带来了当年全班的合影，并给学员们都编了号码，以便记住他们的名字。其中，赵江洪会说英语，经常到办公室聊天，印象相对深刻。

《设计》：在这个研究班授课的两个月的时间里，有没有印象特别深刻的学员或作品？

永田乔：有一位从哈尔滨来的姓任的学员，长途跋涉，路上用了三天的时间。很多学员都比我年纪大，但是上课的内容基本上就相当于现在给一年级的学生上课，当时确实水平还是很低的。他们都是来自不同的领域，有设计系的、机械系的，还有化学系、建筑系的，所以上的就是一些入门的课程。课程结束之后，我回了日本，学员们应该也是回到了自己的工作单位，他们后来有没有真的从事设计工作，我也很好奇，但是也没有办法联系。当时湖南大学直属于机械工业部，所以可能都是机械工业部所属的那些高校的老师被要求来参与这个课程，也许不是因为他们个人喜欢这个东西。

《设计》：课堂上的互动性强吗？

永田乔：日本的老师传统的上课方式就是授课，不像现在强调以学生为中心，另外还需要翻译来配合，所以互动性并不太强，课后的交流也有限。布置作业都是先发给李妲莉老师，再由李老师用油印的方式下发，学生完成后再收集上来。两个月里非常忙碌，基本上也没有什么时间去玩，唯一去的两个地方，一个是省博物馆，一个是湘绣工厂。

《设计》：开设这个课程之初，有没有设想这个课程要达成一个怎样的目标？

永田乔：我猜想，当年机械工业部可能已经决定要在湖南大学设立工业设计系，就是说可能是以湖南大学为一个据点，然后慢慢扩展开来，在别的学校也设立设计系，所以当时会让他们派一些老师到这边来学习。此次来听 JICA 的老师讲解，这个疑问就解开了，当时湖南大学是机械工业部的直属学校，可能就是想要在这里办。

《设计》：您将在论坛上分享的内容是什么？

永田乔：对湖南大学工业设计系创立的回顾和展望，可能也涉及全国工业设计系的创立等。

上 | 永田乔老师、程能林老师等回忆当年参加研究班的学员名字
下 | 永田乔老师带来当年的电报等珍贵资料

永田乔老师回顾演讲暨座谈会

渡边诚：
国际交流意味着国际合作

MAKOTO WATANABE: INTERNATIONAL EDUCATION MEANS INTERNATIONAL
COOPERATION

渡边诚

千叶大学副校长、工学研究院教授

渡边诚，教授，日本千叶大学工学博士。现任千叶大学副校长、工学研究院教授、千叶大学 SPD 项目和 GADSP 项目负责人、浙江大学客座教授。曾是日本精工的设计师，2013—2017 年担任 ICSID/WDO（国际工业设计协会／世界设计组织）董事会成员，2014—2015 年担任日本设计科学学会副会长。主要研究领域为工业设计、设计管理等。

渡边诚教授介绍，日本的工业设计教育最早始于 1922 年的东京高等工艺学校。1947 年千叶大学设立工学部工业意匠学科，1965 年设置了硕士课程，1988 年设置了博士课程，这应该是世界上较早设置工业设计类博士课程的高校之一了。针对基础设计教育，渡边诚教授认为，由于企业对工业设计的需求减少，变成了对服务和创新的需求，从这个角度来说，传统的基础设计教育已经不必要了。但是如果真的想成为优秀的设计师，就应该充分地进行基础训练；学生在大学里必须学习界面、UI、UX、服务和创新。

《设计》：请介绍一下您所经历的日本工业设计及工业设计教育的发展历程。

渡边诚：日本的工业设计教育最早始于 1922 年的东京高等工艺学校。我于 1980 年进入千叶大学，1984 年本科毕业，1986 年硕士毕业，之后进入精工公司，根据公司的要求进入大学学习博士课程并于 1991 年取得博士学位。我正是在日本工业设计高速发展的时候在大学里学习并在企业里积累工作经验的，现在回想起来，真是一段非常快乐的经历。

当时千叶大学的教学计划以伊利诺理工大学的教学大纲为基础，进行了符合日本情况的改进，不仅要学习设计专业知识，还需要综合学习人体工程学、材料、统计等专业知识。然而现在的学生，因为他们各自的专业内容都分化得很细，所以不能像我们那时候综合地进行学习了。

《设计》：渡边诚老师是先在企业工作然后去高校工作的，请问在千叶大学这种情况多吗？比例大概是多少？

渡边诚：从千叶大学的情况来看，在企业工作然后回到高校的比例还是挺高的，大概是三分之一吧，但是高校老师再回到企业的情况比较少，因为千叶大学的老师分为两种，一种是全职在大学工作的，会指导博士；还有一种是一边在高校工作，一边在企业做设计，会更专注于实践领域。我认为以后一边在企业工作一边做老师的比例会增加，而直接从企业辞职全职在大学工作的会越来越少。我认为在千叶大学，100% 全职投入学校工作的老师，再过 10 年可能会减少一半左右。

再过几年，我们这一代人，也就是千叶大学第五世代的老师就会退休，那个时候聘用制度可能会发生变化。像第五世代既能做研究又能做教育可以指导博士的老师会减少；能指导硕士，一边做教育一边做设计的老师会越来越多。

《设计》：**千叶大学工业设计教育的历史沿革是怎样的？**

渡边诚：日本的工业设计教育始于 1922 年的东京高等工艺学校。1947 年千叶大学设立工学部工业意匠学科，1965 年设置了硕士课程，1988 年设置了博士课程，这应该是世界上较早设置工业设计类博士课程的高校之一了。1998 年工学部工业意匠学科变更为设计工学科，2000 年变更为设计学科，2003 年设置了 SPD（服务与产品设计）的硕士学位。千叶大学的设计学科主要致力于培养企业设计师，毕业生大多就职于日本有设计部门的制造企业中。

《设计》：**与东京艺术大学等艺术学校相比，千叶大学设计专业的优越性在哪里？您提到千叶大学"致力于培养企业设计师"，那么在培养学生方面，最重视的学生素质和专业性是什么？近几年来，日本企业追求的"设计师"有变化吗？**

渡边诚：我觉得设计不是艺术，设计是一门科学。千叶大学设计学设置在工学部，主要是为了学习制造技术，所以学生们要学习机械学和设计学。50 年前我们就开始教授材料科学和人类工学，一直在做 CMF 研究。2000 年以后开始教授服务设计、交互设计、UI、UX，最近学生也在学习管理。

千叶大学的学生不仅掌握了全面知识和综合设计能力，还需要对市场进行观察和分析，掌握用户画像的制作方法、设计、制造流程、制造技术等全部知识，以成为设计部门的管理人员为前提接受教育。

现在日本企业几乎没有单独招聘工业设计专业的，很多都在招聘服务设计、创新设计等。服务设计和创新设计虽然包含了软件、界面、工业设计，但是如果不能进行综合设计的话是不行的。

《设计》：**千叶大学设计专业有多少中国留学生？近年来，与其他国家的学生相比，中国留学生有什么特点？他们毕业后的去向是什么样的情况？现在千叶大学设计专业的招生政策是怎么样的呢？**

渡边诚：千叶大学设计专业每年有 200 人以上的中国留学生在籍。近年来，半年及 1 年的短期留学生逐渐增加，每年有 100 人以上。来千叶大学留学的硕士比以前减少了，我认为这是中国设计教育的进步导致的。来千叶大学学习博士课程的留学生增加了，但大家并不是想成为设计师，而是想成为大学教师。

中国留学生的 3D 建模和动画等的技能比较高，用 AI 或者 PS 画的渲染图也很美，但是大家都存在一样的问题，就是对设计细节考虑不完全，虽然创意不错，但是设计表现（造型、颜色）很粗糙。

千叶大学毕业的学生基本上分为三类：在日本就职的学生、博士深造的学生和在中国就职的学生。大家几乎都找到了理想的工作。最近在日本企业就职的学生也很多。

千叶大学在中国的招募只限于协议校的学生。现在千叶大学的协议校比以前增加了 3 倍以上。我们为了招聘优秀的学生和很多优秀的大学都有合作。

《设计》：您提到千叶大学在中国的招生限于协议校的学生，那么协议校有哪些？学生报考考试要考哪些？重点要具备哪些技能？

渡边诚：我们的协议校很多，千叶大学整体来说在世界上有 500 多所协议校，在中国有近百所协议校，其中和设计非常相关的、大家比较熟知的有湖南大学、中国美术学院、清华大学、浙江大学、大连理工大学、哈尔滨工业大学、北京印刷学院、北京服装学院、上海科技大学、上海理工大学、同济大学、浙江工业大学、浙江理工大学、浙江工商大学，此外还有广州美术学院、南京艺术学院、河南理工大学、江南大学等，我们的合作院校也是我负责国际交流之后增长起来的，目前数量还在增加。

千叶大学从协议校选取学生，毕竟能考上协议校的都是优秀学生，所以我们并不担心学生的学习能力和语言水平，反而更看中老师的推荐信，没有老师的推荐和保证就难以入学。目前，千叶大学招生生源比较充足。中国的设计教育已经越来越完善，所以去千叶大学读硕士的比较少。至于将来如何变化，并不好说。

《设计》：您提到的中国学生"设计细节考虑不完全，设计表现比较粗糙"，您觉得是什么原因导致的这个问题？有没有什么解决办法？

渡边诚：我认为现在的学生都能看到自己的目标所在，所以要学习的内容太多，比如要学习界面、UI、服务设计等，不能像以前一样把设计教育深入下去。尤其是色彩、造型等，以前学生画手稿或模型要在老师指导下做很多次，现在由于没时间，就要求大家自己做了，大家自己做就难以做到以前的程度，于是就造成了今天这样的情况。

《设计》：千叶大学设计专业是从何时开始重视国际交流的？贵校现在与中国的设计界有怎样的联系，是怎样开展活动的？

渡边诚：我认为千叶大学设计专业的国际交流始于 38 年前与湖南大学的培训项目。此后，经过了漫长发展，从 2000 年开始正式实施一些国际交流项目。千叶大学与高校、企业的设计领域联系非常紧密，也开展了非常多的活动，有 2005 年的 SPD 项目、2007 年的 GADSP 项目、2011 年的 CODE 项目、2015 年的 PULI 项目、2016 年的 CAPE 项目、2018 年的 JUSU 项目等，目前项目也在不断扩展。

以 SPD 项目为例介绍一下课程设置情况。SPD 项目设置了服务设计、服务设计战略、设计工程、设计方案策划等课程内容，要求学生具备提供 IT 解决方案、商业模式、新服务的能力，提升策划能力、可用性评价的能力，掌握 ITIL、PHP 语言等基本工具技巧。

《设计》：您刚提到了很多项目，这些项目是怎么样的关系？在项目开展中面临什么困难？日本学生的参与度如何？

渡边诚：我们的项目有两种，一种是研究型项目，与企业共同开展产学研究，这一类型的项目虽然不能详细介绍，但总体上占项目数的70%~80%；另一种是前面介绍的项目，这些项目多数是由千叶大学－海外的大学－企业三方共同实施的。一般一个企业做赞助商大概3年，之后就会变更。每年大概有5~6家企业成为我们的赞助商。

我们面临的最大问题是预算较少，我们希望能够有更多的企业参与。

每年会有30~60名学生参加。参加项目的学生和没有参加项目的学生的学习水平有很大差别。参加项目的学生确实能体验到接近实际工作经验的东西，能力也在提高。

《设计》：您刚才提到的SPD项目是您亲自企划的，请问您当时是基于什么构想，为什么会设置这些课程？

渡边诚：SPD项目始于2005年，当时整个世界主要发达国家如英国和德国等都认为必须要做服务设计了。当时日本企业的理念也发生了变化，比起传统的工业设计师，更加注重员工解决问题的能力，于是高校开始培养相应的人才。千叶大学就是在这种背景下一边学习海外经验一边做自己独特的课程设置。现在虽然没有SPD专门项目，但是保留了一些课程。尤其是现在工业设计硕士课程的学生，很多都在做服务设计。以前有4个课程是SPD项目专用的，即只有参加SPD项目的学生才能选修这些课程，但是现在包括创新设计课程、服务设计课程等，所有学生都是可以选的。

《设计》：您刚才说千叶大学很多学生都在做服务设计，那么您认为未来服务设计的发展方向是什么？

渡边诚：现在硕士中大概有七八成学生在做服务设计，这是因为现在日本的大企业一般都是制造企业，如富士通、三菱、东芝、日立等，他们并不想要普通的工业设计师，也不想要单纯的界面设计师，而是希望招聘更多的服务设计的学生，所以服务设计的学生其实是针对企业的需求来培养的。就趋势来说，如果企业未来不需要这些设计人才了，那么可能服务设计就没有前景了。

《设计》：我们想就您提到的"亚洲人才计划"（GADSP）提问几个问题。请问日本的设计师对于在海外就业有什么看法？日本企业在留住优秀设计人才方面有什么举措？留在日本的外国学生在日本企业等设计一线工作的表现怎么样？

渡边诚：日本设计师虽然也想在海外就业，但是大多数还是回到了日本，不仅是去中国的日本留学生，在欧美留学的日本留学生也是这样的表现。大家出国留学结束后基本上就回到日本了。为什么日本的设计师对在海外就业表现保守，究其原因是没有相应的渠道。比如韩国人，尤其是之前一批留在国外的特别是美国的韩国人都很活跃，相应的，如果韩国学生想在国外就业就会有很多渠道获取信息，但是日本学生却没有这样的渠道。另外，日本学生在本国就业其实也很幸福，这也是一个原因。但是以后怎么样就不好说了。

目前，"亚洲人才计划"的毕业生在就业方面比项目刚开始的时候更加容易。就目前大家在做的服务设计、系统设计来说，中国本身就是一个很大的市场，除此以外，还有东南亚市场、南亚市场等，这些都是日本企业的主要服务对象，因此，有懂这些市场的人进入公司肯定是有优势的。但是很多中国人最终会回到阿里巴巴、腾讯等这一类型的中国企业工作。反观日本企业，在留住优秀设计人才方面并没有特别的举措。

从"亚洲人才计划"留在日本的中国留学生的表现来看，他们进入企业之后有的人负责和自己国籍相关的项目，有的人负责世界各地的项目，大家的表现和国籍相关度并不高，主要看每个人本身的情况。

《设计》：日本工业设计教育是如何与实践相结合的？

渡边诚：我认为日本的工业设计教育通过与企业开展共同研究和实践进行了紧密合作，每年都会有 30 个以上的共同研究项目在实施。我们与阿里巴巴、松下、东芝、日立、无印良品、索尼等都开展了很多合作。我们相信国际教育意味着国际合作。

《设计》：您提到了 CAPE 项目是与阿里巴巴、浙江大学一起做的，那么请问在合作中阿里巴巴会有什么期待？像阿里巴巴这样的大企业会对合作培养的学生有哪些能力要求？

渡边诚：千叶大学、浙江大学、阿里巴巴的合作项目，到目前持续了 4 年。浙江大学的学生是优秀的。阿里巴巴对合作项目成果的要求非常严苛，会要求设计的产品达到一定的水准。阿里巴巴对于学生的设计表现会毫无保留地直接指出，因此一起合作的大学和学生也比较紧张。

阿里巴巴自身设计团队大概有接近 2000 人，他们在招聘的过程中也相对严苛，目前尚无千叶大学的学生进入阿里巴巴工作，所以具体的要求我也不是很清楚。

《设计》：您认为"中国的设计教育和日本一样，基本的设计教育已经难以进行了"，您是怎么想的呢？这个变化是社会的影响吗？

渡边诚：一方面，由于企业对工业设计的需求减少，变成了对服务和创新的需求，从这个角度来说，传统的基础设计教育已经不必要了。但是如果真的想成为优秀的设计师，就应该充分地进行基础训练。另一方面，学生在大学里必须学习界面、UI、UX、服务和创新，基础设计教育的草率化是事实。因此，为了好好学习设计，很多学生升入硕士学习 6 年。千叶大学硕士的升学率为 70%，以 6 年一贯教育为目标。

《设计》：您提到"基础设计教育的草率化是事实"。那么，您认为有没有必要压缩大学课程？2 年的研究生学习可不可以放在企业培养？

渡边诚：不只是日本，在中国也一样，设计公司或大企业更强调输出的品质管理并有一套相应的评估体系和评价体系。如果在规定时间内没达标就要被解雇。在这样的背景下，不管是日本也好，世界也好，要去做在职培训（On the Job Training，OJT）可能就非常困难，唯一的选择就是在学校把技术培训做好，然后才能去就业拿到高薪，才有可能适应当下的社会环境。如果想在进了企业以后再去锻炼技能是比较不可能的。

《设计》：您怎么看设计研究本身？

渡边诚：设计研究本身在应用层面比较多，今后可能会更多关注新技术如何应用。从这个层次来讲，一方面是研究起来比较难，另一方面是企业很难保持持续投入。像设计研究这种企业不太做的基础研究课题，可能还是需要在大学去完成。此外像一些研究课题，包括中国大学现在关注的地域振兴等应该会是持续被关注的热点。

《设计》：您对中国的院校和老师有什么建议？

渡边诚：中国现在设计院校差距还是非常大的。有的学校紧跟世界潮流在做创新设计、服务设计、UX 设计、服务设计、用户体验设计等，有的学校还在做家具设计，相差比较大。这是非常普遍的现象。也不是说非得要各个学校把水准放到同一个水平线上，但是有些学校可能不知道今后会往哪些方向发展。

现在年轻老师也是有差异的，分两种情况，一种是海外归来的老师，另一种是在国内直升上来的老师。前者实践能力、设计能力可能会更强一些，后者研究能力会更强一些，也不是说哪一种就更好，而是说两者皆有的院校整体实力会更强一些。

1922 年东京高等工艺学校首任校长 Hisashi Matsuoka

上│作品：木质家具
下│作品：风车

程能林：
湖南大学因学科综合性而中选
CHENG NENGLIN: HUNAN UNIVERSITY WAS SELECTED
FOR ITS COMPREHENSIVENESS OF DISCIPLINES

程能林
湖南大学工业设计系原主任、教授

程能林，湖南大学教授。1962 年华东师范大学研究生毕业。曾任湖南大学工业设计系主任、研究生部主任，全国普通高等学校工业设计专业教学指导组组长，中国工业协会常务理事，享受国务院政府特殊津贴。在工业设计学科建设中，1993 年获国家级优秀教学成果奖一等奖。主编《工业设计概论》《工业设计材料与工艺》《机械工程手册（第二版）》《产品造型设计与人机工程》《产品造型设计手册》等 12 本著作和教材。

在那个百废待兴的年代，第一机械工业部（简称一机部）看得比较远，认为中国的工业产品要提升品质，外观质量很重要。因此，一机部就和日本的国际事业协力团取得了联系，争取了这个项目，因为湖南大学的专业覆盖面比较广，就把这个项目交给了湖南大学。程能林担任系主任后，既不偏向"艺术人"，也不偏向"机械人"，就强调设计的本质、设计的本源，强调设计的本质的道路怎么走，同时也参考了欧美的教学体系，强调数学、物理、化学等学科的重要性，为湖南大学工业设计打下了良好的基础。

《设计》：机械工业部当初为什么选中了湖南大学?

程能林：那时候百废待兴，有一个问题就是我们国家的产品质量比较差，尤其是外观质量，因为那时候思想还比较禁锢，你讲外观质量大家都不认同，东西只要能用就行了，漂亮是资产阶级的东西。但机械工业部看得比较远，认为中国的工业产品要提升品质的话，外观质量很重要。因此，机械工业部就和日本的国际事业协力团取得了联系，争取了这个项目，后来就把这个项目交给了湖南大学。

当时曾选了好几个地方，一是上海，因为上海工业技术比较好，还有一个是广州，而湖南省的经济基础并不好。选中湖南大学，有两个因素，一是湖南大学的专业覆盖面比较大，比如有金属防腐专业，本身就解决外观的质量，如电镀涂膜、塑料包装等，这是其他学校没有的；二是湖南大学有建筑学专业和机械专业。这几个专业加在一起，作为综合性的学科来考虑，最后机械工业部选定了湖南大学。

《设计》：当初您是如何加入这个研究班的?

程能林：我是 1962 年上海华东师范大学化学系研究生毕业的。因为当时学校要筹备一个新的专业，要求比较高，可能我是研究生毕业的，所以就调过来了。化学是一门研究物质的性质及其变化规律的学科；设计是一门研究形态或样式的变化及其规律的学科。一个研究物质；一个研究非物质，有物就有形，物作用于人的肉体，形作用于人的心灵。前者解决生存问题，实现人的生存价值；后者解决享受问题，实现人的精神价值，共同创造一个和谐的生活环境和生活方式。这两个专业都被我实践了，现在看来我是非常幸运的。

《设计》：当时研究班是怎样的授课形式？

程能林：第一期来的是吉冈道隆和永田乔先生。吉冈道隆先生主要负责讲，永田乔先生主要负责做。上午吉冈道隆先生讲，下午永田乔先生就带大家做作业。

对于学员的来源，机械工业部可能也有所考虑，中央工艺美术学院来了两个，还有一位也是比较有名的，广州也来了两个，另外几个大学来了很多人，还有就是大的企业代理商，大概几十个人。位置就是在现在的办公楼的对面，二楼专门开辟了一个教室，一个大的房间给学生做作业。具体上课情况我不太熟悉，我就负责给大家安排，需要什么东西都我来安排。

应该讲效果还是不错的。当时的中国，工业设计还没有开展，大家不明白工业为什么要设计。当时国家对整个专业的情况不清楚，而且整个国家从事工艺美术的人很多，都认为这是做工艺的。实际上，工业设计和工艺美术是两回事。我记得当时他们做了很多作业，其中有些学生做得非常好。

吉冈道隆先生每天准时到，到了以后他就把打字机打开，那时候还没有手机，也没有计算机，他拼命地打字，很辛苦，做事很认真，天天晚上工作到十一二点，睡觉睡得很少，确实还是蛮辛苦的。

《设计》：请讲讲四合院里的故事。

程能林：当时我已经担任系主任了，为了争取四合院，和学校讨论了很久。当时的四合院被环境工程系占了一半，另一半被设备处占了。后来通过不断讨论和研究，它慢慢腾退出来了，最后变成我们自己的一个学院。这个学院有模型社，在中楼专门做专业教室用的，另外有个小的空调教室，有时候开会、学生答辩都在那里进行，很温馨，而且还种了一棵树，这棵树现在已经长得很大了。

我谈不上什么设计之路的开拓与奠基的，我做不到这一点，但是我全力投入，全心全意地投入工业设计专业。当时上课开会也有谈不拢的情况，因为学员一部分来源于机械类专业，一部分来自艺术类专业，艺术人强调艺术，强调外观形式，机械人则强调功能。这两个专业的学员在开会的时候很难得到一个统一的想法，因为各自强调的点不一样。

全国高等院校到我们这儿来采访的人也很多，因为我们毕竟发展较早，基础打得比较好，我们的教学计划也经常给他们看。我们的基础打得比较好，所以我们系里没什么争论，因为我当系主任以后，两边都不偏向，就强调设计的本质、设计的本源，强调设计的本质的道路怎么走。

举个例子，现在做工业设计，大家都强调用计算机，1997年我到台湾去参加海峡两岸工业设计研讨会，第一次研讨会时，我还带了我们学校的版面到台湾。他们是一到三年级不用计算机，到了四年级要全部同学用计算机去设计。在日本的教育计划里，前两年强调硬件，把基本功做好，后两年再强调软件。

永田乔最大的优点就是很热心，他给了我一套日本各个高等学校的工业设计计划，还有德国的、美国的。我把他们的教育计划仔细看了一下，他们强调基础的教养课程，一共144个学分，68对76，这68个学分全部是教养课程，包括外语、数学，什么都要学。76个学分比较强调专业性，尤其是日本的意匠学科。

所以我们开始也强调这一点。刚开始办这个系的时候，我们强调数学、物理、化学。我学化学，还教给他们一些化学知识。开始研究生计划也是我们制订的。很多学校来了，包括上海同济大学，详细地了解了我们的教育计划，和我们进行讨论、研究。

第一届工业设计毕业生合影

王明旨：
坚守初心　警惕设计滥用

WANG MINGZHI: REMAIN TRUE TO THE ORIGINAL ASPIRATION
OF DESIGN AND BE ALERT TO THE ABUSE OF DESIGN

王明旨
清华大学原副校长、美术学院原院长、文科资深教授、博士生导师

　　王明旨，博士生导师，清华大学原副校长、清华大学美术学院原院长，现为清华大学文科资深教授、清华大学艺术博物馆学术委员会主任、中国美术家协会顾问、中国美术家协会工业设计艺委会荣誉主任、全国高等教育自学考试指导委员会委员兼艺术类专业委员会主任。作为工业设计专家及工业设计教育专家，长期从事工业设计专业的教育及研究工作，曾获中国轻工业优秀工业设计一等奖、北京市高校优秀教学成果奖二等奖、清华大学突出贡献奖等。曾发表"工业设计的未来""艺术设计的民族化"等数十篇论文，出版了《工业设计概论》《产品设计》等专著，出版有作品集、论文集、教材多种。已培养博士生十余人。

　　1982—1984 年，王明旨教授受国家教委派遣赴日本筑波大学艺术学系工业设计专业学习进修，回国后于 1984 年与柳冠中共同成立了中央工艺美术学院工业设计系，任系副主任。现代型的工业设计从那个阶段开始，中国的工业设计教育同期兴起。

《设计》：您从日本学习回来，对您的教学内容或者教学安排、组织管理有什么样的影响？

王明旨：过去我们国家的设计教育并不是很完备。去日本学习之后，我认为他们的课程和教学方法有很多可以借鉴。

1982—1984 年，我作为访问学者到日本筑波大学去学习。筑波大学是一个综合大学，其前身是日本东京教育大学，后来发展成为筑波大学。筑波大学的艺术设计系有很多位知名的老先生。我的老师是吉冈道隆先生，他与亚洲的很多学校，包括印度以及中国台湾、湖南等省市高校，都有交流，对中国的设计事业发展影响也很大。

从教学角度来说，日本的设计教育既重视培育学生的创造开发能力，提高设计实践能力，又非常关注引导学生全面地理解设计批判的内容。20 世纪 80 年代，我们在日本学习时就已经开始讨论设计在社会上滥用的现象等问题。人们应该怎样理解设计，应该怎样认识设计，应该怎样向前推进设计，在这些方面他们也都进行了非常认真的研讨。从人文、社会发展和科技发展的角度，他们探讨怎么能够让设计扮演一个引导人们科学地生活、正确地生活的角色，这种重视思考、重视反思的理念是非常重要的。当时日本的文化界还提出了设计"异化"的问题，他们在密切关注生活后发现，大批设计师设计出的生活用品由于过分关注商业利益而忽视设计的初衷，使设计没有起到科学地引导人们正确生活的作用，而产生异化。

所以我认为，学设计更应该关注社会、懂社会。如果设计师只是闷头做设计，追求商业利益的最大化，追求的方向不对，或者是欣赏趣味不对，就会产生社会问题。

比如环保问题，地球上物资的使用是很大的问题，现在地球上每年会产生 3 亿吨塑料制品，对土壤及海洋造成极大污染，甚至塑料的微颗粒已经循环到了人体内。所以，现在欧美很多国家禁止在化妆品里使用这种塑料微颗粒的添加剂。

设计师对自己的设计实际上应该负责任。设计师应该具有强烈的责任感，从事设计不能只为了挣设计费，甲方让设计什么就设计什么。比如，近两年市场上出现的小型弓箭玩具、小飞刀，杀伤力很大，设计之初就没有保护儿童的考虑。这体现在教学中就好像在驾校学开车，你首先就要通过交通规则考试，老师无须在驾驶学习中单讲，而是将交规贯穿在每一个环节中，这很考验老师的水平。

关于设计"异化"的问题，我们当今也明显存在这个问题，设计是要为人民服务的，而现在更多人是在关心我几年之内能挣多少钱，我在企业中能升职到什么位置，非常现实，对国计民生问题却考虑得较少，这一切现实的利益改变了设计的出发点。所以，设计也要讲"不忘初心"。

另外，日本设计教育的一些课程（比如设计的程序、设计的开发等课程）有很多比较巧的做法，比如表格的做法，上边是产品的各个部位，一边是各种使用人，做成表格之后，就会使你很细致地考虑每一个产品的各个部位可能会出现的状况，以及和使用人之间的关系，这其实就是一种思考方法。这些方法将我们引进课程里，朝着这个方向来做，则能够使设计思考得深入，细节到位。此外，我们学院也和很多日本老师有来往，建立了比较稳定的交流。

《设计》：您很重视艺术和科学的结合，您是从什么时候开始对科学特别重视的？

王明旨：艺术与科学的话题，基本上都是我担任院长之后，从全学院这个角度来谈的。这个话题实际上是说，现在很多学科未来发展的最大动力是学科交叉，特别是艺术与科学。实际上，艺术方面和科学的交融并不是现在才开始的，艺术表现在二三百年前的油画里就已经开始与科技交叉了。比如，它和摄影的交叉，像意大利油画里一个贵妇人牵着小狗，小狗的腿被画成了虚的，就好像它跑得非常快，看不清楚了，这些表现手法很明显是受摄影影响的。像英国一些水彩画家，200多年前开始对当时火车、轮船的污染就很重视，而且画得很多。艺术往前发展，肯定要介入到现实生活当中，就有很多科学的因素在里面，一定要重视其交融。科学方面，科学家也说，科学的高层次往往是由美学突破的。他们看它的规律、它的对称性，是由美学的一些概念引发的。这不是从事艺术的人说的，而是研究科学的人说的。所以他们有时候说，艺术与科学就像西瓜的两侧，好像是完全挨不上，但实际上西瓜瓤是通的，所以科学的艺术方面的修养和艺术的科学方面的修养都是非常重要的。

另外，学科刚开始的时候是跨度很大的，比如达·芬奇设计潜艇、飞行器，又研究解剖，到后来公认他是个画家。学科后来越分越细，上述内容全都分成专门的专业了。到了信息化社会之后，这些东西要交融，通过云计算、大数据等把这些统合起来。学科交融是大趋势。你要考虑未来的竞争性，交融才能出新。越分越细是过去的做法。

《设计》：清华大学工业设计系是您和柳冠中教授等老师一起创建的，请您谈一下前后的历程。

王明旨：其实中国设计不必把自己看得太封闭落后。像钟表、收音机等产品在20世纪50年代已经作为一个行业在做。新中国成立后，外国对中国实行封锁隔绝，没有贸易往来。即便在这种状态下，仍有一些上海设计师及国外回来的华侨，还有一些留学的老教授，一直在从事设计和设计教育工作。中央工艺美术学院和当年的不少美术院校的实用美术系都在从事设计教育。中央工艺美术学院很早设立了装潢专业，因为20世纪50年代的时候内地非常困难，有很多土特产品通过香港出口，但是我们的外贸产品是一等质量二等包装卖三等价格。这在当时大家都很清楚，我们那些包装是拿竹子捆，拿草纸包的出口产品，到香港后重新设计包装，大包装变成小包装，再转送出去。这在经济上是很吃亏的，在这种情况下就开始考虑设立内地的包装装潢设计专业，以改变"一等产品二等包装三等价格"的状态。

改革开放之初，中国还没有"工业设计"这个词汇。1979年，中国工业设计协会成立时名为"中国工业美术协会"。1982年，我受国家教委派遣赴日本筑波大学艺术学系工业设计专业学习进修，回国后于1984年与柳冠中共同成立了中央工艺美术学院工业设计系，任系副主任。现代型的工业设计从那个阶段开始，中国的工业设计教育同期兴起。

《设计》：您认为目前设计存在哪些问题？

王明旨：设计是为人服务的，是为解决人的功能需求服务的，同时还引导人们寻求更科学的生活方式。在设计的发展过程当中，设计由于商业化的进程以及市场的问题，逐渐远离了设计的初衷，目标开始发生变化，考虑的重点逐渐转向商业利益，而不是考虑人的需求和更科学的、理性的、面向未来的生活问题。这种异化的表现，我认为有以下五种。

1. 功能设计表面化

产品设计首先要考虑功能，很多产品设计是根据人的某些需求而开发出来的。在开发过程中，有很重要的内容要考虑，比如要兼顾人的心理健康以及开发人的各方面的潜能等，而不应是单纯考虑某一个生活环节的不畅或一个动作的不方便，就开发了一个产品。我认为这是属于功能设计的表面化的问题。如果开发大量这样的产品，客观效果上不是为人服务，而是违背为人服务的根本目标，在弱化人的能力，培养慵懒性情或者是干扰了设计引导人的科学生活方式的初衷。

2. 商品设计极端化

在商业化的情况下，如何能够开发出健康的、益智的、更多的负责任的产品，更好解决问题的造型来满足需求，为人服务，是每位设计师认真思考的问题。商品设计极端化的表现就是商家不顾社会效益只考虑盈利问题，只考虑如何利用夺人眼球的造型、绚丽的色彩将产品尽快地推销出去，而不在乎社会责任、使用者的安全和利益。这种现象就是改变了设计的根本，成为设计异化的典型表现。

现在，每一个小孩都有大量的塑料玩具。这些玩具要不了几天就会因碎了、裂了、不动了、不喜欢了等被淘汰，有经济实力的大人绝对不会觉得心疼，觉得为小孩花点钱无所谓，本着"不能输在起跑线上"这样的理念在养育孩子。这种情况下，孩子们的玩具变成固态垃圾的量是很可观的。这里要说的重点不是孩子怎样玩玩具的问题，也不是养育孩子应该如何精简节约的问题，我要说的是：只顾推销、不顾品质的大量劣质玩具，实际上用不了几天都将迅速变成"垃圾"，是地球上负担很重的很难降解消化的垃圾。那么，我们的设计扮演了什么角色呢？是不是扮演着这样的商品化的推波助澜的角色？是不是促进垃圾生成的设计师？

3. 民族风格符号化

民族风格符号化也是目前存在的一种设计异化现象。近年来，我们的设计经常被要求表达中国特色、民族风格，并常有明确要求加入中国特点的标识以示民族化的情形。其实在很多情况下，如果生硬地加入这些符号，则有悖造型规律或违反功能需求。无奈加入这些符号则成为笑柄。中国有几千年的文化传统，有很多手工艺或者民间艺术都是值得我们骄傲的优秀传统，这些传统对于设计来讲具有很丰富的营养。无论造型、纹样还是色彩诸多方面都是可以借鉴的。但是，要巧妙、恰当地使用为好。是不是只有这些符号可以利用和借鉴？现在只要一提民族传统就是大屋顶、琉璃瓦、熊猫、中国钱币、中国结、宝相花之类的符号式的东西。这些标识性的东西不是不可以用，但这只是一个方面。此外，在精神内涵方面，在造型气质方面，在早已形成的中国造型、色彩风格方面，我们应很好地领悟。从引领未来设计方面能不能够更深入地挖掘中华民族的文化底蕴的标识性的内容？在不断探索、大胆创造的过程中找到真正表达中华民族传统风格和更新、更好的一些形式，这也是今后值得深入探讨的内容。

4. 奢侈设计扩大化

过去中国经济状态不好，很多东西比较匮乏，我记得在 20 世纪 80 年代初期，有一些老外到中国之后，很快学会的中国话第一个词就是"没有"。为什么呢？因为他们到哪儿去问售货员找什么品种的东西，马上回答就是"没有"。有没有黑颜色的？没有。袖子再长一点儿的？没有。更大的？没有。所以，老外很容易学会的词就是"没有"。这是过去的状态，现在条件好了，各方面的产品花样繁多，种类繁多，只要有需求，在市场都可以找到（包括网上）。这种状态下，给人一种误解就是中国现在不论东西多贵都有人要。实际上并不是。这种状态下，对奢侈产品、奢侈设计到底应该怎么看？奢侈设计应发展到什么程度？我认为应该实事求是，作为设计师也不能满腔热情只设计高档的奢侈产品而不顾或看低中低档产品。

奢侈产品区别于普通产品的特征，我想不外乎以下四点：①产品的使用者和使用环境有特殊要求；②产品材质的档次；③造型和色彩的炫耀功能；④品牌效应。但是普通产品要符合相应的功能需求，材质适当，非奢侈产品绝不等同于劣质产品，反而要力争做到物美价廉，满足功能需求，符合可持续发展的设计要求。

5. 易忽视人群被边缘化

容易被忽略的人群被边缘化，从商品经济的大环境来看，似乎不太可能，但是实际就是如此，而且还存在着很严重的问题。因此，当下提出"为'三农'的设计"这一新概念，这确实是一个振兴农村经济宏观政策中的有效举措，我举双手赞同。"三农"是指农业、农村、农民，这个概念所涵盖的面是相当大的，在咱们国家这方面的人口总数恐怕不止6亿，七八亿都有可能。这么多人，他们生活的环境，他们生活的水平，他们生活的状态以及他们到底需要什么产品，从设计的角度的确应该认真思考。因此，设计师能不能真正深入生活，真正了解"三农"大众以及特殊人群的需求，了解他们的经济状态和生活环境，负责任地为他们开发产品、做设计，我想这是非常需要的。

最近看到一则消息：四川有一个遭受地震破坏的小村庄叫金台村，它的震后恢复建设得到香港大学建筑学院的两位副教授的设计支援，这两位老师的设计成果，其设计理念、作品被国际评为"2017最具社会责任感的房屋设计"，是2017年全球十个"世界最佳住宅"之一，而且是中国唯一的获奖设计作品。

简要的介绍的确非常感人。金台村很小，只有22户人家，设计师将这个小巧玲珑的村庄设计成为防震、环保、可循环利用、与群山协调的优美舒适、理想化的居住地。

住房自成一个循环系统，冬暖夏凉，屋顶可绿化或种菜，自动收集雨水可冲洗厕所，住房之间有公共街道，住房门口有足够的空间兜售农产品。村中有饲养家禽家畜的创新设施，其设施设计有清洁能源的装置，可通过采集动物粪便产生沼气。村中有社区中心，可作为开敞式聚会及交流场所等。总之，这是一个景观优美、具有现代科技理念、卫生环保、自给自足、适合人类居住且促进人与人之间交流的好设计，我认为这才是真正的绿色建筑。设计师追求的不是声势浩大、多姿多彩、夺人眼球的设计，而是适用、朴素、崇尚功能大于形式的设计，是真正为农村、农民服务，充满爱心的最具社会责任感的设计。

此外，残疾人、老人、患病的人，也都属于容易被忽视的人群。那么，设计的着力点是否关注这一群体？恐怕也远远不够。比如，现在几乎人人都在使用手机，手机的操作界面以及繁杂的功能，到底有多少适用于上述人群？有没有专门为他们的设计，适应他们的需求？为这些特殊人群服务的产品千万不要理解为简易的、质地差的、廉价的、短期使用就丢掉的，恰恰相反，他们需要的应该是界面优良、适应性强、方便学习上手的、坚固耐用的、设计独特的、不必一两年就更换的、特殊的手机。现在开发的手机功能，新潮青年能够使用多少？我想恐怕60%、70%就不错了。那么老人呢？特殊人群呢？可能10%都用不到。这种状态下是不是既满足不了需求又带来了浪费？怎样能够研究出真正为特殊人群服务的通信工具，这个恐怕也是面向未来的重要课题。对此的关注和研究又体现出对艺术设计的价值取向的认识。

从价值取向这个角度来说，从开发产品上，是只拼速度还是追求从容；是单纯比式样繁多，还是主动选择返璞归真？我觉得这是一个哲学问题，也是所有设计师应该考虑的问题。刚才讲到五种异化的现象就是咱们的设计怎样能够做好设计的本分。作为设计师，要具有责任感，完成设计师的真正任务，要明确设计是为人服务的，是为人更科学地生活服务的。只要人们有这个需求，设计师就要考虑答案，而且要通过设计手段更科学地应对你的这个需求。

从产品设计上讲，如何合理利用自然资源，追求减少环境污染，追求可持续利用，是未来设计的方向。现在一次性产品太多，用一下就扔掉，出一点毛病就扔掉，坏了无关紧要的部位就扔掉。实际上，很多可以利用的部分都被当作废品扔掉了。人们表现的是"我不在乎，我有钱，我买得起，问题不大"。但是实际上，这不是你的经济承受力的问题，而是宏观上地球承受力的问题。

《设计》：我们经常讲"设计要引导人们更科学的生活方式"，您认为什么是"科学的生活方式"？

王明旨：我认为"科学的生活方式"可以概括为以下四个方面：①与当下科技发展成果同步的设计；②与淳朴、和谐、面向未来的生活理念相一致的设计；③为以环保、绿色为主调的生活模式服务的设计；④促进人类健康、益智且具有生活情趣的设计。

从民族风格表现方面来看，是模式化地套用还是深刻理解中国民族传统之后在设计中真正表达中国精神？这本身还有一个中国文化自信的问题。我们中国的产品不是说一表明中国就用这些符号，而是要从质量、功能特色、设计水平等方面都能表达出中国的这种精神才行，所以这也是一个重要的努力方向。

从设计导向方面来看，占全国人口半数以上的农民是非常需要艺术设计关注的方面。我想在这儿也呼吁，希望大家在今后的设计当中能够在这方面给予关注。

确实咱们现在生活条件好了，但是怎样能够合理地开发，怎样能够真正科学地引导人们过上一种科学合理的生活？这些方面是设计师的责任，说起来简单，但这是方向。我很希望大家能够宣传这种理念，从政府、企业、设计师到使用者，大家共同从设计的角度努力探索出一种科学的生活方式。

上 | 1996 年王明旨（中）与鲁晓波（左）和柳冠中（右）的合影
下 | 20 世纪 80 年代授课时的情景

1601

设计创意学院
殷正声教授工作室

殷正声：
设计师引领部门合作的日本模式值得借鉴

YIN ZHENGSHENG：THE JAPANESE MODEL OF DESIGNER-LED
DEPARTMENTAL COOPERATION IS WORTH DRAWING LESSONS FROM

殷正声
同济大学建筑与城市规划学院教授、博士生导师

　　殷正声，同济大学建筑与城市规划学院教授、博士生导师，原艺术设计系主任。1989 年毕业于日本千叶大学，后就职于日本东芝公司设计中心，1992 年赴同济大学任教至今，从事艺术设计学专业，专长于工业设计、环境设计、城市设计等领域。殷正声教授还兼任中国工业设计协会常务理事、日本设计学会会员、原上海工业设计协会副理事长等职；先后担任德国博朗工业设计竞赛、日本大阪国际设计竞赛、中国设计红星奖、中国十大青年设计师评选等大型赛事评委；主持过上海电动概念车、南京东路步行街、上海科技馆室内设计展示、上海世博会规划及场馆设计、上海轨道交通车站标识设计、杭州城市印象识别系统设计等重大项目。

　　作为"中日科技交流"项目、湖南大学工业设计研究班的第一期学员，殷正声教授回忆了当年参加研究班的过程，分享了参加研究班之 Emden 工作经历和后期赴日本进修的经历，指出在教育普及的基础上提高质量，在素质教育基础上展开专业教育，是我们可以从日本教育中借鉴的东西。到 20 世纪 80 年代后，许多日本大企业不仅有庞大的设计队伍，而且在公司战略层面上让设计发挥更大的作用，更是让他受到很大启发。

《设计》：请您谈谈对研究班的回忆。

殷正声：在谈 1982 年日本吉冈道隆老师来湖南大学举办工业设计研究班之前，我必须讲一讲这次活动产生的背景。

1978 年中国共产党召开了十一届三中全会，会上邓小平提出了全国进行改革开放的总路线。在这个背景下，时任第一机械工业部副部长孙友余出访德国，他看到德国工业产品都设计得非常有品位，无论造型、色彩还是材料都使之震撼。他询问德方接待人员得知，德国企业拥有专职的工业设计师，这些设计师都受过大学工业设计专业的培训。他们自豪地说，世界工业设计教育的摇篮——包豪斯学校就产生在德国。它是由几位世界著名的建筑大师所创建的。回国后，主管教学的第一机械工业部副部长孙友余就开始筹建这个专业，当时大部分院校归各个部所辖，教育部管辖的学校只有师范类学校。孙部长查看了华中科技大学、哈尔滨工业大学、湖南大学等学校，认为湖南大学建筑专业较强，机械、材料、化工都齐全，因此决定在湖南大学筹建这个从未有过的新专业。

由于部里的决定和财经支持，1979 年湖南大学成立了以建筑系五六位老师为主，加上机械系、化工系以及引进毕业于中央工艺美术学院已在长沙轻工业学校任职的老师与当时浙江美术学院等校的毕业生组成了"机械产品造型设计研究室"，相当于一个独立的系。

1979 年，一机部发红头文件给下属北京、上海、天津、哈尔滨、西安、重庆、长沙、武汉等地方仪表局从事产品开发的技术人员，每局分配了1~2 个名额到湖南大学参加首届"仪表造型研究班"。学习班从 1980 年开始，每年举办一次，我是当时的第一期学员之一。

由于是新办专业，课程基本上是美术、技术、表现、设计等各自为政的"大杂烩"。鉴于急需了解国际工业设计的现状，以及工业设计教学的课程体系，一机部孙部长通过科技部向邻国日本科技部提出了邀请日方专家来华授课的愿望。由政府对接，日本国际协力机构（JICA）承办的"中日科技交流"项目于 1982 年正式启动，日方派遣了由筑波大学教授吉冈道隆和千叶大学讲师永田乔等组成的师资赴湖南大学合作举办工业设计研究班。

这次研究班主要是面向一机部所属学校的师资培训而办的，一开始我并不在其中，是与我一直有往来的湖南大学老师们打电话给我，要我赶快到长沙听日本专家的课，于是我特地请假，自费赴湖南大学插班听课。在学习中不仅认识了吉冈道隆老师，还有幸结识了吉冈道隆老师的太太，他俩对我的作品表示了高度认可，并鼓励我到日本留学。1986 年，我拿着赴日留学许可书和签有吉冈道隆老师姓名的担保书，才得以通过自费公派（由于我被破格评为工程师，讲师以上人员哪怕自费也必须公派）的形式，继很多学校公费派出访问学者后，以留学生的身份在日本攻读工业设计专业的研究生。

《设计》：您在进入研究班之前是从事什么工作的？

殷正声：参加研究班之前，我已经是一名工业设计师。20 世纪 70 年代初，我在当时中国仪表行业数一数二的大型国企——上海电表厂的设计科从事新产品的结构与外型设计。

上海是一个特殊的城市。20 世纪 30 年代，上海已成为远东第一大都市，现代设计也应运而生，领先亚洲。张光宇曾在这里设计家具，庞薰琹曾在这里设计广告……新中国成立以后，上海是中国最重要的工业基地，特别是上海的花布、床单等纺织品，自行车、缝纫机、手表等轻工业品，收音机、唱片机等家用电器，日用生活用品等都是全国追捧的产品。所以，这些民用产品生产厂商里一直有专业设计师的存在。

《设计》：研究班的学习经历对您的职业生涯产生了怎样的影响？

殷正声：从研究班回上海不久，我被仪表局——一个十万人规模的大型国企管理局借调到科技处工作，工作内容一是主持上海工业展览会中仪表局的各种展示策划与设计及落实，二是领导仪表局里跨厂的工业设计小组的活动。

从研究班回来不久，我就邀请湖南大学工业设计系到上海来，为仪表局辖下各个工厂的设计师们举办短训班，由于局长的支持，学习班开办得很顺利。当时参加短训班的有蜚声全国的"飞跃""凯歌"等品牌电视机生产厂家的设计师，有"红灯""海燕"等品牌收音机生产厂家的设计师等。参加短训班的不仅有民用产品生产厂家的人员，更有计算机、医疗器械、电子产品等新兴企业的有关外型与结构的设计师们。

研究班对我最大的影响当数促成我赴日留学。无论在千叶大学的学习和毕业后在日本东芝设计中心的工作，我都受到吉冈道隆老师的介绍与关照。我也一直以我学到的设计方法和在实践中掌握的设计能力让共事的日本设计师刮目相看。回国后，更让我在同济大学设计学专业大展拳脚，对学校设计教育的发展做出了贡献。

《设计》：在您的留日经历中，给您印象最深刻的是哪些地方？

殷正声：日本的素质教育给我留下了深刻印象。初到日本，繁华的商业、四通八达的交通、外观漂亮的产品都给了我震撼的感觉。今天，随着我国硬件的发展，这些记忆慢慢淡去，唯有日本人的"软件"——素质教育仍让我感叹！不同于新加坡的法制建设，日本人从小养成不乱扔垃圾的习惯，在银座、新宿等大马路上你几乎找不到垃圾桶，人们习惯带个小塑料袋收纳自己的垃圾并带回家处理。乘地铁，人一多即自动排队，从不抢座，从不在车厢里吃东西及喧哗。学生中，大家有各自的爱好，没有人会因为理论、英语好而傲视大家。我在千叶大学读书时发现，设计系的学生，考前就非常了解设计，有些人从小喜欢设计。上大学时，设计概论、设计史类的课对于他们来说并不陌生，只是更专业一点而已。

教育普及是素质教育最重要的组成部分。在日本，我走过很多地方，去过很多学校，无论东京、大阪这样的大都市，还是冲绳、北海道等小地方，学校的教学质量都差不多，学校里的审美教育、品味教育课程很多，如日本有"家政大学""女子学院"和众多时尚、素质培养的专门学院；大学里设有"教养专业""文化修养"专业等。成人后，女孩的打扮、男孩的穿着都彰显了日本大众的品味。审美会随着时代变化而变换，简单而有内涵，价廉但有品位，小型环保而又不浪费的价值观是日本大众的追求，"优衣库""无印良品"等无不是这些理念的体现。这些非高科技类的服务设计却创造了高于科技类产业的产值。

我国的设计教育，湖南大学、清华大学、同济大学等在全球的排名靠前，水平确实也很高，但国内的设计教育两极分化严重，一些学校离国际平均水平还有很大差距。在教育普及的基础上提高质量，在素质教育基础上展开专业教育，这是我们可以从日本教育中借鉴的东西。

《设计》：日本设计教育体系是否也经历了学习西方、以为自用的发展历程？您认为中国最应该从日本学习哪些方面？

殷正声：日本的设计教育始于明治维新（1868 年），距今 150 多年，那时就有留学生到海外学习，也邀请了一些外国设计师到日本讲课。但日本现代设计的正式发展源于第二次世界大战以后。日本著名建筑大师除丹下健三之外，桢文彦、隈研吾、黑川纪章等都曾在美国留学，安藤忠雄在欧洲留学 7 年后成才。东京的近代美术馆是请柯布西耶设计的，东京帝国饭店从建筑到室内设计都是请赖特设计的，今天在横滨保存和移建了很多近现代西洋式建筑，被称为"明治村"。在工业设计方面，

1982 年在湖南大学演讲的吉冈道隆教授就是战后在美国伊利诺伊大学读了本科和硕士课程，毕业后回日本千叶大学任教的。吉冈道隆老师于 1962 年成为千叶大学的教授，由于当时千叶大学的工业设计专业在日本是首屈一指的，他的很多学生或在企业担任要职，或在日本各大学成为骨干。吉冈道隆先生还多次应欧洲、美国、韩国、中国等地邀请讲学，蜚声国内外。

在日本的城市规划、建筑、工业、商业中都能发现设计的作用。到 20 世纪 80 年代后，许多大企业不仅有庞大的设计队伍，而且在公司战略层面上让设计发挥更大的作用。比如，在日本信息产业省（相当于中国的信息产业部）专门设置了"工业设计课"，用来制定和指导工业设计的产业政策；丰田、日产等大企业的副总都是由学设计出身而又学习了管理的人担任的；很多大企业的生活研究、战略设计由社长直接领导，凌驾于技术部门之上。交通、城市建筑往往采取以设计师为引领，技术工程、材料等部门一起合作的模式，这是我国必须学习的。因为技术、工程等是手段，是有目的的工作。

殷正声演讲时的照片

赵江洪：
日本专家推动了湖南大学工业设计系的建设

ZHAO JIANGHONG：JAPANESE EXPERTS PROMOTE THE CONSTRUCTION
OF THE INDUSTRIAL DESIGN DEPARTMENT OF HUNAN UNIVERSITY

赵江洪
湖南大学设计艺术学院原院长、教授、博士生导师

赵江洪，湖南大学设计艺术学院原院长、教授、博士生导师。1982 年日本 JICA 第一届工业设计培训班（湖南大学）学员，并经吉冈道隆教授推荐，1982—1984 年到美国北卡罗来纳州立大学做访问学者，1995 年到丹麦设计中心做访问学者。曾任中国工业设计协会常务理事，中国美术家协会艺术委员会委员。从事汽车造型设计、设计方法与方法论、多领域知识驱动的造型设计和计算机辅助造型设计等研究。主持 863 计划项目、973 计划项目子课题，"九五""十五"科技攻关项目和"十一五"科技支撑计划，参与国家自然科学基金重点项目。1993 年获国家级优秀教学成果一等奖，2002 年获世界技术环境奖，发表论文 30 余篇，出版著作 4 部，完成多项企业设计项目。

回想当年，赵江洪老师说，他们后来发现日本老师讲的那些东西是更好的一种设计理念。因为日本设计叫作"工业意匠"，所以他们在解释这个名称的时候，就会把字拆开，比如"意"这个字拆开，成为"心"和"音"，就是说设计要关注什么，要懂得什么，如科技的进步、社会生活等。吉冈道隆老师是美国伊利诺伊理工大学（IIT）毕业的，IIT 最初是包豪斯人设计的，所以它是包豪斯的理想主义色彩到美国和现实相结合的东西。吉冈道隆先生毕业回来以后，亚洲的很多设计全是他在负责，他有阅历、有精力。

《设计》: 当初是怎样的契机使您成为研究班的第一批学员?

赵江洪: 这是学校的安排。当时湖南大学有筹建工业设计系的想法, 一机部有这个想法, 要发展工业设计。当时我们不知道叫"工业设计", 就是要搞造型。学校召集了一批本校老师, 有工程的、艺术的、材料的、化工的各个领域的老师。此外, 还有一机部从其他各个院校挑选的老师。

《设计》: 在这个项目之前, 您对日本设计有了解吗?

赵江洪: 没有, 当时大家对日本完全没有了解, 对于"设计"这个概念也只是非常朦胧地知道一些。当时学校的设计学科还是筹建的状态, 后来成立了工业设计系, 再后来才转成设计学院。

《设计》: 培训课程的设置是怎样的?

赵江洪: 我依稀记得, 当年学校给了一个最好的房间, 在我们现在的消防员楼里。从时间上来讲, 1982 年应该是国内办得最早的这种研究班。当时, 这在日本人看来是办了一个 workshop, 可能他们也知道中国在这方面就是一个启蒙的阶段。所以他们带了很多材料, 包括基本的材料, 模型的材料如曲线板、椭圆板等。在这个班结束以后, 他们给日本政府通过协力事业团做了一个详细报告, 这次永田乔教授带过来了, 有关于这个班的一个详细报告, 包括教学内容。这是将来我们研究这件事的一个珍贵的史料。

现在我们回想这个班当时的教学主要是这样一个概念, 它是从基础开始的。回想起来其实有一点像从包豪斯到乌尔姆再到美国伊利诺伊, 有一套方法。我后来才知道, 吉冈道隆先生是美国伊利诺伊理工大学毕业的, 曾经在亚洲地区做过非常多的工业设计的传道工作, 他还发表过一篇论文, 题为《设计教育基础 workshop》。我现在回想起来, 他原来的教学就是非常具有工业设计的思想的方法, 比如他上基础课时不像美术院校画个明暗或者什么的，他开始就是画点结构素描，让每个人画自己的手，他也并不要求你画得很好，因为班里有很多老师并不是学美术的，像我就不是。然后立刻就让你把这个画用不同的材料和形状去做一个三维的构成。我当时就是用铁丝做了一个形，还受到他的表扬，他说虽然你不是美术出身，但你还是可以做这个。然后他们还画了色阶，就是颜色灰度的搭配，继而做了一些构成性的作业。这一套体系，其实就是现在的设计教育的设计基础体系，是非常正统的，这是课程中实际操作的部分。理论的部分，他们当时也讲了不少，只是这些材料因为年代久远都没有了，我现在回想起来的印象比较深的就是，他们在我们这里至少传递了一个比较正统、比较好的设计理念。为什么这么说？日本的这些课不只是办了一次班，而是办了多次的一个体系。后来隔了不久，设计在国内就火起来了，我们看到企业形象、商业设计，现在我们发现，原来日本老师讲的那些东西是更好的一种设计理念。日本设计叫作"工业意匠"，他们在解释这个名称的时候，就会把字拆开，比如"意"这个字拆开，成为"心"和"音"，就是说设计要关注什么，要懂得什么，如科技的进步、社会生活等。比如，日本有代表性的像索尼随身听等一些在史论上很经典的东西。在基础里还教过透视，肖老师到现在还记得透视的画法，是永田乔先生发明的一种简化的画法，很快就可以求到一个透视。吉冈道隆先生过世的时候，我还写了一篇文章，在日本发表，回忆了先生的教学。

《设计》：这个课程持续了多长时间？多少节课？您有什么体会？

赵江洪：时间是蛮长的。这个事情其实不是个很大的事情，就是基于政府之间的关系办了个班。但是现在回想起来，把这个事情铺开来看，其实日本国际协力事业团到这里来办的这个工业设计 workshop，还是相当有意思的一个事情。

吉冈道隆老师是美国伊利诺伊理工大学（IIT）毕业的，IIT 最初是包豪斯人设计的，所以它是包豪斯的理想主义色彩到美国和现实相结合的东西。吉冈道隆先生毕业回来以后，亚洲的很多设计全是他在负责，他有阅历、有精力。所以我想，虽然当时我们没有完全领悟他所有的点，因为毕竟当时是 20 世纪 80 年代，但是我知道他讲的那些知识，包括环保、对材料的研究、人机工程等，是一套完整的东西。

后来他介绍我到美国去，给我写推荐信。从美国回来后，我当了院领导，在制订我们院第一个教学计划的时候，受他的影响较大，我其实主要就是参考美国伊利诺伊理工大学的教学计划。那个教学计划有很强的包豪斯的影子，有美国设计的影子。因为吉冈道隆在日本的千叶大学任教，千叶大学是 1951 年在日本第一个成立工业设计系的学校。吉冈道隆和永田乔都是在千叶大学任教，而且吉冈道隆在千叶大学的教学计划和他上过的所有的课，如设计概论、产品设计、人机工程等，对我们和我们院的影响是特别大的。因为无论美国伊利诺伊理工大学还是日本千叶大学，和湖南大学的背景是很像的，它不是一个美术艺术院校，所以它对我们的影响就是湖南大学有一点偏重科学方法论，和文化启蒙艺术稍有不同，它其实更像千叶大学和伊利诺伊理工大学。

吉冈道隆先生来的时候，已经从千叶大学调到筑波大学。当时日本为了建立一所超学科的信息技术革命的大学，把各个大学里研究基础科学的、研究设计的一些顶尖的人调过去办了一个综合性的、没有什么限制的跨学科的筑波大学，对泡沫经济以后的日本影响特别大。因为这样一种特殊的情况，让湖南大学找到了一条捷径，我们的特色很大程度上是取决于他们教学的这套东西。举个例子，当时做形象尺度图的时候，我们就不是很理解，比如一本日本的色彩书，都看得懂，就唯——个图看不懂，我们就找到他们，森典彦来给我们讲解，我们就去找搞统计的人把这个东西通过实验做出来。也就是说，他们的很多东西对我们后来的发展有影响。这其中，我是偏人机工程的，我们还有研究设计的老师，也深受启发。现在回想起来，当时他们做这件事，可能有很明确的目标、目的和道德高点；还有一点就是日本的这一套是方向比较正确的设计理念，湖南大学的设计能发展到今天，就和他们有关。他们的到来开阔了我们的视野，让我们知道了世界的不一样，觉得必须出去看看，我们很多老师因此出国继续深造。

《设计》：从日本老师身上您了解到日本设计的什么特点？

赵江洪：日本设计的特色其实大家都知道的，到现在它的核心一直没改。日本的好处就是他们学得非常彻底。我现在不敢肯定地说千叶大学就是伊利诺伊理工大学的一个引进，因为千叶大学搞的设计既不是完全仿效艺术院校或者工程院校，也没有遇到我们早期遇到的各种麻烦，他们就是按照一个他们所知道的工业设计的理念或者是体系建的工业设计。当时他们一直用"意匠"的概念，是以1888年颁布的《意匠条例》为基准，"意匠"作为design的日语名词被正式采用。20世纪80年代的时候就有个"意匠坊"。所以，日本"意匠"这个概念就像我们的工艺美术，但是我们并没有把工艺当成国宝，而"意匠"这个概念是一直有的。当时讲课的时候老师就讲了很多，日本讲"design"肯定用外来的概念，但是他们会把"意"和"匠"拆开来讲。

　　日本的设计有它自己的特点，我觉得日本设计影响较大的是两个领域，一个是家电，另一个是汽车。这两个领域的工业设计对日本战后的经济复苏起了很大作用，或者说设计是日本战后经济建设必不可少的一个东西。日本早期的设计叫"copycat"，外国把日本的设计叫仿制。后来日本下决心把制造业和设计发展起来，1951年成立了千叶大学和日本工业设计师协会（JIDA），1953年成立G-Mark，这些工作都是非常早的。第二次世界大战结束以后，乌尔姆设计学院也是一九五几年建成的，所以说日本引入"设计"这个概念是比较早的，而且像吉冈道隆、永田乔他们都去美国与制造业联系得比较紧的学院学习过，所以日本设计师简洁、极致的设计语言，就是日本风格里的，但是他们受包豪斯、乌尔姆的影响比较大。我准备在退休以后抽点时间把这段历史再研究一下，1982年的事情是个小事情、独立的事情，但是把它放到历史中来看，这个事情还是非常有意义的，可能比我们想象的意义还要大，因为这件事的参与者，无论日本国际协力事业团还是吉冈道隆先生，肯定都是有自己的思想和哲学的。

在这个班的课程结束之后，吉冈道隆先生帮我写了推荐信，推荐我到美国去进修，就在这个班上，吉冈道隆先生用打字机打出的推荐信。通过了数理化英的考试之后，在1982年9月我去了美国读书。这个研究班可以说改变了我个人的人生轨迹。

赵江洪在工作室

柳展辉:
研究班最重要的意义是要改变思想观念

柳展辉
湖南大学建筑系原副主任、国家一级注册建筑师

　　柳展辉,教授、湖南大学建筑系原副主任、国家一级注册建筑师,1961 年考入湖南大学土木系建筑学专业学习,1981 年年底调入湖南大学建筑学专业任教,期间由建筑师职称转为讲师,后又晋升为副教授。1984 年,湖南大学成立建筑系,柳展辉任该系主管教学的副主任,直至 1994 年卸任该职,期间曾兼任湖南大学设计研究院副总建筑师。1992—2000年,兼任校教学督导团成员,任土木、建筑、工业设计分组副组长。1998 年 6 月获一级注册建筑师资格证书,2000 年注册为国家一级注册建筑师。

　　20 世纪 70 年代至 80 年代初,中国的国际贸易活动已经活跃起来了。当时中国的出口产品以轻工业和手工业产品为主。这些产品价值低,换回来的外汇不多,国际上值钱的是机床、机械、汽车、摩托车这一类产品。但是中国的机械产品在国际市场上缺乏竞争力,卖不出去。当时的认识是,中国机械产品看上去就是"傻、大、黑、粗",因此就想到了要开办"造型"专业,解决机械产品的造型问题。而湖南大学当年是第一机械工业部的部属院校,所以争取到日本国际协力机构的援助时,就选择在湖南大学开办该研究班。湖南大学当时把相应的新办系称为"造型系",反映了当时对这个专业的认识水平,办班之后就改为"工业设计系",现在发展成了"设计艺术学院"。

《设计》：从您的履历来看，在参加研究班的前后，您都是在建筑学院工作。当初您是如何加入这个研究班的？

柳展辉：因为湖南大学要办工业设计专业的时候，首先就是从建筑学教研室调入老师来改行做工业设计。调建筑学的人是机械工业部决定的，应该说这个决定是正确的。工业设计的设计对象是我们生活中的工具和用具，建筑设计的对象是我们生活的空间，而生活的空间和工具用具共同组成了我们生活的环境。这两个学科在设计方法、设计思想等方面都有很大的共通性，所以由学建筑的转行来做这个专业比较合适。另外，当时湖南大学的建筑学科在"文化大革命"前只招了两届，后来停办了，所以建筑学教研室师资力量有富余，正好把部分教师调过来。在开办研究班的时候，研究班向各个兄弟院校分配了名额，如广东美术学院、中央工艺美术学院等，当时也给了湖南大学建筑学教研室一个学习名额。我于1981年年底调回学校，1982年年初的时候，教学工作还没上手，正好有空。实际上最早还是工业设计系提出要把我调回学校来的，他们认为我参加比较合适。加上建筑学专业已经恢复招生，课程改革需要学一些新东西，专业恢复领导小组便派我参加了这个研究班。

《设计》：每一期研究班是多长时间？

柳展辉：大概一个多月。因为对于中国来讲，这是个新专业，具体涉及要开哪些课程，专业的主干课程工业设计怎么开、怎么教学，设计基础课怎么开、怎么教学，以及其他一些方面。这些方面学员都要学习，所以一般上午讲课，下午课程设计，也就是日本的"practice（实践实习）"课程。首先是学设计基础的内容，然后学工业设计的内容，我记得每一期做过两个工业设计题，所以一期起码一个月。

按照吉冈道隆先生的意思，学习的内容起码是研究生的课程水平，而且参加的这些学员主要是各个学校的老师，已经工作了十几年，所以吉冈道隆先生强调，课程不是短期培训班，应该叫工业设计研究班，学习过程相当于上了研究生的课程。

《设计》：吉冈道隆老师办班最初是想达到一个什么样的目的呢？

柳展辉：这个课程是围绕"什么是工业设计"这一点来展开的。从设计基础开始，到工业设计怎么做，然后是设计方法论、工业设计发展史（工业设计是怎么产生、怎么发展起来的），还有就是人机工学等各个方面。他的最终目的就是要讲清楚"什么是工业设计"，以及怎么办工业设计专业。

这里要简单说一说，中国为什么会想到要办工业设计专业，日本国际协力机构（JICA，当年的名称是"日本国际协力事业团"）援华的"工业设计研究班"为什么选择在湖南大学开办。

20 世纪 70 年代至 80 年代初，中国的国际贸易活动已经活跃起来了。但是当时中国的出口产品以轻工业和手工业产品为主。这些产品价值低，换回来的外汇不多，国际上值钱的是机床、机械、汽车、摩托车这一类产品。但是中国的机械产品在国际市场上缺乏竞争力，卖不出去。当时的认识是，中国机械产品看上去就是"傻、大、黑、粗"，造型比不过人家。因此就想到了要开办"造型"专业，首先要解决的就是机械产品的造型问题。而湖南大学当年是第一机械工业部的部属院校，所以争取到日本国际协力机构的援助时，就选择在湖南大学开办该研究班。湖南大学当时把相应的新办系称为"造型系"，反映了当时对这个专业的认识水平，办班之后就改为"工业设计系"了，现在发展成了"设计艺术学院"。

所以，吉冈道隆先生来华办班遇到的首要问题，就是中国还缺乏对"工业设计（Industrial Design）"的正确认识。他需要让中国同行理解，企业的工业设计部是决定一个企业产品开发方向的关键部门；

工业设计的意义是让人类的生活不断向合理化方向发展。这和仅仅解决产品造型问题的概念有着极大的差距。

《设计》：在参加培训研究班之前，您对工业设计有一定的认识吗？

柳展辉：我本人是完全没有的，大部分人也都不知道。可以说，直到今天，中国真正了解工业设计的人还非常少。

很多人不理解"设计"是指什么。通常，"设计"一词的内涵和外延很宽；然而，就专业而言，它的所指是有严格范围的。这也是吉冈道隆老师讲课的一个重点内容。在英语里，Design 有广义和狭义之分，什么东西都可以设计，工程技术可以设计，政治制度亦可设计。但是他们那个时候就强调了，"工程设计"应该是"Engineering"，"Design"不是"Engineering"。那么，我们所指的"设计"，也就是《设计》杂志所指的"设计"，应该主要是指把功能、技术、艺术结合在一起的，通过用图表示未来计划的这么一项工作，这是狭义的设计。狭义的"设计"涉及功能、技术、艺术这三个领域，要把这三个东西结合在一起，而且设计的过程主要是用图来表达未来的一个过程。

"设计"这个词在英语里就分广义和狭义，在汉语里同样如此。日本在最初引进工业设计的时候也遇到用词的困扰，所以他们用了另外一个词，叫作"意匠"。日本老师那个时候跟我们解释过，"意匠"本身是一个汉语词汇，是个很好的词，不知道为什么中国现在不太用了。"意匠"的"意"即思想，"匠"就是技巧，思想和技巧结合在一起就是"设计"。

中国也曾经有人建议，为了避免语义上的混乱，特指 Design 时，不要用"设计"这个词，而是用音译的"的渣因"，但是没能引起讨论。

因为研究班的目的就是帮助学校建立工业设计专业，所以整个学习的主要内容必然会涉及要开什么课程、怎样进行教学等方面的问题，但最重要的一个问题是什么？是思想观念。工业设计不是凭空产生的，虽然工业设计正式产生是在 19 世纪末 20 世纪初，但它是从哪里脱胎来的呢？它是从工艺美术脱胎来的。德国包豪斯（Bauhaus）的出现，就是新艺术运动和现代主义运动转向教育，标志着现代主义成熟了。这个时候，首先在包豪斯有了工业设计专业，但它不是凭空产生的，是从工艺美术脱胎而来的。在产生的过程中，现代主义和法国巴黎美术学院（École des Beaux-Arts）的古典学院派进行了激烈斗争，简直是一场革命，才产生了工业设计。当时参加学习的我们，头脑里其实还都是旧观念，不懂工业设计。所以，除了学教学内容、教学方法之外，最重要的是要改变思想观念。

思想观念里面还包括一个美学观念，简单地说就是要变革古典学院派的美学观，我们称之为"再现美学观"。古代的画家、艺术家们花尽毕生的精力，就是努力提高他的技巧，以达到栩栩如生、惟妙惟肖地表现自然物、动植物和人为目的。画得越像，水平就越高，我们把这种艺术称为再现艺术。但是到了现代，从印象派开始，就把光学原理和色彩原理引进艺术里，把科学和艺术结合起来了。艺术与手工艺运动（The Arts & Crafts Movement，又译为"工艺美术运动"）和新艺术运动（Art Nouveau），也把艺术和技术结合起来，这些都是进入现代以后出现的新事物。

这样一来，对美的看法也开始发生改变，出现了构成美学观。构成美学观认为，"美"是由美的要素按照美学法则组织起来而产生的，这些要素分析成简单的形态（Form）就是"点、线、面、体"。所以，抽象的点、线、面以及立体，加上色彩要素，按照美学法则（比例、均衡、节奏、韵律、对比、谐调等）来排列组合，同样可以产生美。这时抽象画出现，它不是再现，完全是新创造出的美，看上去也很美，表现力甚至更强。

再现美学观只适用于手工业。手工业的特点是设计人和生产者是同一的，制作的那个人本身就是艺术家，他做的作品本身是他自己设计的。手工业的特点是手工单件生产，进入工业时代以后，是依靠机器批量生产的。

那个时候欧洲出现这个问题，特别是伦敦为世界工业博览会建了水晶宫，这个建筑是以前从来没有的，不符合古典学院派观点。当时的设计先驱莫里斯，以及作家、艺术评论家拉斯金就对水晶宫的建筑和当时的博览会的那些工业产品很不满。工业化初期，由于是用机器来生产，和手工制品相比，生产速度快，价格便宜，但是粗糙、难看。手工制造可以几个月甚至一年才做一件东西，但是价格高昂，生产效率低。当时英国的艺术与手工艺运动，进一步发展到欧洲就是新艺术运动，在我们建筑界把整个过程称为新建筑运动（New Architecture Movement）。那么，到包豪斯出现就意味着这个新建筑运动已经成熟转向教育了，包豪斯的出现也意味着巴黎美术学院古典学院派从此退出历史舞台！它已经不再有历史上那么崇高的地位了。

所以，实际上我认为日本专家到中国来办这个班最大的意义不只是建立了一个新专业，还是把适应现代工业批量生产的新的思想、新的方法传播到中国来。

但是现在回顾起来，我觉得还有些不够，因为中国能够理解到这一点的人，其实还不够多。中国的现状是什么呢？中国从来没有受过现代主义的革命洗礼。以建筑界为例，新中国成立前建筑界的老一辈占主导地位，主要是原来通过清华预备班送到美国宾夕法尼亚大学去学的。他们学习的时候，欧洲新建筑运动已经开始了，但是美国宾夕法尼亚大学还是古典学院派的大本营，所以他们还是学的古典的东西。

当然，后来也有一些人从日本或者欧洲学了一些现代的东西，但是他们没有取得主导地位。

新中国成立以后，20世纪50年代的时候学苏联。苏联的十月革命发生在1919年，正是新建筑运动轰轰烈烈的时代。十月革命以后，构成主义在苏联很有声势。这个新学派和包豪斯的观点非常接近，还有荷兰的风格派，他们的观点非常接近了，但是到了20世纪30年代以后，苏联在思想上转向了，他们认为这些现代艺术是资产阶级思想意识形态，要加以严厉批判。那时候我们做学生的也把这些东西都看作资产阶级意识形态，抽象艺术，包括印象派美术，都是资产阶级意识形态的东西。我们那时候都批判，并没有深刻了解，只是从批判的字里行间发现东西。所以，中国当时根本就没有工业设计，只有工艺美术。那个时候讲究的是社会主义的现实主义艺术。

20世纪70年代末80年代初，改革开放时，西方兴起了后现代主义，猛烈地批判现代主义。我们还没有学到现代主义，匆忙又转到批判现代主义去了。批判现代主义我来举个例子说明：在美学观上，现代主义比较有代表性的就是密斯·凡·德罗，他提出"少就是多（Less is More）"，这是什么意思呢？新建筑运动是从简化装饰开始的，因为古典主义的装饰太多，然后发展到用抽象几何形体来组合建筑形体，所以现代主义的设计都是非常简洁的。密斯·凡·德罗的"少就是多"代表着这种思潮：装饰越少越好。少，不是没有美，它还有更强烈的表现力。后现代主义兴起，罗伯特·文丘里是代表人物，他很调皮，把"少就是多（Less is More）"改了一个字母，变成"Less is Bore（少就是枯燥，少就是单调）"，这是批判现代主义了。后现代主义兴起一个特点，就是重新讲究装饰，把一些历史的装饰母题等作为一种符号，硬贴在新建筑上面。

所以在那个时候，我们还没有来得及接受现代主义，就又开始批判现代主义了。在这么一个过程中，中国人在思想上还没有接受现代主义。但是我觉得吉冈道隆先生是非常包豪斯的。因为我们毕竟是学建筑的，虽然专业不同，但理论相同，而且建筑界有一点在国内比较先进，就是比较早地提出了功能、技术、艺术（我们称为建筑三要素）要高度结合在一起，与古典学院派不一样，所以我们的思想还是稍微先进一点的。

可以说，研究班最大的意义，就是向我们传播一种新思想。传播新思想不太容易，因为它有个旧的对立物，而且传统的东西还非常强大而顽固。所以，要改变，就要用"革命"这个词，这一点我觉得非常重要，要把现代工业设计的思想方法以及美学观全部"抓"过来。

《设计》：您先后参加了两期研究班，第一期和第二期内容上有什么差异吗？

柳展辉：内容上有些是重复的，差异就是课程设计的题目不一样。两期内容差异不是太大，关键还是围绕着"什么是工业设计"，不是说这里面包含什么内容、要怎么讲课，重要的是要怎么改变观念。

这里我举个例子，研究班上我们开始做的是设计基础的练习，有个题目叫"纸的连接"，把两个不同颜色的纸条连接起来，要靠构造而不是糨糊、胶水等连接材料。比如，在这个纸条上剪一个口，在那个纸条上剪一个口，两个一钩，就连接起来了，这是最简单的。老师要求一个作业要做出六种连接方式。他们作业的特点都是这样，一个题目要做好几个方案，促使你去思考，努力去想新的东西。这个作业完成后，吉冈道隆老师来讲评，他说："我犯了一个错误，我忘记了中国是手工业的汪洋大海。"因为大家都还是把作业理解成造型，一味地搞造型，老师是要你设计一个构造，把它连接起来，但是大家一味搞造型，尤其是有些人把纸条两端剪成细条条，然后两条编织起来，手艺水平是挺高的，从工艺美术的角度来讲，它是高水平的，但是材料本身的力学性能受到了破坏。另外还有一点，纸是材料，连接是构造，制作是生产，这三者代表技术，连接起来就是它的功能。连接起来，看上去还要美观、艺术，这是功能、技术和艺术的统一。其实从这个作业开始，日本老师就在给我们贯彻一种功能、技术、艺术相统一的思想，大家没能理解，还在一味搞造型。所以吉冈道隆感慨他犯了一个大错误，忘了中国是个手工业的汪洋大海，还没有接触过现代艺术。因为我们对抽象艺术一直都是批判的，根本没有接受。研究班做的一系列基础练习都包含有思想，包含有很新的、和原来的工艺美术性能对立的，功能、技术、艺术高度统一的，美要和技术结合在一起的思想。

《设计》：在您参加过研究班之后，对您本身的教学有何影响？

柳展辉：影响是巨大的。我们建筑界的教学内容在"文革"前后变化最大的一门课是"设计基础"（旧称"建筑初步"）。当时在各个院校都引起了巨大的变化。过去，"建筑初步"的特点主要就是画图技巧，那个时候叫作渲染，是用水墨渲染的，巴黎美术学院用中国墨画的渲染图，方法也是和西方一样，重点训练的就是画图技巧，通过画图技巧来培养审美能力。认识到这个问题后，首先提出改革的是中央工艺美术学院和广州美术学院。中央工艺美术学院的辛华泉老师，到全国各地去讲学，提出"设计的基础就是三大构成（平面构成、立体构成、色彩构成）"。我们最初就接受了这个思想，后来通过研究班，我发现不只是构成，比如我们刚才说到的"纸的连接"，你可以把它当作"构成"，但更重要的是设计一个包含造型因素的连接构造。过去，巴黎美术学院系统就是长期通过绘画来培养造型感觉、造型能力的。现在我们是通过更有效的方法，更快速地培养造型感觉。

通过研究班学习后，我回到建筑学院改革的第一个课程就是传统上称为"建筑初步"的专业基础课，课程的名称就参照国际上的叫法，叫作"设计基础"（Basic Design 或 Bases of Design）。其后我们通过和美国的教授接触，又吸收了一些美国的经验，所以这门课的做法就完全不一样了。我们从吉冈道隆先生那里学到的是讲究设计方法和设计方法论，接触到的一些美国老师的做法和我们过去的做法也是不一样的，他们把设计分成好几个阶段，每一个阶段专注于解决一个问题，解决了就进入下一步。我们过去有一个问题，都快交图了，突然把原来做的全盘否定，又重新来过。美国系统采用的方法就迫使你每一步都要解决某一方面的问题，每一步都要前进，这样整个设计过程的时间可以比较容易控制。

吉冈道隆先生告诉我们，教学就像照镜子，学生的作业可以看出你的教学效果。这一点对我影响很深，一直在贯彻这种思想。通过学生作业，你就可以看出，你讲的哪些内容学生听不懂，哪些内容学生不理解，你应该如何改进你的教学方法。

在研究班上，有一次大家正在做课程设计的时候，吉冈道隆先生进来，他说他本来很担心，大家是不是能理解上次课的内容，但是一走进课堂，听到大家在轻松地哼歌，他就放心了。如果课堂里面静悄悄的，好像纪律很好，而其实是学生正因为没有听懂而努力思考，没有弄清楚应该怎么做，学生的思想就很紧张。所以，如果在唱歌，就说明完成学业是非常轻松愉快的事情。这一点我也很认同。我始终认为，学生打断老师讲课不是不礼貌的，我就希望他们在听不懂的地方立刻打断我，提出问题。我更喜欢学生抢着把我想讲的下一句话说出来，因为这说明他的思想一直紧跟着你的思路，理解了你说的内容。

以上这些方面我认为都和参加这个研究班有莫大的关系。1981年之前，我是从事设计工作的，可以说我根本没有教学经验，建筑系是

1984 年正式成立的，成立时我就担任了建筑系主管教学的副主任。这和我参加过研究班也很有关系，研究班里就曾讲过制订教学计划的方法，后来当我担任教学主任的时候，正好学校搞改革，把原来的学制改成学分制，第一个环节就要重新修订教学计划。彼时我能够愉快胜任，就是因为我在研究班学到了制订教学计划的方法。我教的整个设计基础的内容、方法等方面都参照了研究班的很多东西。

《设计》：当年研究班的学员都是来自各个院校和各个专业，类似现在跨学科的教学，当年和不同专业的老师在一起交流，有什么启发吗?

柳展辉：我们当时的感觉就是，美术院校的老师有点唯美主义，对工程技术没有概念。有些是学机械的，在美学方面的能力就低一点儿。另外，学美术、工艺的人，对制图接受起来比较难。永田乔老师是日本图学会的会员，他发明了一种新的透视图方法，是他和一个研究数学的专家合作发明的。我们传统做透视图，场面非常大，因为灭点很远，作图也很大。他这个方法在一张小桌子上就可以很顺利地画出透视图来。学美术的，他们接受这个东西比较难。而这个方面是我的长处，吉冈道隆发现了这一点，他就建议要把我调到那边去。当时我才刚回学校，就担任了建筑学教研室的副主任（副科级），过了三四个月，被提拔为副系主任（副处级）。当时要当副处级并不容易，这都是通过研究班学习的结果。

谭子厚：
日本专家领进工业设计之门
TAN ZIHOU: JAPANESE EXPERTS LEAD
THE WAY INTO INDUSTRIAL DESIGN

谭子厚
湖南大学设计院原副总建筑师，国家一级注册建筑师、教授

谭子厚，湖南大学设计院原副总建筑师，国家一级注册建筑师、教授。1960 年毕业于湖南大学，此后从事教学和校内外的美术创作，自 1976 年起参与工业造型专业的创建，1988 年回到建筑设计院。在工业造型的 11 年里，先后在北京、上海、郑州、江西和长沙等地开办学习班宣讲工业造型设计，并自编教材，又在全国各地调研我国工业设计的现状并参考部分产品设计。主要著作有《工业设计造型基础：平面构成》《香港 · 亚洲新建筑画集》《世界酒店建筑画集》《谭子厚画集》。

谭子厚老师回想当年，在参加了研究班之后，对工业设计有了比较明确的理解，知道工业设计是怎么回事了。研究班一开始就是解释工业设计是怎么回事，"永田乔老师给我最深刻的印象就是他写了本书，是他发明的东西——透视学。他的透视学跟我们以前传统学的透视学完全不一样，既简单又合理。那本书是日文的，那时候我就想要是能把它翻译一下就好了。他的书里有一面镜子，通过它来看就知道为什么是这样，很容易理解。"

225

《设计》：当年入选培训班的时候，您是一个什么状态？

谭子厚：我在湖南大学待了很久，1960年就参加工作了。1955年我进入当时的中南土木建筑学院学习，1960年就留在学校里当老师，教建筑学。办了两届以后，建筑学就停了。"文化大革命"结束的第二年，1977年，整个国家的思想就有了很大的变化，对审美有一定的要求了。我们学校属于当时的第一机械工业部管，也就是说，湖南大学的经费都是第一机械工业部拨下来的。当时我们国家生产的产品功能落后，外形难看。时任副部长孙友余就想要改变这种现状，想对工业产品进行美化。当时接受了孙部长的邀请，我第一次上北京，得到孙部长很热情的接待。那时候我们去了三个人，孙部长看到国内产品的样子很难看，正好北京有个国外的产品展览，就带我们参观了国外的产品，看了人家的产品后耳目一新，很不一样。他还带我们去看了当时从法国进口的计算机，那个时候还没有键盘，计算机好像冰箱一样，输入信息都是在纸条上打孔。这还是法国较先进的。去了两次北京之后，学校开始重视，要赶快成立一个小组，附属在土木学院，专门给了我们一个房间，我们当时就有了一个具体的组织机构了，后来慢慢补充人，包括赵江洪老师，还有几个刚刚毕业的学生。到了1981年，就请日本专家来讲学了。

最早是吉冈道隆先生来办学习班，我们都参加学习，他详细地介绍了工业设计是怎么回事。其实我们一开始还不清楚什么叫作"工业设计"，好像无非是画点画。吉冈道隆、永田乔、原田昭都来学习班讲过课，原田昭先生讲课很细致，我记得他还讲了他们日本怎么设计汽车，讲设计的程序，怎么来设计产品的程序。我印象最深的是，他举例说，一部机器有很多部件，每个部件有什么功能，组合在一起后每个功能要发挥什么作用，哪几个是主要的功能，要相互配合。根据这个原理设计出来的东西，部件的寿命是相等的，不会当一个零件坏了，其他零件还能用很长时间，这样就浪费了。

　　当时还给我们留下的印象就是日本专家讲课都非常认真，前一天晚上他们都是很好地备课，学校要带他们出去游玩，他们都不去，一定要把课都讲完再去。那时候，吉冈道隆是日本文部省的官员，他通过他的关系从文部省申请了很多经费，给了我们很多东西。他给了我们摄影设备，各种照相机等一套设备，都是他无偿赠送的。在他们来讲课以后，慢慢地我们对工业设计有了初步了解。所以，最早我们叫作工业设计系，艺术设计系是后来的。我们学了这些东西，又在外面"现学现卖"，办学习班传授给其他人。那个时候我记得我在长沙、襄阳、北京、上海、南昌，还有好多城市都讲过课。再有就是进行调研，由一机部带队到全国各地去调研，看看我们国家的工业设计的情况。因为我们国家在"文化大革命"以前是不能做家用电器的，一切都以工业为主，生活其次，所以连电风扇都买不到，不准生产。开放以后要发展民用产品，做家用电器，如洗衣机、冰箱之类的东西，但是你要开始自己生产，因为工业基础比较薄弱，是很难的，很多产品做不出来。它不像土木那么简单，有钢筋、水泥、砖，房子就能砌起来，工业设计涉及一个国家的工业基础，比如汽车前面那块玻璃是双曲面的，我们国家做不出来；还有公共汽车那个铁皮，现在都是一块铁皮包起来的，以前是一块一块用铆钉拼接起来，那种东西也是做不出来的；小轿车也是，红旗的第一辆汽车是手工做出来的，刮腻子把它刮得平平的，不像现在一冲压就是很完整光滑的一块。那时候的技术水平都不一样，所以后来我们国家把很多东西都引进来。比如我们最早的洗衣机，都是引进的日本东芝等品牌，从引进来学习、改造、提高，慢慢都自己会做了。

　　最早开始招生的时候叫工业造型，有些毕业的学生能找到自己对口的专业，有些人找不到对口专业的在做其他专业的也很多。我记得有一位毕业生给一个知名的国产汽车设计造型，设计费收了 1000 万元，比我们做建筑设计高多了。通过日本老师的介绍，我们更加了解工业设计的概念，他不光讲造型，还讲究座位、内饰怎么舒适，仪表盘怎么摆，怎么显示才最符合人体工程学，最符合人的视角和操作，最方便。这些都是设计的内容。我们也了解到工业设计确实不是简简单单的外形，也是很复杂的。我们这个专业后来也设计了一些东西在北京展览。

《设计》：这个培训班对您个人比较大的影响是什么?

谭子厚：通过学习班的学习，我更加了解工业设计是怎么回事。我们自己办培训班的时候，首先教的是美术，再学一些平面设计、立体设计、平面构成、立体构成、色彩构成，以及色彩学这些内容。当时全国各地哪里有课，我们就去听。听了以后，我们就把新知识传播给这些参加学习的人。

《设计》：培训班的课程进行了多久?

谭子厚：吉冈道隆先生来过两次，每次至少半个月。培训班是来自全国各地的，不但有我们自己的人，还有全国各地的学员，远至东北、上海、无锡、广州，有些艺术学院都到这里来一起听课。

《设计》：课程给您印象最深刻的是什么?

谭子厚：我对工业设计有了比较明确的理解，知道工业设计是怎么回事了。研究班一开始就是解释工程设计是怎么回事，永田乔老师给我最深刻的印象就是他写了本书，是他发明的东西——透视学。他的透视学跟我们以前传统学的透视学完全不一样，既简单又合理。那本书是日文的，那时候我就想要是能把它翻译一下就好了。他的书里有一面镜子，通过它来看就知道为什么是这样，很容易理解。

《设计》：日本老师的这种教学方法，和你以前上学的时候学的是不是不太一样？

谭子厚：日本专家很集中地来授课，因为他们的时间也很宝贵。他们都是自费来的，飞机票什么的都是自费的。所以后来这个班的老师对日本的看法有很大的改变。这就是日本专家的特点，他们非常敬业。所以日本明治维新能发展得那么快，就是一个日本人的敬业精神。以前我们国家有好多人都是日本留学回来的。

我最早参与建设了工业设计这个专业，之后在这里服务了十年，八几年我就离开了，去做我本行建筑去了。

广东工业大学的国际化设计教育之路

THE WAY OF INTERNATIONAL DESIGN EDUCATION
OF GUANGDONG UNIVERSITY OF TECHNOLOGY

胡飞　张晓刚　甘为
广东工业大学艺术与设计学院

　　如果考察我国由工艺美术转向艺术设计的现代设计教育历程，则可发现其萌发于改革开放大潮中我国产业快速发展所释放出的强烈现实设计需求，由此引起设计教育界有识之士的高度重视并着手引进西方发达国家成熟的设计教育体系，呈现出实践驱动和设计启蒙同步推进的特定时代特征。广东是我国改革开放的桥头堡和现代工业设计的发源地，广东高校的一批设计教育工作者得风气之先，发扬"敢闯敢试、敢为人先"的改革精神，为探索具有"国际视野、中国经验、本土立场"的中国现代设计教育体系奋力开拓，在我国高等设计教育国际化的征程中扮演了极其重要的角色。而广东工业大学艺术与设计学院就是在此过程中脱颖而出的一个典型代表。广东工业大学的设计学科始于 1990 年，30 年办学历程中一步一个脚印、踏踏实实走出了一条独具特色的设计教育国际化之路。

一、十年助力国际协作：协助日方举办"百利达东莞工业设计研修班"

广东工业大学设计教育国际化的起点，可追溯到 1997 年开办的 "TANITA 百利达国际艺术研修所工业设计研修班"。20 世纪 80 年代中期，日资东莞百利达健康器材有限公司成立；其产品投放市场后，引来很多仿冒者。面对中国工业化初期的设计抄袭现象，这家日资企业的董事长谷田大辅萌生了开设工业设计研修班来培养中国本土原创力量的念头。因为日本在工业化初期，也大量仿冒欧美的产品。作为百利达工业设计研修班的促成者、推动者、亲历者、见证者，广东工业大学艺术与设计学院首任院长杨向东教授积极与百利达企业合作，会同日方专家松丸隆、佐野邦雄等人一道制订研修班教学计划，积极联系国内各院校招募学员，参与研修班的组织管理等相关事务，是我国最早推动设计教育国际化实践落地的高校设计教育工作者之一。

当时正值中国设计教育发展初期，"百利达东莞工业设计研修班"在为培养社会和行业急需的设计人才和设计教育工作者方面起到了实质性的推动作用。1997—2007 年，该研修班连续十年为中国高校工业设计专业教师、企业设计师和部分学生免费提供研修培训，不仅为学员提供往返路费、食宿，还提供了国内当时难得一见的马克笔、色粉、绘图工具、油泥、油泥模型制作工具和各种珍贵的图书资料，百利达工厂也成为中日设计合作办学的实训基地。这些在今天看似平常的举措放在当时语境来看都是推动我国设计变革的创举。

研修班学员来自国内 46 所大学，累计 240 多名。如今他们都已成为设计教育界和中国设计界的领军人物和中坚力量。例如，第一期学员谢斌现任华为终端分公司负责人，第七期学员汤震启现任华为手机终端工业设计部主创设计师；第二期学员李勤，现任美国 Fuseproject 副总裁，兼任美国设计师协会董事局主席；第九期学员刘恩华获得了全国五一劳动奖章和"光华龙腾奖"中国设计业十大杰出青年。又如，第二期学员张凌浩、第三期学员陈国强分别任江南大学和燕山大学副校长；在第三期学员中，黄涛现任教于美国南伊利诺伊大学，宋武现任华侨大学美术学院院长，韩挺现任上海交通大学设计学院副院长；第五期学员刘洋现任沈阳航空航天大学设计学院院长；不久前，第七期学员清华美术学院副院长赵超当选为国际设计联合会副主席。

研修班育人成果及其产生的辐射效应，为我国设计产业与设计教育事业的发展做出了毋庸置疑的巨大贡献。正如尹定邦教授所说："百利达研修班成效卓著，完全可以载入中日友好和设计交流的史册，并留下光彩的一页。"该研修班能为中国设计教育界培养一批业界精英，除了日方企业和设计专家的大力支持外，无疑也凝聚着中方协作者——广东工业大学的心血。2019年12月14日—15日，中日工业设计教育高峰论坛暨百利达工业设计研修班22周年纪念会在广东工业大学东莞华南设计创新院隆重举行，实际上是从历史回溯的角度对这一成绩的高度肯定。

就广东工业大学而言，合作举办百利达工业设计研修班直接开启了其设计教育国际化的探索之路，并一举奠定了以国际合作推动产学研深入融合的办学思路，并持续践行20余年。杨向东教授更因在设计教育国际化和设计产学研上的重大贡献荣获"新中国成立七十周年中国设计70人"荣誉称号和光华龙腾奖·中国设计贡献奖金质奖章。

二、十五年持续推动国际大赛：以"东莞杯"国际工业设计大赛集聚全球设计资源

回望20世纪90年代的东莞，"工业设计"对大多数人来说还是个十分陌生的概念。当时东莞处于全国"加工大省"的产业环境，企业管理者抱着"拿来主义"、以模仿快速抢占市场的"供方"思维定式，很少有人意识到"设计"对于企业的价值。面对"模仿与低价值"的恶性循环困境，如何提高企业对设计价值的认知与重视，从而提升产品附加值？如何以设计作为驱动力，推动东莞制造升级转型？这就是当时广东工业大学设计学科肩负的时代重任之一。

2005年，东莞市人民政府主办、广东工业大学承办了第一届"东莞杯"国际工业设计大赛。次年，广东华南工业设计院成立，这是我国最早的由地方政府与高校共建的设计产学研平台。

"东莞杯"是我国首个以城市命名、由市政府主办的、ICSID认证的国际赛事，后更名为DiD Award，迄今已连续成功举办了15届。它从原来单纯的工业设计比赛，发展成为贯穿全年的系列设计活动，包括举办工业设计研修班、工业设计产业集群、设计众包、优秀作品展览、设计创新高峰论坛、颁奖典礼等。据不完全统计，大赛共征集到23个国家的40000余件参赛作品；累计参赛者26000余人；先后邀请国内外专家162名，包括德国iF国际论坛设计有限公司总裁Ralph Wiegmann、iF设计奖评审委员会主席Andreas Huber、欧洲体育用品工业联合会（FESI）主席Antonello Marega、designaffairs董事总经理Michael Lanz等；共计开展宣讲会124场，参与人数多达31万人次。大赛通过公开征集、评选作品及举办系列设计活动，集聚国内外优质设计资源与东莞市优势产业形成对接，提升东莞工业设计氛围，促进设计与制造融合发展，已成为进一步发挥工业设计在企业自主创新、产业转型升级的重要支撑。

毫无疑问，作为大赛的承办方和实际执行者，广东工业大学艺术与设计学院和广东华南工业设计院为之付出了难以想象的艰辛与努力，同时也受益匪浅。通过连续承办"东莞杯"大赛，广东工业大学不但锻造出一支能教善学、对接产业、服务地方的设计产学研师生队伍，学院"以赛促产、以赛促教、以赛促学、以赛促进国际设计交流"的设计产学研氛围异常浓厚，办学实力与水平得到显著提升。

以"东莞杯"为纽带，学院逐步增强了与国际一流设计教育资源的对接，更将国际设计大师导入东莞制造产业，为东莞制造的升级转型出谋献策，帮助东莞制造逐步迈向国际设计舞台。因此，某种意义上，这一国际设计赛事的创办和持续举行，可视为广东工业大学尝试集聚全球设计创新资源服务地方产业发展、提升自身设计教育教学能力水平的探索之举。

三、深度国际化：引入国际一流设计科研团队后的新飞跃

一般而言，高等设计教育的国际化活动包括四个层面：一是将国际设计要素融入既有的课程中；二是将国际生、海外交换生、国际教师等融入设计课堂的教学和学习历程中；三是举办国际设计大赛和跨文化设计活动等；四是在国际化设计研究层面，举办国际设计教育会议、发表国际设计期刊论文、设立国际合作研究项目、建立国际访问学者并使其融入校内学术活动等。广东工业大学艺术与设计学院在这四个层面的国际化活动皆有体现且更加"接地气"。

2011 年，广东工业大学进行全球公开招聘，成功引进方海教授出任艺术与设计学院院长；次年，从北欧引进"工业设计集成创新科研团队"，这也是迄今我国设计学学科获得政府资助单项金额最多（2000 万元）的科研团队。该团队以芬兰工艺与设计协会前主席、芬兰总统授予的"艺术家教授"汉诺·凯霍宁（Hannu Kahonen）为带头人，结合广东工业大学本校资源，搭建出一个立足广东省、辐射全国乃至全球的、涵盖工业设计前端与终端，并与产业化紧密结合的"一站式"服务平台，直接促进了省内外工业设计产业发展以及整体经济结构的升级转型。国际一流设计团队的引入给广东工业大学设计学科注入了澎湃的发展动力，国际化教科研水平得到迅猛提高。

团队专注于工业设计先进理念与广东创新模式的适配性，主要包括总结研究北欧工业设计教育与产业发展的先进模式及其特征，并结合广东工业设计产业发展现状以及中国工业设计产业发展特点进行趋势研究。创新团队先后在广州、东莞、阳江、云浮等地成立科研工作站和大师工作室，与美的、广汽、万家乐、万事泰、永强汽车、三雄极光、中科新知等企业展开设计合作。例如：方海教授与国内家具企业"阿旺特"、竹产品龙头企业"大庄"等对接，以传统竹材料向现代化设计转变为突破口，"东西方竹家具系列"成功实现设计产业化，为企业带来直接经济效益达数亿元；Vesa Honkonen 设计的成都基督教光音堂入选 2014 年芬兰建筑双年展；"广工大－美的 USD 联合实验室的建设与探索"项目于 2016 年获广东省第八届"省长杯"工业设计大赛钻石奖（最高奖），时任广东省省长朱小丹亲自为其颁奖。

与此同时，广东工业大学艺术与设计学院与芬兰、美国、德国、英国、荷兰、加拿大、韩国、日本等国际著名设计院校和设计机构在教学和研究方面建立了长期联系和广泛合作机制，在设计人才培养体系与国际设计交流方面取得了显著成效，拥有芬兰阿尔托大学杰出校友，芬兰总统授予的"艺术家教授"等国际荣誉教授和 20 余位来自芬兰、瑞典、美国、英国、德国、西班牙、韩国等欧美亚国家的外籍教授，进行全英文授课。与芬兰阿尔托大学和拉赫提应用科技大学、瑞典皇家美术学院、美国伊利诺伊理工大学、德国不来梅大学、加拿大艾米丽卡尔艺术与设计大学、新西兰奥克兰理工大学、日本九州大学、韩国成均馆大学、中国的香港理工大学等广泛合作，形成了国际设计工作坊、国际化课程、讲座式课程、国际交换生、中外合作办学等多样化的人才培养模式，建立了以课程联合设计、联合培养机制以及师生交换学习交流等方式的"深度国际化"。

此外，广东工业大学艺术与设计学院还以工业设计集成创新团队为依托，建成国家级大学生艺术学实践教育基地和省级协同育人基地。2014 年，广东工业大学艺术与设计学院成为国际艺术、设计与媒体院校联盟（CUMULUS）成员。2017 年 9 月，"深度国际化的集成创新设计人才协同培养模式与实践"获得广东省教学成果奖（高等教育）一等奖。

四、回归常态：向世界发出中国设计的声音

通过"百利达东莞工业设计研修班""东莞杯"国际工业设计大赛、"工业设计集成创新团队"的不断推动，今天，"常态国际化"已成为广东工业大学设计学科的特色之一。

1. 国际化师资队伍的常态化

常态国际化，不仅仅意味着国际化的师资队伍、课程体系、学术交流、合作办学的常态化运行，还应在国际舞台上喊出中国设计的声音，做出中国设计的原创性贡献。2018 年 9 月 27 日，方海教授在世界绿色设计论坛上进行主题发言，倡导对中国传统技艺的恢复、改造和中国文化精神的挖掘，坚持以人为本，充分借鉴吸收全球最新科技、绿色生态、服务体验等成果，得到了世界绿色设计组织的高度赞许。方海教授基于绿色设计理念的新中国主义理论产生了广泛、持续、深远的国际影响，相继获得了芬兰"阿尔托大学杰出校友奖""芬兰狮子骑士团骑士勋章（Knight of Order of the Lion of Finland）"、世界绿色设计组织颁发的"2017绿色设计国际贡献奖"、光华龙腾奖 · 中国设计贡献奖银质奖章等荣誉。

首席教授陆定邦为文化艺术类国家级高层次海外人才，广东省社会科学研究基地"设计科学与艺术研究中心"执行主任，广东省数字化服装工程技术研究中心主任，曾任台湾亚洲大学创意设计学院院长、中华设计学会理事长。他毕业于全球知名设计学府"新包豪斯"伊利诺伊理工大学，是美国最早一批取得设计学博士学位者，同时也是我国台湾地区最早参与博览展示设计、文化创意产业、创新创业教育、服务科学等新兴领域的推动者。他致力于设计学的学理创新、方法创新和整合创新，首创"正创造 / 镜子理论"，创办亚洲第一本国际文创学术期刊

"International Journal of Cultural and Creative Industries"。

执行院长胡飞教授是我国最早从事体验设计研究的青年学者之一,其体验设计研究成果有效应用于产业,帮助企业获取了十亿元级的经济效益,其原创新方法 SAPAD 框架先后获得国际跨学科工程会议的"最佳学术论文奖"、亚洲设计工程会议的"最佳论文奖"等。胡飞教授也相继获得教育部高层次青年人才、光华龙腾奖·中国设计业十大杰出青年、广东省五一劳动奖章、南粤优秀教师等荣誉称号。

2. 国际化设计交流的常态化

在与国际接轨的同时,广东工业大学设计学科也注重继承和弘扬中华民族优秀文化传统,并实现中国传统艺术向现代设计形态的转化与重塑。广东工业大学城乡艺术建设研究所所长渠岩教授自 2016 年起扎根佛山顺德青田村开展乡村振兴项目实践,提出的"青田九条"规约了当代乡村发展的方向,引起了全国各界广泛关注,青田已成为我国乡村振兴战略的一张"靓丽名片"。2019 年,由该院教师主持的国家艺术基金项目"丝绸之路国际时装周——优秀作品海外巡展"先后亮相蒙古国乌兰巴托、俄罗斯莫斯科和意大利米兰,并同步举办高水平的国际时尚创意论坛,将中国优秀的非遗文化、设计创意作品推向世界舞台。作为面向丝绸之路沿线国家传播最广泛、资助金额最大的服饰与设计文化展演与传播项目,其在海外举办的展演与论坛活动引发当地各界追逐中国传统设计文化的热潮,新华社、人民日报、光明日报、环球网、凤凰卫视等国内主流权威媒体密集报道和专访高达近百次。

3. 国际化设计启蒙的常态化

广东工业大学设计学科注重推广现代设计文化和科普文化教育。2018 年,广东工业大学浩泽莱德设计博物馆建立,成为全国"首个省内高校设计博物馆"和粤港澳大湾区文化新名片。该馆由广东工业大学杰出校友吕明泽先生和著名设计师熊浩先生向广东工业大学 60 周年校庆捐赠藏品和捐资建设而成。该博物馆展出 15 世纪至 20 世纪共约 4000 余件欧洲经典工业设计产品，估价约 150 万欧元。该博物馆目前主要有交通、音乐、家用电器、摄影摄像、器械机械和钟表六大类藏品。与国际设计史相关的研究项目通常在这里进行，它已成为广东工业大学学术交流的中心之一。

4. 国际化设计论坛的常态化

近年来，广东工业大学艺术与设计学院以促进中外设计交流与合作、提高学术研讨与创新为目的，连续主办六届"集成创新与可持续设计国际学术研讨会"，连续主办三届"国际服务·体验设计研究高峰论坛"，连续主办两届"设计文化创新与粤港澳人文湾区建设学术研讨会"，累积主办、承办国际或全国性学术会议 50 次。这些会议继续秉承历届会议所形成的优良传统，关注当下，着眼未来。围绕新时代的"创新驱动发展战略"，以"体验设计""绿色设计""服务设计"为路径，与会专家探讨设计产业的创新与可持续发展以及粤港澳人文湾区建设。

5. 国际设计获奖的常态化

近年来，艺术与设计学院师生屡获国际国内设计奖。以 2020 年年初为例，余宇老师团队作品《Puzzle fair fared concrete brick》与赵璧老师团队作品《ClickPack X》分别荣获 2020 年度 iF 设计奖，赵璧老师团队的另一件设计作品《HiPack Solar》获得日本 2019 年度 G-Mark 奖。学生黄家兢团队作品《UVA charging station》（导师张晓晨）和学生陈依琳团队作品《Solitor》（导师徐兴）各获 1 项 2020 年 iF 设计新秀奖，学生贺奕团队（导师陈朝杰）《Sunbath——Clothes Dryer for Sunless Room》获得 CUMULUS GREEN 2020 循环经济国际设计竞赛优秀设计奖。

广东工业大学的国际化设计教育始于中日协作，兴于中芬协同。经过 30 年"与广东崛起共成长，为广东发展做贡献"的跨越式发展，广东工业大学设计学科已发展成为广东省攀峰重点学科和广东省"冲一流"重点建设学科，2017 年和 2019 年在软科"中国最好学科"排名中均进入 A 类（前 10%）。2019 年，广东工业大学艺术与设计学院工业设计与环境设计两个专业入选首批国家级一流本科专业建设点，产品设计专业成为省级一流本科专业建设点。

"集成新工科、融合科产教、常态国际化、服务大湾区"，广东工业大学艺术与设计学院正昂首迈进 21 世纪的第 3 个 10 年……

广东工业大学浩泽莱德设计博物馆部分藏品

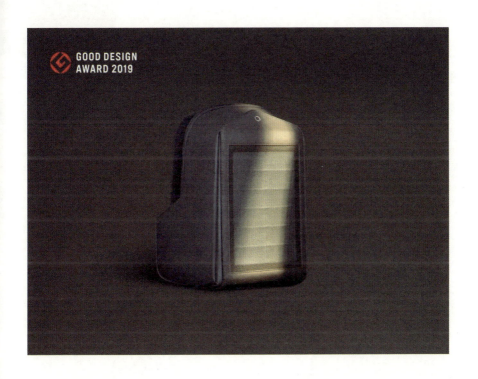

HiPack Solar（设计：赵璧等）

谷田大辅：
继续共同创造亚洲乃至东方的艺术与设计文化梦想

DAISUKE TANITA: CONTINUE TO WORK TOGETHER TO CREATE ARTISTIC AND
DESIGN CULTURAL DREAMS IN ASIA AND THE EAST

谷田大辅

日本百利达株式会社原社长、总经理，东莞百利达健康器材有限公司原董事长，
国际艺术研修所所长

　　研修班十年办学，共分三个阶段。第一阶段（第一期、第二期），主要面向研究生和在校高年级本科生，以培养设计素养与技能为主；第二阶段（第三～七期），面向青年教师，培养满足产业需求的设计方法与实践能力；第三阶段（第八～十期），面向青年教师，培养信息时代的设计思维与方法。来自国内 46 所大学的青年教师、研究生、本科生，累计达 240 多名，如今他们都已成为中国设计与设计教育事业的中坚力量，其中一些学员已成为国内外著名企业和设计机构的领军人物。

　　在百利达研修班十年办学的过程中，该公司也曾有过不景气的时候。此时其内部有人提出停办研修班的意见，但被时任社长谷田大辅先生否定了。他说："企业要回报社会，这件事对中国很有意义，况且我承诺过要办十年，因此必须坚持办下去。"

《设计》：请您介绍一下百利达公司和您创办百利达研修班的动机和初衷。

谷田大辅：百利达是一家主要从事健康器材生产与销售的日本中小企业，迄今已有百年历史。我们在中国改革开放初期就在中国东莞开设工厂，得到了当地政府的大力支持。而我本人一贯热爱中国的文化艺术，因此对中国充满友好的情感。

刚来中国办厂的时候遇到一件事：我们推出一款产品，三个月以后市场上就出现了仿冒产品。发现后，我们委托专业的知识产权公司，找到了制造冒牌产品的厂家，监督他们改正，并把模具都销毁了。但三个月以后，我们的新产品再次被同一厂家抄袭，而且社会上这样的事情还在不断发生。对此，我们一方面向有关部门提出投诉，另一方面其实并不感到奇怪，因为日本在第二次世界大战后也曾模仿、抄袭过美国产品，所以对于中国一些企业在改革开放初期的模仿现象也是可以理解的。但是这毕竟是一种不好的现象，那么怎样才能让中国企业不再模仿？如何提高中国设计师的创新能力和知识产权意识？这是需要认真思考的问题。

为此，我找来本公司设计部主任松丸隆先生，商量如何面对仿造、抄袭现象？怎样才能从根本上解决问题？并考虑面向中国的青年教师和学生，通过办设计研修班的形式，提高他们的设计能力和独创精神。商量后，我们认为办工业设计研修班既可以支持中国设计教育事业的发展，也有利于长远地杜绝设计的抄袭行为。用中国话讲，这叫"愚公移山"，虽然这是一项艰巨的工程，但它更是一项功在当代、利在千秋的事业，值得一做，而且值得长期做下去。百利达愿意为中国设计与设计教育事业贡献我们企业的力量，这就是办研修班的初衷。

《设计》：请您介绍一下百利达工业设计研修班的办学过程。

谷田大辅：1997年的首届研修班由松丸隆先生负责筹备，并担任教学工作。松丸隆先生少年时代曾在中国生活，他熟悉中国，热心于中国的设计教育事业，同时也接受过美国的设计教育，是一位资深设计家。按照松丸隆的建议，研修班设在中国东莞的工厂举办，这里有住宿条件，也有食堂，还有可供学员实习的生产车间，很适合办这种研修班。

研修班的所有费用，包括从学员所在地到东莞的往返交通费、在研期间的食宿、学习用品等，都由百利达公司提供。第一届实际上办了两个班，一个工业设计班，一个美术班。后来，由于美术研修班开展教学比较困难，所以只办了一届。而工业设计研修班我们整整办了十年，每届招收 20 余名学员，教师由百利达公司聘请，教学计划及教学方法，参照了美国及日本的模式。十年间共有来自全国 46 所院校的 240 多名学员接受了培训。

首届研修班于 1997 年寒假举办，后来考虑到寒假较短，同时存在交通问题，所以第二届以后的研修班一直是在暑假举办的。第一、第二届工业设计研修班的学员主要是全国部分大学的在校高年级本科生和研究生，学员们很努力，研修班取得了成功。

首届研修班学员中，广东工业大学的李辉雄参加研修后当了大学老师，他建议，仅仅培训大学在校生，就只能培养少数人，影响力不大，而如果是培养大学教师，提高师资水平，他们返回教学岗位后会教更多的学生，这样将产生连锁效应，其作用就更大了。于是，我们就有了面向大学年轻教师办研修班的想法。

做了这个决定之后，我们在改善办学条件的同时，进一步增强了师资力量，在日本选拔了富有实践经验的专家、教授，如清水吉治、佐野邦雄、大田尚作、松田真次等先生任教，并派遣本公司的优秀工程师、设计师和产品销售人员参加教学工作。在实践教学方面，除安排在本企业生产车间及东莞部分企业参观实习外，我们还组织学员参观华为等中国著名企业，同时也邀请了中国设计界一些专家来研修班讲课。我们的想法是，应该把世界上先进的工业设计知识传授给中国的年轻教师，促进他们的成长。为改善教学条件，公司采购了各种图书资料和设计所需要的先进的工具，发给学员使用。

《设计》：研修班的学员是通过什么方式选拔的？

谷田大辅：关于学员的募集以及研修班的教学管理工作，我们委托广东工业大学艺术与设计学院原院长杨向东协助松丸隆、佐野邦雄等先生完成。杨向东曾在日本千叶大学留学，在中国设计教育界有广泛人脉，也对百利达公司办研修班的意图比较了解。在研修班最初的筹备阶段，他联络各所大学设计学院的院长、教授，请他们推荐工业设计专业优秀青年教师以及高年级优秀本科生和研究生来研修班学习，得到各大学的教授们的积极支持。

各位教授对于此项工作非常认真，不仅为研修班输送了优秀学员，还十分关注研修班学员的学习生活，有的教授，如尹定邦、汤重熹等还经常专程来东莞出席研修班的结业仪式，了解研修班的办学情况，慰问日本教师，鼓励学员努力学习。百利达工业设计研修班能够顺利举办十年并取得成功，与中国各院校所给予的大力支持是分不开的。

《设计》：研修班办学的十年间教学内容和方法有变化吗？

谷田大辅：研修班一直在不断改革和完善教学内容和教学方法。大体上讲，研修班十年办学，可分为三个阶段：第一阶段，开展设计程序与方法的教学与设计表现技法上的训练，设计课题主要是对现有的产品进行改良设计；第二阶段，讲授创新方法，开展设计思维的训练，设计课题是进行新产品创新设计；第三阶段，利用计算机进行编程和产品设计创新。授课老师随着研修班课程内容的变化而变化，有擅于模型制作的，擅长技法的专家陆续也加入进来。

　　为了使教学内容更符合中国的国情，我们还专门走访清华大学、北京理工大学、江南大学、同济大学、广州美术学院、郑州轻工业学院、广东工业大学等院校，听取柳冠中、尹定邦、张乃仁、张福昌、刘观庆、朱钟炎、曹阳等教授的意见，不断优化教学内容，改进教学方法。此外，研修班经常进行设计研讨活动，加强师生之间教学相长，以及学员之间的交流分享。

《设计》：研修班为期十年这个年限是最初就确定好的吗？您今后还有什计划？

　　谷田大辅：研修班是需要投入费用的，我们曾经有过一个初步的十年规划。办学十年后，我们发现当初的目标已经达到；另外，参与研修班授课的日本老师的年龄也越来越大了，像松丸隆先生带完第二届以后，由于身体原因不能参加了。综合考虑各方面的因素，就决定办 10 年后先告一段落。

　　今后我将继续为推动中日两国的设计和艺术交流而努力。在今天的学员聚会上，我已把下一个目标——共同创造亚洲乃至东方的艺术与设计文化的梦想告诉大家，得到许多学员的理解和响应，部分学员正在做这方面的探索。今天的会议上，来自全国各地的工业设计的青年师集聚在一起开展设计交流，这在世界上都是少见的。当时大家从全国各地过来一起学习，之后大家还能保持联系，互通信息，这是非常好的。

《设计》：百利达十年办学，您和日本老师们对研修班的学员的印象怎样？

　　谷田大辅：各位日本教师和我的印象一样，各所大学推荐来参加研修的学员，包括青年教师、大学生和研究生都很优秀，他们非常珍惜参加百利达研修班的学习机会，把研修当成不出国门的留学，学习都非常刻苦努力，并且虚心求教，很有耐心。每每看到他们勤奋努力的样子，我和日本各位老师们都非常感动。

20多年过去了，正因为他们当年的勤奋学习，加上他们后来的努力拼搏，我非常高兴地看到，当年的学员现在都成长起来了，他们中有的在大学任教，有的在政府机构服务，有的在企业工作，还有的把事业拓展到欧美各国，大部分都是中国设计与设计教育界的精英和骨干。对此，我作为百利达工业设计研修班的创始人，深感欣慰和光荣！

《设计》：研修班十年办下来，对企业本身有怎样的意义？

谷田大辅：在研修的阶段，也有部分学员选择百利达的产品作为设计课题，虽然没有采用，但有一些想法对我们企业来说很有参考意义。为尊重知识产权，凡有价值的创意，百利达公司都与学员签订合同，付给适当的报酬。我们开办研修班并非获取设计成果，主要目的在于为中国培养优秀的设计人才，提高大家的设计能力和水平，这个目的通过研修班十年办学已经达到了，这令我非常高兴。

《设计》：您对参加这次百利达工业设计研修班22周年的研讨活动有何感想？

谷田大辅：研修班从1997年一直办到2007年，整整坚持了十年。转眼22年过去，这次来中国参加学员们的聚会和设计交流研讨活动，看到学员们在各自的岗位上都非常活跃，许多学员已经成为中国设计与设计教育的骨干力量和知名学者，发展得非常好，成就很大，使我感触很深。我感觉到，研修班不仅促进了中国的设计与设计教育事业的发展，促进了中日两国的设计交流，也促进了中国的设计创新，过去的那种模仿已经基本上不存在了。

这次看了学员的设计作品展示，我感觉很震惊，他们的设计水平的提高完全超乎我的想象。我感觉日本现在的发展速度很慢，中国已经超越了日本，现在似乎应该是日本向中国学习的时候了。

中日工业设计教育高峰论坛
暨百利达工业设计研修班 22 周年纪念会

清水吉治　　　　　　　　　　　　　　　　朱钟炎

见证中国设计教育飞速发展
是非常荣幸的一件事
IT IS A GREAT HONOR TO WITNESS THE RAPID DEVELOPMENT
OF CHINESE DESIGN EDUCATION

清水吉治

长冈造形大学教授，北京理工大学、广东工业大学等客座教授

朱钟炎

同济大学教授、博士生导师，中国美术学院、华东理工大学等客座教授

研修班初创之时，朱钟炎教授是《设计》杂志驻日本的代表兼记者，其主要任务是取材，以及代表工业设计协会和日本的设计界进行交流，把日本的设计介绍到中国，将中国设计向日本进行宣传和介绍，努力将优秀的设计资源以各种方式引入国内，为促进中国的设计事业和经济发展做贡献。对于东莞国际设计研究班，朱钟炎教授的出发点就是要把日本一些好的设计理念引到中国来。当初日本也派了很多留学生到欧洲去学习，清水吉治老师就是其中的一员，他们学成后再把学到的东西运用到自己的国家去推动本国设计的发展，这是一条求学报国的途径。

清水吉治先生在研修班主要负责的课程是设计造型的表现技法，其中包括马克笔及色粉绘制的方法和创意快速表现技法。在课堂上他将绘制方法教给学生，首先让学生进行临摹练习，然后自己体会揣摩表现手法和绘制技巧，学生在不断地临摹和思考中就慢慢掌握了这种设计表达方式。

《设计》：当时是什么原因想要来中国？对中国学员又有着怎样的印象？

清水吉治：我对中国的印象一直以来都是非常好的，中国五千年的灿烂文化也一直在影响着日本，实际上日本很多东西都是从中国传过去的，比如豆腐和酱油。我是受到朱钟炎老师的邀请来到中国讲课的，对当时中国设计教育的情况有所了解之后，也觉得这是一件非常有意义的事情，因而决定到中国来进行讲课。

我能够到中国来做事情，也觉得非常高兴。我认为中国学生对于学习有着非常大的积极性，同时也有很强的学习能力及创造性，而且中国学生对于课题的热忱与真挚的态度也使我非常感动。

《设计》：当时上课都教了些什么？

清水吉治：我主要负责的课程是设计造型的表现技法，其中包括马克笔及色粉绘制的方法和创意快速表现技法。在课堂上我将绘制方法教给学生，首先让学生进行临摹练习，然后自己体会揣摩表现手法和绘制技巧。学生在不断的临摹和思考中就慢慢掌握了这种设计表达方式。最终学生要自己做设计，根据自己的课题，用我之前教他们的马克笔及色粉的表现手法来进行，这样能够检验学生是否真正掌握了教学的内容。

《设计》：从现在的角度来看，当时的学员表现如何？

清水吉治：从当时来说，大家的学习都是非常用功的，每一名学生都非常勤奋。参加过研究班的学生现在大多数都成了设计相关专业的骨干教师。学生们不仅向老师汲取设计经验理论和方法，同时也向周围优秀的同学学习，互通有无，不断更新自己对设计的见解，不断深化对设计意义的理解。

时代在不断地发展，现在设计创意表现也借助了计算机的力量，不少设计行业的从业人员都用计算机来快速实现创意，但是从设计最初的创意来看，用手绘表现创意这种方式还是不变的，用手绘来表现创意有其自身特定的意义，因为设计创意是将设计师无形的设计意念有形化地表达出来，这是设计师一种表达的基本功，而且这种方法是既快又好的表现手段。

《设计》：当时那一部分学员有很多已经是工作中的佼佼者了，您对现在的学生有些什么建议？

清水吉治：不管学设计的学生在将来成为企业的设计师也好，成为老师也好，也不论现代科技怎样发展，手绘是作为设计灵感最初表现阶段的东西，它都是非常重要的。它能够快速地记录并表现你的创新。这一点是必须认识清楚并值得注意的。

《设计》：您对中国现在的年轻设计师和学生们有些什么建议？

清水吉治：就像我之前说的那样，不管将来技术发展得怎么样，最初的创意手绘表达技能是不可替代的。如果你要做创意，那么第一步就是要动手，要想动手就需要先开动脑筋，开动脑筋去思考这件事不是技术发展所能替代的。所以，手绘对于设计者来说还是一件值得去学习和思考的事。只有快速地表现出来才能留住灵感，同时在不断改进手绘的过程中也会对产品本身产生更深刻的思考。

《设计》：老师去中国很多地方讲过课，您觉得中国的设计教育和日本的设计教育有什么区别？日本有哪些教学方面值得中国学习和探讨？

清水吉治：我之前也说了日本的设计教育其实很大程度上是受到欧美的影响的，因为欧美设计方面发展得要早一些，而中国的设计教育开展得相对晚一些，这也是我要来中国的原因，能够见证中国设计教育的飞速发展是非常荣幸的一件事。其实现在中国发展得很快，尤其是科技这方面比日本发展还快，与其说是中国学习日本，不如说现在有很多方面日本是要向中国学习了。

《设计》：请谈谈您教学这么多期的感想。

清水吉治：我最大的感受就是中国的学生学东西非常快，教授的设计表现技巧能够非常快速地掌握。其次，中国学生的造型能力很强，总有非常多关于造型的奇思妙想，无论从新颖度还是色彩搭配方面都非常出色。但是有一个小的缺点就是不够细心，不够细致，很多产品画出来整体一看觉得非常好，但细枝末节的东西不太经得起推敲。而好的设计就是赢在细节，在细节的把握上中国学生还是比较欠缺，要多在细节处下功夫才能做出更好的作品。

《设计》：您是整个研究班的见证者也是参与者，回想起 20 多年前做的事情，您觉得其意义应当如何评价？

朱钟炎：我当时是《设计》杂志驻日本的代表兼记者，我的主要任务是取材，以及代表工业设计协会和日本的设计界进行交流，把日本的设计介绍到中国，将中国设计向日本进行宣传和介绍，努力将优秀的设计资源以各种方式引入国内，为促进中国的设计事业和经济发展做贡献。

我当时是一边留学一边做这份工作，所以我对于日本的设计教育状况比较熟悉。这个培训活动一开始是松丸隆先生来做的，他是百利达公司的设计师，他对中国的态度非常友好，他发现中国当时虽然在快速发展，但设计水平可能还没提升上去，所以就想到要利用自己的资源、自己的专业，为中国办设计学习班，这一想法得到了百利达谷田大辅社长的支持。

松丸隆先生患病以后，百利达公司谷田大辅社长就请了佐野邦雄先生来接管研究班，当时佐野邦雄先生和我都是设计协会的，我在参加日本设计协会活动时，他来找我并与我商量，他说有东莞设计研究班这么一个活动，希望我能够参与进来。我第一时间就应允下来，因为我的任务就是要促进两国的设计交流，提高中国的设计水平，我肯定要支持这样的事情。

当时是改革开放以后，国内的许多设计院校都刚刚成立，工业设计专业师资非常匮乏甚至没有老师，我们双方就开始探讨这样的局面该如何解决。当时全国设计院校所需要大量的设计专业老师，仅仅一两名是远远不够的，那时候我认识清水吉治先生，他是设计表现手绘草图的专业教师，也是当时日本设计界的顶级专家，不仅在十多所大专院校为外聘教授，还被许多企业外聘为培训指导顾问，出版了很多相关技法著作，甚至英译本畅销欧洲，所以将这样的老师邀请过来非常有价值。设计教学除了需要教会学生画创意草图，还需要做模型的老师，后来通过协调就把松田真次老师也请了过来。在这个过程中，我起到了沟通桥梁的作用，在学习班翻译兼教学安排工作。那时候我还没回国，20 世纪 90 年代末，我把清水吉治先生介绍到燕山大学任教、做讲座，从那以后渐渐各个学校都来邀请他去进行教学，经过 20 年左右，清水吉治先生的足迹遍布中国 50 多个大学，为中国的设计教育事业做出了杰出贡献。

对于东莞国际设计研究班，首先我的出发点就是要把日本一些好的设计理念引到中国来。第二次世界大战后日本在废墟上成长起来，为什么经过这么多年它能够成长到世界这么发达的国家？这其中肯定是有原因的。当初日本也派了很多留学生到欧洲去学习，清水吉治老师就是其中的一员，他们学成后再把学到的东西运用到自己的国家去推动本国设计的发展，这样一条求学报国的途径，日本走在了我们前面。

到日本留学以后，我发现日本学校里的许多教师是从欧美留学回来的（我的导师就是从北欧回来的任文部省官员之后调来大学的教授），在这样环境下的日本留学，不就相当于将欧美设计与日本设计结合起来了吗？而且日本和中国的文化是比较接近的，古代日本是受中国文化影响非常深刻的，并且日本的设计教育是延续从小学、中学到大学的系统设计教育，值得我们借鉴。因为设计教育是我的专业，所以我必须要把这些事情做好，于是就投入了之后的工业设计研究班。

我当时联系的日本设计机构与协会有三个，两个是具有官方背景的协会——（财团法人）日本产业设计振兴会 (JIDPO) 和（财团法人）国际设计交流协会 (JDF)，一个是民间的设计协会——（社团法人）日本工业设计师协会（JIDA）。当时，国际设计交流协会希望通过我和中国设计界进行联系，进行设计交流与发展，但是他们对中国设计并不了解，所以当时我协助他们一起进行了对中国设计的现状调查，向日本宣传中国设计，表明中国在改革开放之后各个方面都在飞速发展，大家可以到中国来进行交流学习。通过这样的方式将日本的设计及经验引入中国。

当然，我还进行了很多其他的促进中国工业设计发展的相关工作，比如，1991 年中国工业设计协会在武汉召开首届中国工业设计国际论坛时，我邀请了著名 GK 设计集团总裁荣久庵宪司先生出席，并介绍了中国的设计发展情况以及合作机会，当时海尔只能生产利勃海尔冰箱，但是很有发展潜力，所以后来 1994 年 GK 设计集团和海尔合资成立了海高设计公司，从此在 GK 设计集团的协助下，海尔的产品不断得到提升并走向世界，GK 设计集团不仅在设计上助力海尔，还帮助海尔开拓海外市场，所以 2005 年科技部在向对中国建设发展有贡献的外国友人颁发国家贡献奖时，把奖章颁给了荣久庵宪司先生（当时在上海科技馆颁奖，同时受奖的有 7 位外国友人，我作为相关人员参加了颁奖仪式）。此外，我与海高设计公司签订的合同期为 10 年，期满后我又将 GK 设计集团引进上海首个产业园区孵化器。21 世纪初，上海的工业设计还在起步中，当时我在给科委做产业园区孵化器（任上海都市工业设计中心副总工），GK 设计集团的引进为推动上海的设计产业发展做出了贡献；20 世纪 90

年代末，我联系日本国际设计振兴会和北京工业设计促进会一起举办设计论坛，之后与上海工业设计促进会、广州工业设计协会联系，在上海、广州召开设计论坛与交流，并将日本的 G-Mark 大奖得奖产品引进中国来做展览，供大家交流学习。我在上海主持举办了 2004 上海设计与企业发展国际论坛，邀请了日本著名企业及设计师来参会交流，为上海的设计发展出谋划策，为发展中国的工业设计做出贡献。

杨向东：
砥砺十年 百利达研修班打造
中国工业设计中坚力量

YANG XIANGDONG：TEN YEARS OF HARD WORK, TANITA SEMINAR CREATED THE
BACKBONE OF CHINESE INDUSTRIAL DESIGN

杨向东
广东工业大学艺术设计学院原院长、教授、硕士生导师

　　杨向东，广东工业大学艺术设计学院原院长、教授、硕士生导师，中国工业设计协会常务理事，广东工业设计协会副会长，广东华南工业设计院名誉院长，光华龙腾奖·中国设计贡献奖金质奖章获得者。20 世纪 80 年代末，受国家教委派遣，作为访问学者赴日本千叶大学工学部工业意匠学科学习工业设计，回国后曾先后创建了郑州轻工业学院艺术设计系、广东工业大学艺术与设计学院及广东华南工业设计院。1997 年—2007 年，作为志愿者连续十年参与了日本百利达工业设计研修班的筹建与教学工作。

　　受访者介绍了日本百利达工业设计研修班的办学初衷，回顾了研修班的十年办学过程、包括日本企业家的情怀与付出、日本专家教授的敬业精神、国内院校专家学者的关注与支持、学员的选拔及研修期间的勤奋努力、研修班的十年办学成效，总结了研修班的办学思想、教学方法与特色和研修班的教学经验，并分析了研修班之所以取得设计与设计教育人才培养成效的要因。

　　作为曾经留学日本的访问学者，他谈到在我国设计事业飞速发展的当下，仍需要向日本学习和加强两国设计交流的必要性；作为研修班十年办学的中方参与者，他讲述了其个人的感受与对日本百利达公司支持中国设计与设计教育事业的感激之情。

《设计》：日本百利达公司连续十年为中国高校工业设计教师、研究生和在校本科生免费提供研修培训，您参与了研修班十年办学的全过程，请您介绍一下这个研修班项目的来龙去脉。是什么样的精神支持一个日本企业将一个面向中国设计师的无偿培训班连续开办了十年？

杨向东：要回答关于百利达研修班的十年办学背景这个问题，先要简单介绍一下日本百利达公司。

百利达公司本是日本一家世代传承、兢兢业业做健康产品的中小企业，迄今已有近百年历史。该公司曾经从事珠宝、钟表的生产与销售，自创建之初就在注重产业技术和市场营销的同时，关注工业设计，其早期一些产品已成设计经典，为博物馆、收藏家所收藏，一件难求。第二次世界大战以后，该企业从做打火机起步，一路走来，企业转向健康器材的生产与销售，现已发展成为体重计、健康秤等产品全球数一数二的知名生产厂商（全球首台可测得人体脂肪含量的脂肪秤就是该企业于1992年开发生产的）。该企业的产品有良好的品牌效应，曾多次获得日本优良设计奖（G-Mark）。近十几年来，百利达公司进一步关注营养健康事业，建立"百利达食堂"，倡导科学合理的健康饮食，避免肥胖。现在"百利达食堂"遍布日本，是日本家喻户晓的新名词，日本广播协会（NHK）多有报道。

面向中国院校师生无偿举办研修班的倡议，最初由百利达（株）设计部主任松丸隆先生于1996年向社长谷田大辅提出并得到批准。松丸隆先生早年毕业于日本千叶大学，少年时代曾在中国生活，由于感恩中国人曾经对他的关照，作为资深设计家，他对中国设计教育十分关注。在我国改革开放后，松丸隆先生曾先后在北京、郑州、无锡、西安的多所院校讲学。在此期间，先生看到我国当年的设计教育正处于初期的发展阶段，存在师资缺乏、教学条件落后和对外交流不足等问题。之所以提出上述建议，还因为他意识到凭一己之力，仅仅在一两所院校讲课，其作用有限，如果能举办面向全国各院校年轻教师和学生的研修班，必将更有效地促进中国设计教育的发展，并能产生辐射效应。

在谷田大辅社长的全力支持下，百利达公司于 1997 年成立了国际艺术研修所，工业设计研修班就这样正式举办起来了，而且一办就是十年。研修班的宗旨是倡导独创精神，杜绝抄袭，加强国际艺术设计的文化交流，培养设计与设计教育人才，促进中国设计事业的发展。

至于是为什么百利达能将一个面向中国设计师的无偿培训班连续开办了十年？我觉得这个问题涉及企业家的精神和情怀。百利达虽是一家知名企业，但仍属中小企业，远不能和日本大企业如三菱、三井、东芝、日立等相比，在经济上也并非一帆风顺。因此，这样一家企业连续十年出资为中国无偿培养设计与设计教育人才，十分不易。这也一直使很多人不能理解。我本人也曾抱有怀疑的态度，以为这是为促进产品销售而采取的宣传广告行为，或者是通过研修班从中国获得设计创意方案。但连续十年参与研修班的办学，我完全看不出有这样的动机。事实上，为推销产品，打广告比办研修班花钱少得多，而且见效快；至于办研修班是为了获取设计方案，这种猜想也不成立。该公司有实力雄厚的设计部门，如果需要委托设计，完全可以找日本国内的专业设计机构，而且百利达这样的企业对于设计方案的产业化要求非常严格细致，不可能依靠研修班学员来完成。至于产品概念设计的方案，百利达公司曾向学员明确说明，如果有被采纳的设计方案，他们将尊重知识产权，与设计者另行签约并支付设计费用。十年中，研修班一直以教学和设计技能的培训为主，设计课题都由学员自选，个别学员曾有关于健康秤的概念设计被百利达看中，公司直接与学员签约，完成后支付设计费，并没有发生侵占知识产权的现象。

究竟百利达举办研修班的初衷是什么？谷田大辅社长如是说："首先，做企业必须回报社会，我们在中国办企业，得到中国政府和民众的支持，理应为中国做点什么。考虑到中国工业设计正处于发展阶段，我们认为自己有责任把日本在这方面的经验传授给中国的年轻教师和设计师，这件事意义深远。此外，中国当年正处于改革开放的初期，部分企业存在对国外产品，包括日本百利达产品的抄袭现象，这种现象在日本也曾经出现。我们通过办研修班，倡导自主创新，培养中国青年设计师的独创精神与设计能力，将能够逐步从根本上消除抄袭。"谷田大辅社长简短的几句话，不仅说明了办学初衷，也表现了他的企业家精神与情怀。

《设计》：为何选在 2019 年研修班开办 22 周年之际开展纪念活动？

杨向东：我想这主要基于以下两点：①中国人讲究"受人之惠，应怀感恩之心"。中国的设计与设计教育事业如今已经有了巨大发展，作为百利达研修班的受惠者，全体学员一直想对谷田大辅社长和担任百利达研修班教学工作的几位日本著名专家教授表达感谢之情。而专家们均年事已高，松丸隆先生、佐野邦雄先生已先后过世，清水吉治先生也已年届80，我们需要及早做这件事；② 2019 年正值百利达研修班 22 周年，"22"这个数字具有"双双"的含义，借此可以表达我们对中日两国世代友好的愿望，以及今后双方应进一步加强中日作为东方两个重要国家之间设计与文化艺术交流的愿景。正因为如此，广东工业大学艺术与设计学院主办了这次活动。

《设计》：您在十年中主要担任的是什么工作？工作内容都有哪些？

杨向东：我本人曾作为访问学者在日本千叶大学留学，留学期间得到过松丸隆先生等专家教授的关照，回国后我在郑州轻工业学院做工业设计专业的教学工作，并兼任工业设计系主任。作为国家首批公派出国的访问学者，我有责任为加强中日两国的设计交流方面做些工作，于是连续多年邀请松丸隆、佐野邦雄等日本专家来华讲学。1996 年，当松丸隆先生提出将在广东东莞举办百利达工业设计研修班时，我积极支持他的这一倡议，并为此做了一系列准备工作。当时正值我由原单位调往广东工业大学任教，受松丸隆先生之邀，我作为广东工业大学的志愿者参与了研修班的创建工作。在研修班，我主要担任翻译，并参与了松丸隆先生、佐野邦雄先生主持的研修班教学及教学计划的制订、联系国内各院校、招募学员，以及研修班的组织管理等事务工作。和我一起担任研修班相关工作的还有同济大学曾经留学日本的朱仲炎教授。研修班的各项工作得到了各院校教授们的大力支持和关注。

《设计》：您对日本工业设计的水平如何评价？

杨向东：日本产业在"二战"后的一片废墟上重建，最初也曾有抄袭西方产品的现象，因此一度在国际上口碑不佳。日本官方和民间企业家为改变这一形象，开拓国际市场，积极将西方的工业设计引入国内，政府为此制定了包括 G-Mark 在内的一系列鼓励原创设计的相关政策措施，在依托技术创新和应用的基础上，终于实现将西方设计与日本传统风格的有机结合，创造了日本产品在国际上的优势，也创造了日本经济腾飞的奇迹。

我国工业设计是在改革开放之后的 80 年代才被引入的，而日本现代工业设计的发端早于我国约 40 年，这个"时差"以及由此产生的差距是不容忽视的。尽管经过 30 多年的努力，特别是我国各级政府对于设计的重视与推动，当今我国的工业设计与设计教育已有了长足的发展，但日本的设计仍然有很多值得我们学习和借鉴之处。我认为，值得我们学习的，首先是日本将西方设计与本国传统风格的有机结合；其次是产品设计与制造的精致、精良与细腻；最后是设计与产业紧密合作，共同打造产品品牌的经验、机制等。此外，在设计教育与设计人才的培养、深入的理论研究与设计探索，以及设计与相关学科领域的深度融合等，这些方面日本仍占有领先地位。所以，我们应继续加强两国之间的交流，虚心学习。

《设计》：研修班课程设置和教学方法是如何确定的？有什么特色？

杨向东：由于研修班属于短期培训性质，其课程设置采取了少而精的原则，仅开设设计思维及创新方法、设计分析、表现技法（含效果图及模型制作）等课程。为与时俱进，在征求有关院校教授们的意见之后，研修班的后三届还加入了 CAD 及软件编程的培训内容。

研修班的教学方法是：实行理论与实践相结合，讲授与设计演习相结合，重在创新能力、实践能力培养，使学员获得了从设计思维、设计分析到产品创新和产业化、市场化方面的能力提升。同时，研修班进行设计表现技法、模型制作等方面的训练。由经验丰富的清水吉治、松田真次两位老师辛勤传授，使学员受益匪浅，学到了精益求精的工匠精神。研修班每期都组织学员参观企业生产的全过程，使他们熟悉材料的应用及加工工艺。

关于研修班的教学经验与特色，我认为有以下几方面：

1. 以思维导图、KJ 法及形态发想法启迪创造思维

众所周知，设计的本质就是创新。在工业设计师必备的各种能力中，分析能力、整合创新能力，以及形态发想能力尤为重要。为此，松丸隆、佐野邦雄、清水吉治、大田尚作等日本专家，将上述能力的培养作为教学重点，讲授思维导图、KJ 法及形态发想法等。在进行设计分析、概念设计的教学过程中，佐野邦雄先生倡导以"诗的语言"对人的需求行为、产品及产品的功能进行抽象与概括，从而抓住事物本质，找到创新的原点与形态的原型。许多学员感慨道，参加研修班收获极大，是一次"不出国门的留学"。

2. 自选课题的设计与制作贯穿教学的全过程

研修班学员在接到录取通知时就被告知，必须自选一件产品设计的课题参加研修。该课题作为教学与演习的载体贯穿研修全过程。学员最终提交的作品必须有新颖的设计构思、良好的设计表现、精致的模型制作，并应在技术实现和产业化方面具有可行性。

为拿出优秀的作品，学员们勤奋努力、经常通宵达旦地工作。设计作品完成后，教师的点评也给学生在设计思维、审美素养、技术实现等方面上了生动的一课。

无须宣传，每期研修班的结业作品展，都会吸引国内一些设计界专家学者前来观看。

3. 研修班强调学员之间相互交流、共同提高

由于学员来自全国不同院校，以往又缺少交流，研修班要求学员充分利用研修的机会，相互学习与交流。研修班为学员之间，在专业上保持联系，事业上共同发展，搭建了职业生涯的交流、合作平台。

4. 研修班强调学员的素质教育

日本专家时常教导学员，作为一名设计师与教育工作者，必须具有良好的品德和敬业精神，必须明确自己的使命与社会责任。远道而来的这几位日本专家以身作则，不顾年迈、不辞劳苦，毫无保留地把自己毕生的设计经验、技艺和理论研究成果传授给大家，他们一丝不苟、循循善诱的教学态度与敬业精神，也直接给学员们树立了良好的榜样。对于每一位学员来说，研修除了提升专业能力外，也提升了他们的思想素质。

在这方面，我作为研修班的一名中国教师，也在研修过程中受到日本专家敬业精神的感染。

《设计》：参加研修班的学员是如何选定的？

杨向东：研修班学员由所在院校的教授推荐，要求必须是勤奋、创能力强的优秀教师和在校研究生、高年级本科生，择优录取。此项工作得到了各院校的积极支持。许多院长、教授在推荐学员后，还经常询问他们所推荐学员在研修期间的学习情况，有的还专程来研修班慰问日本教师，看望学员。

《设计》：您怎样评价研修班的成效和意义？有没有典型事例？

杨向东：由于各院校对参加研修班都很重视，所以学员素质普遍较高。大家都十分珍惜这次学习机会，在松丸隆、佐野邦雄、大田尚作、松田真次等老师不顾年迈、认真教学、关爱学生的敬业精神影响下，全体学员学习勤奋，训练刻苦，为自己的设计与设计教育生涯打下了基础，也促进了中国设计教育事业的发展。

据初步调查了解，经过百利达研修班的培养，加上学员们后来的不断努力与奋斗，前两届参加研修班的研究生和大学生，目前基本是国内外大企业、设计机构的主创设计师或领导者。像第二期学员中的李勤，现任美国 Fuseproject 副总裁，兼任美国设计师协会董事局主席；第九期学员刘恩华不久前获得了光华龙腾奖·中国服务设计业十大杰出青年提名奖；第一期学员谢斌、杨宁和第七期学员汤震启现在分别担任华为公司相关设计部门的骨干设计师。研修班后八届的年轻教师，现已成为中国各院校设计专业的教学骨干和学科带头人，部分学员已成为活跃在国内外设计学术界的知名专家学者，有些学员还担任了所在院校的领导。此外，还有很多优秀学员事业上也成果斐然。

研修班学员作为大学教师和设计部门的负责人，20 年来又为国家培养了成千上万名设计专业优秀毕业生和年轻设计师。研修班及其产生的辐射效应，为我国设计与设计教育事业的发展做出了巨大贡献。正如尹定邦教授所说："百利达研修班成效卓著，完全可以载入中日友好和设计交流的史册，并留下光彩的一页。"

作为连续十年参与百利达工业设计研修班的中国设计教育工作者，在赞赏日本企业和日本专家支持我国设计教育的同时，希望国内设计教育界同仁，特别是各院校参加过研修的年轻教师和当年的研究生、大学生对十年研修班进一步总结，更多地从中找出有助于我国工业设计事业和设计教育发展的经验和与启迪。

令人高兴的是，当今中国的设计和设计教育事业较十年前和二十年前已经有了长足的进步，当年的学子们都已成为栋梁之材。相信这是对曾经为中国设计教育发展做出贡献的日本专家们最好的安慰！

《设计》：作为研修班的促成者、推动者、亲历者、见证者，您认为是什么原因使众多研修班学员纷纷成为中国设计与设计教育事业的中坚力量？

杨向东：我想主要原因有三个：①这些由各院校教授推荐参加研修的学员，本来就具有良好的基本素质和创新精神，他们热爱设计和设计教育事业，好学向上，勤奋努力；②在此基础上，百利达研修班打开了他们的国际视野，各位日本专家的教学进一步启迪了他们的创新思维和分析能力，研修班的各种实践与训练提高了他们的设计技能；③研修班结业之后，他们在设计和设计教育的道路上没有停步，继续向更高的目标迈进，不断提高自己的设计能力和水平。正因为如此，研修班学员才会群星灿烂，每个人才有今天的成就。

《设计》：您觉得研修班有什么可以借鉴的地方？对我国工业设计的发展有什么启示？

杨向东：1. 研修班是一种促进我国工业设计人才培养的好形式

我国工业设计以及设计教育起步较晚，近十年来各方面虽有长足的进步，但由于我国的具体国情，以及教育的投入不足，总体水平尚落后于许多先进国家和地区。在这种情况下，如何更有效地为工业设计的人才培养创造机会和条件，促进设计人才的培养是当前设计教育界应当考虑的问题，也是整个设计界以及有关企业应当考虑的问题。

以往我国设计教育方面的专题研讨不多，尤其是极少开展各院校学生之间的交流，同时由于地域差别及地域经济发展不平衡，各院校之间的教学水平与教学质量存在着明显的差距。举办这样的研修班，既为优秀设计人才的成长提供了机会和条件，也有利于各地区、不同院校之间相互交流，有利于缩小各院校之间教学质量的差距，有利于我国设计教育总体水平的提高。

日本百利达公司面向中国设计人才办研修班的做法值得国人效仿。一家外资企业尚且能为我国工业设计人才的培养贡献力量，我国的设计界、教育部门以及有关企业更是责无旁贷。建议今后通过政府部门、院校之间或院校与企业合作，或由有条件的大企业、设计公司出资的方式，开展多种形式的设计研修班、工作坊以及设计竞赛、作品联展等面向学生或青年教师的设计交流活动。这样做有利于人才培养，有利于企业创新，功在国家发展，利在社会，实属一大善事。我们同时也希望更多的国外企业都来效仿百利达，支持中国设计教育事业的发展。

2. 从研修班看各院校工业设计教育

研修班学员来自全国各地的不同学校，在研修过程中，可以明显地看出我国设计教育的总体状况和各院校之间的差异。

从总体来看，我国设计教育比较注重学生基本理论与设计技能，而对培养学生创造能力特别是形态创造力尚缺乏足够的重视和有效的训练。为改变这一状况，我认为我国的设计教育工作者应在以下几方面做出努力：

①加强创造学、创造性教育等方面的理论学习和研究；②参照国外形态创造方面的理论和方法编写有关教材，并开设相应的课程；③由于创造能力的培养是一项系统工程。有关的基础课、专业基础课及专业课等各个环节的教学，都应尽可能强化学生创造思维的培养和形态创新方法的训练，为此，整体的教学内容与方法也应不断改革；④通过组织和参加设计竞赛、参与设计实践等活动，鼓励创新，激励创造思维。

从研修班所看到的各院校设计教育的差异及其解决办法，大致可以归纳为以下几方面：

1）由于地域、地域经济发展的差别以及对外交流的不便等因素，一般来说，内陆地区院校学生的水平和能力，明显地逊色于沿海城市及中心城市院校的学生。这主要表现在设计基本理论掌握得不够充分，运用这些理论解决实际问题的能力欠缺，审美能力有待提高以及设计表现、模型制作能力不强等方面。日本专家在评价这一状况时写道："中国院校的设计信息、情报缺乏，设计实践太少，因此设计教育尤为困难，教师们任务艰巨……"要解决这些问题，就当前来讲，只能靠加强交流，采取包括派出教师到国内外设计教育水平较高的院校进修学习、多给师生以外出考察的机会、利用互联网加强信息沟通，并经常聘请国内外专家讲学等多种办法。

2）在教学中教师是决定因素。从研修班可以看出，凡师资力量较强、办学历史较长的院校，学生的水平能力都比较强。相反，师资力量不足、办学历史较短的院校学生的水平与能力往往不及前者。相信随着师资力量的增加、教学条件的改善，这种状况将能够改变。

3）教育靠投入，设计教育也同样。就当年的设计教育状况而言，我国的设计教育普遍投入不足，相对于国外设计教育来说，当年我国不少院校可以说在非常简陋的条件下办学，这是我国设计教育发展的严重障碍之一。就参加研修班的院校而言，各院校之间的硬件条件存在一定差距。从研修班可以看出，凡硬件条件较好、办学规模较大的院校，其学生的设计技能一般都比较强。现在各院校的教学条件已得到很大的改善，但政府部门仍应加大对设计教育的投入，特别是边远地区的院校。为工业设计人才的培养创造更好的条件，各院校也应尽可能在现有情况下改善设计专业的办学条件。

4）学生参加社会设计实践的情况也影响着其设计水平与能力。在研修班看到，凡水平、能力较为出色的学员，一般都有参与社会设计实践的经历。一些学生利用假期在设计事务所参加过设计工作，另有学生跟随有关教师参与完成过设计任务。社会实践使他们得到了锻炼，提高了能力，有时强于在校期间的一次设计训练。我认为，在不影响正常学习的前提下，应当鼓励学生参与社会实践，学校教师也应当为他们创造接触设计实践的机会。

尹定邦教授在给研修班学员举行开学典礼

张福昌：
21 世纪终将成为亚洲的设计时代

ZHANG FUCHANG： THE 21ST CENTURY WILL EVENTUALLY BECOME THE
DESIGN AGE OF ASIA

张福昌
江南大学设计学院原院长、教授、博士生导师

张福昌，江南大学设计学院原院长、教授、博士生导师，中国工业设计协会资深会员，日本千叶大学名誉博士。张福昌教授是最早一批将现代工业设计及其他艺术设计理念引入中国的学者之一，奠定了中国工业设计教育基础，与清华大学美术学院柳冠中教授并称"南张北柳"。

张福昌教授曾两受江南大学公派到日本千叶大学做访问学者，在专访中他表示，要学习和发扬谷田大辅、清水吉治、大田尚作和横内义富等老一辈设计家和企业家的国际主义以及敬业奉献精神；更需要进一步加强两国设计教育的友好交流与合作，携手共建中日设计教育交流合作的高速公路平台，共创中日两国、亚洲和世界的设计教育新时代。

《设计》：请您介绍一下您参加百利达工业设计研修班的时代契机。

张福昌：自 1981 年到千叶大学，至今已 38 年，弹指一挥间！忆往昔，峥嵘岁月稠。我想借此机会感谢江南大学两次公派我到日本千叶大学做访问学者；感谢千叶大学工业意匠学科的各位先生和日本设计界无数老前辈、企业家、同仁朋友的热情指导和无私帮助；感谢国内兄弟院校的领导、专家、同仁和朋友们在我任职期间的关心、照顾和帮助。

改革开放四十几年来，中国取得了举世瞩目的成就，建成世界制造大国、经济大国、文化旅游大国和设计教育大国。现在我国 3000 多所大学中有 1900 多所大学有设计艺术专业，每年招收 50 多万名设计艺术类学生和数以万计的各类设计艺术类研究生，有 200 多万名设计艺术类在校生；每年有数以千计的师生到世界各国留学和回国服务。近几年来，在国际的重大比赛中，中国设计屡屡获奖，中国设计正在走向世界。

中国有个成语——饮水思源。当我们庆贺取得举世瞩目的成就时，我们绝不能忘记，是国家的改革开放政策打开了我国设计教育通往世界的大门！我们绝不能忘记所有关心、支持、无私照顾和帮助过我们的朋友。今天，我们举办"中日设计交流和百利达工业设计研修班学术研讨会"，让我思绪万千，重温了很多不能忘怀的回忆。

提起百利达公司，我就会缅怀和感恩已故的前辈松丸隆先生，他是日本第二次世界大战后千叶大学工业意匠学科早期的毕业生。1981 年，我到千叶大学做访问学者期间，一次偶然的机会认识了他，他当时是百利达公司设计室主任，在日本设计界人脉很广。松丸隆先生小时候在青岛生活过，非常喜欢中国，他得知我是中国政府派到千叶大学学习工业设计的大学老师，非常高兴，经常给我介绍日本的工业设计，赠给我珍贵的日本工业设计图书资料、他的画册和他亲自画的设计草图，为我引见百利达公司社长谷田大辅等企业领导、设计师横内义富先生和日本设计界的朋友，带我认识他的家人，百忙中安排时间陪同我外出写生和考察市场，还邀请我一起为东京的一家"大和田"日本料理店做 CI 设计。1983 年春，在松丸隆先生的帮助下，他们公司第一次破例（因为日本企业的设计部门都是企业的保密机构）专门安排我到百利达公司设计室进行电子秤的设计实习，他无私地把几十年积累的设计和管理的经验传授给我，让我第一次真正了解了企业的具体设计程序，深感企业与大学的设计教育差别之大；他指导我设计的产品还受到公司表彰。1983 年回国前夕，松丸隆先生和横内义富先生还专门陪同我到松下公司设计部创始人真野善一先生家里访问。1983 年我回国以后，他还经常给予我指导和帮助。我每次去日本总要访问百利达公司社长谷田大辅和横内义富先生，他们都给了我很多的资料和指导，让我真正懂得了工业设计，对我回国以后的教学很有指导意义。

在这里，特别要感谢百利达前社长谷田大辅先生。30 多年来，他不但给我在人生观、设计经营理念和企业发展战略等方面无私的指导和帮助，为了促进中国的工业设计及其教育事业发展，更是以博大的胸怀和"和平·博爱"的情怀，于 1997 年在东莞创建了"国际艺术研究所工业设计研修班"，给我国设计院校师生创建了一个工业设计学习、交流和成长的平台，在 1997 年到 2007 年的十年间，为我国的设计院校无偿培训了240 余名优秀工业设计人才，为促进我国工业设计教育的发展做出了历史性的贡献，这一成果必将载入我国工业设计教育的历史。

在这里，我还要感谢清水吉治先生，他是当代日本工业设计界和设计教育界德高望重的工业设计家，也是在中国设计院校享有盛誉的设计家和良师益友。

我第一次了解清水吉治先生是在 1982 年的秋天，当时我在千叶大学工学部工业意匠学科森本真佐男教授研究室学习汽车和家用电器设计，研究室的野口尚孝先生带我到东京日本机械设计中心去观看清水吉治先生画效果图的录像带播放推广活动。1983年年初在谷田公司设计电子秤时，松丸隆先生送了我一本《工业设计全书第四卷——设计技法》，书中有清水吉治先生的作品。我第一次看到这样有特色、高水平的效果图，这给我留下了深刻的印象。后来多摩美术大学校长高桥史郎又送给我几本清水吉治先生的设计效果图的书，使我的内心更加敬仰。

但第一次面对面接触清水吉治先生是在2004年我应邀去东莞名家具俱乐部做评委时，我应邀参加了百利达公司在东莞建立的国际艺术研修中心培训班的结业典礼，因这期由清水吉治先生执教效果图，于是我们在典礼上相遇了。我们一起讨论了中国与日本工业设计教育的现状与问题，不少话题十分投机，一致认为计算机辅助工业设计虽然极大地提高了设计的效率，展现了设计无限的可能性，但是也造成了设计院校年轻一代师生过于依赖计算机而忽视了手、眼、脑并用画构思草图和制作模型的技能；设计院校普遍缺乏"五官"的综合训练，脱离生活、市场和生产实际，脑体分离现象十分显著，致使很多产品在投放市场使用时出现诸多问题。在分别前，我诚挚地邀请清水吉治先生到无锡举办效果图培训班，清水吉治先生高兴地答应了。于是，2005年1月，在江南大学也举办了一次培训班。在培训班期间，我根据自己教学的体会和国内工业设计教育的现状，建议清水吉治先生能否出一本设计草图、制图和模型三合一的教材，他也很爽快地答应了此事。

清水吉治先生回国后，不是将他已经出版的书稿的图片拼凑补充了来"交差"，而是把自己一生积累的设计和科学教学经验经过精心总结、编排，并选择了若干循序渐进的训练课题，重新一幅幅认真绘制，并邀请了日本著名的工业设计教育家酒井和平教授编写模型部分。酒井和平先生是首次将自己积累的模型制作经验以及在设计创作和制作过程中进

1983 年在谷田公司设计室设计实习的电子秤产品模型

行的工具革新窍门公之于世。他们对工作极端负责和无私奉献的精神、严谨的治学态度，为我们树立了榜样。这本《设计草图 · 制图 · 模型：工业设计草图·制图·模型入门书》于 2007 年由清华大学出版社出版后受到全国设计院校好评。十多年里，我和清水吉治先生共合作出版了四本有关工业设计的教材，每一次翻译清水吉治先生的教材都让我"温故而知新"，仿佛又回到了留学时代。清水吉治先生不但在专业上让我们敬佩，而且在学术道德、师德和无私奉献上为我们树立了典范。

《设计》：您认为，百利达工业设计研修班对助力中国工业设计的发展乃至成为世界的设计教育强国具有怎样的现实意义？

张福昌：设计如水，无处不在，必不可少。设计及其文化是古老而年轻的领域，说其古老是指设计伴随着人类社会的生活和生产的需求而诞生发展；讲其年轻是指把设计作为一门科学来研究的历史只有几十年，无数奥秘有待探索。

设计是设计师凭着社会责任和使命感，以感恩的心，用智慧和良知、应用科技的成果和优秀文化创造未来，造福人类，将人们的理想变成现实，把需求和概念变成商品的创造性系统工程。设计的核心在于创新，而一切创新的核心在于能否促进生产力的可持续发展，能否建立"天人合一"的和谐系统，使人们的生活更美好。设计有改变世界的力量！设计已经成为世界各国的共同事业。

我们生活在一个科技日新月异，知识迅速老化，充满不确定因素的复杂多变时代，颠覆性的技术时刻在改变着世界的产业、产品和人们的生活和消费方式；我们正处在世界性的产业和产品转型升级及协同创新的历史时期，我们面临着世界性的环境、资源、能源、粮食、人口、贫困、贫富差异和老龄化等社会危机。设计的本质、目的和使命是解决问题，不但要研究解决产品的功能、形态、色彩，更要研究世界性的社会和民生问题。

历史告诉我们，学术的发展在于交流和不断创新。中日两国是一衣带水的友好邻邦，中日两国传统文化一脉相承，中日的文化交流源远流长，影响深远。在经济全球化的大背景下，中日两国的友好交流与合作更加重要。我国虽然是经济和设计教育大国，但是，我们还没有建成发达国家，我们还不是世界的设计教育强国，在东莞举办"中日工业设计教育高峰论坛暨百利达工业设计研修班22周年纪念活动"的意义，不但要感恩百利达公司，缅怀为中国工业设计教育无私奉献的松丸隆先生等专家和朋友；要学习和发扬谷田大辅、清水吉治、大田尚作、横内义富等老一辈设计家和企业家的国际主义以及敬业奉献精神；更需要进一步加强两国设计教育的友好交流与合作，携手共建中日设计教育交流合作的高速公路，共创中日两国、亚洲和世界的设计教育新时代！

展望未来，前程似锦。随着中国的崛起和亚洲新兴国家经济的快速发展，世界的设计中心正在由西方逐步转向东方，21世纪终将成为亚洲的设计时代！企盼中日两国设计界的同仁不忘初心，以天下为己任，把自己的命运和全人类共同的命运体紧紧连在一起，共同点燃21世纪世界设计革命的火炬，以感恩的情怀为人类创新设计和服务；把各国传统文化的"真、善、美"奉献给全人类，载入人类的文明史册。

宋武：
百利达研修班的多元模式传授的是设计创新的"能力系统"

SONG WU : MULTI-MODEL OF TANITA SEMINAR TEACHES THE "ABILITY
SYSTEM" OF DESIGN INNOVATION

宋武

华侨大学美术学院及工业设计研究院院长、教授、博士生导师

宋武，华侨大学美术学院及工业设计研究院院长、教授、博士生导师，机电及自动化学院工业设计学科带头人，中国机械工程学会工业设计分会理事，中国人类工效学学会理事，全国艺术专业学位研究生教育指导委员会专家，福建省工业设计协会顾问，福建省室内设计师协会副会长，厦门市工业设计协会顾问，泉州美术家协会副主席，福建省高层次人才，厦门海外高层次留学归国人才，日本千叶大学博士，日本武藏野美术大学研究员，日本筑波大学访问学者。

1999 年，宋武作为沈阳航空工业学院选派的教师参加了百利达第三期研究班为期20 天的培训。

《设计》：百利达健康器材有限公司连续十年为中国高校工业设计教师、学生和企业设计师免费提供研修培训，您参与了第三期研究班，请介绍一下是怎样的契机下加入了这个研究班？当时您正在从事什么工作？

宋武：由东莞百利达健康器材有限公司原社长谷田大辅先生开创，连续十年为中国培养工业设计人才的研究班可谓"育苗东莞 花开神州"。能够有幸成为来自全国 46 所大学、240 名学员中的一名，我实在与有荣焉。

1999 年第三期研究班培训了全国 11 所大学工业设计专业的 21 位青年教师。参加的 11 所院校分别是沈阳航空工业学院（现沈阳航空航天大学）、中央工艺美术学院（现清华大学美术学院）、北京理工大学、天津美术学院、西北工业大学、郑州轻工业学院（现郑州轻工业大学）、湖南大学、无锡轻工业学院（现江南大学）、上海交通大学、华南师范大学、广州美术学院。当时我在沈阳航空工业学院工业设计系任教，杨向东老师联系学院领导派 1~2 名青年教师前往东莞百利达健康器材有限公司参加研学活动，我和刘涛老师作为沈阳航空工业学院选派的教师参加了培训。当时我和大多数学员一样，是高校工业设计专业的青年教员，在教学工作中主要讲授"设计基础""设计方法学""专题设计"之类的课程，平时也有参与一些产学合作项目。第三期研究班的导师有佐野邦雄先生、朱钟炎先生、西泽信雄先生、杨向东先生、张宝成先生、佐藤正明先生和池田贤次先生。对于当时的青年教师来讲，时间充裕、内容专业系统的全国性研修活动还是比较少的，所以充满期待。当时国内的交通条件还不像现在这样发达，我们从北方乘坐绿皮火车辗转两天才到达东莞，1999 年的东莞百利达工厂周边还比较荒凉，相邻的企业只有一家金霸王电池工厂，到了晚上周围一片静寂，好在百利达工厂的全体员工对研修学员们非常热情，在企业里的研修生活充实而快乐。

《设计》：您所参加的那期研究班为期多长时间？课程设置和老师的授课方式给您留下了怎样的印象？

宋武：第三期研究班的课程为期 20 天，课程内容系统而丰富，有理论方法、生产线观摩、专题讨论、专题设计、设计方案制作等，研修日程表清晰地注明了课程的主要内容和任课教师等信息。授课方式注重与企业的生产实践相结合，理论方法与实际应用相结合，采用当时比较先进的方法和设计辅助技术。为了保障专业的授课方式，研修活动还为学员们准备了丰富的学习资料、模型制作工具和材料，以及专业的绘图工具等。资料内容很有价值，包括企业商品开发计划、生产技术原理及标准、商品营销策划方法等。设计方法包括"设计推演法""KJ 法"等。设计绘制、模型材料及工具包含马克笔、专用纸、发泡材料、各种套装制图模板、模型制作的专业工具等。当年百利达研究班提供给学员们的马克笔套装，许多同学至今仍珍藏着。

研究班的老师们都非常亲切，第三期研究班的主讲老师是佐野邦雄先生，他是一位和蔼亲切的师长，总是不厌其烦地回答同学们提出的问题。还有杨向东老师和朱钟炎老师，他们在担任专业主讲的同时还担任着中日文翻译工作，非常辛苦。正是老师们辛勤的付出才使研究班能够连续举办十年，备受赞誉。

《设计》：研究班的结业课题"测"，您是如何理解和完成的？

宋武：接到这个结业课题时觉得很特别，一个"测"字的命题解放了设计思路上的限制。多数常规的课题任务都是以具体的设计要求来定位范围，比如像"青年人使用的家用体重秤"之类的。为了进一步启发学员们的思路，导师为我们讲述了"测"字在日文中的丰富内涵，"测"的日文写法为"測る"，读音为"hakaru"，相同读音下有以下几种不同的写法和含义："図る"为意图功夫，"計る"为计算计划，"測る"

11 月	AM8:30~11:30	PM1:30~5:30	PM7:00~9:00
1 日 星期一	开学典礼：尹定邦中国工业设计协会理事长等参观工厂	orientation 宿舍规则。其他 Curriculum 等 [讲义] 人类和工具的发展史	[讲义] 工具中所含要素的解读 message，技术，文化
2 日 星期二	[演习] 根据 KJ 法的应用做成分析表	[发表] 各人发表自己做成的分析表	[讲义] modern design 的轨迹 从艺术和技术的观点出发
3 日 星期三	[讲义] post modern design 的意思 产品意义论 approach	[讲义] design 的今日 [资料] 提示	[讲义] design 是什么 世界上 design 相关者的想法
4 日 星期四	[讲义] marketing 概念	[演习] 商品的 trend map 的做成	[发表] 各自发表自己做成的 trend map
5 日 星期五	[讲义] 商品开发战略 design management product planning	[讲义] 商品 concept key word 和 concept 的提炼	[讲义] 社会 生活的变迁 和 design theme 的提炼
6 日 星期六	[讲义] ecological design universal design	[讲义] 课题 guidance 1 全体 theme [测量]。产品提示	[讲义] 课题 guidance 2 Q&A
7 日 星期日		返校预约受理 1（旅行社）	
8 日 星期一	[讲义] 材料与 design；plastic 概论 材料与成型法；设计时的要点	[参观] 工厂参观：plastic 成型的实际 + 实例介绍	[演习] plastic 产品的图面化
9 日 星期二	[讲义] 生产管理技术 Total Quality Control 概论	[参观] 工厂参观：生产线实际	[特别讲义] 百利达公司设计相关者的讲义：从生产的立场出发对 designer 的期望
10 日 星期三	[讲义] design process 的实际 1	[讲义] design process 的实际 2 实例介绍：佐藤	[特别讲义] design 和 computer 的状况：佐藤
11 日 星期四	[特别讲义] 利用 computer 的最新 design：西泽信雄 concurrent engineering	[特别讲义] 利用 computer 的最新 design 利用光造型制作 model	[特别讲义] 利用 computer 的最新 design Q & A
12 日 星期五	[讲义] 课题 guidance3 对象产品 theme 的最终选择	[演习] 调查分析 1	[讲义] 产品 design 发表想法
13 日 星期六	[演习] 调查分析 2	[演习] 商品开发战略的提案	[讲义] design 合同实务 [资料] JIDA：日本工业设计师协会
14 日 星期日		返校预约受理 2（旅行社）	
15 日 星期一	[演习] 商品 concept 的提案	[演习] 商品 concept 的提案	[演习] 基本 design1 sketch
16 日 星期二	[演习] 基本 design1 sketch	[演习] 基本 design1 sketch	[演习] 基本 design2 rough 图面做成
17 日 星期三	[演习] 基本 design3 rough model	[演习] 基本 design3 rough model	[演习] 基本 design3 rough model 做成
18 日 星期四	[演习] presentation panel 作成	[演习] presentation panel 做成	[演习] presentation panel 做成
19 日 星期五	[发表] presentation 1	[发表] presentation 2	晚宴
20 日 星期六	结业式：授予结业证书	解散，返校	

百利达 1999 年第三期工业设计研究班课程表（佐野邦雄先生制表），
每一届研究班的课程内容都有所不同

为测定测量，"量る"为计量，"諮る"为征求意见商量，"謀る"为谋划计略。真没想到，日语的"测"会有这么丰富的含义。

在学员们展开方案设计之前还被要求发表各自对"测"的理解以进行讨论，表述的形式比较自由，多数同学采用文字描述的形式传达对"测"的理解，这种多样的思考方式也起到了相互启发的作用。我受课堂启发产生了许多想法，如测定物体物理属性的量，除重量、体积、面积之外，还有计测生理和心理活动指标的量，策划制定方案时的考量和权衡，制定一项标准的水准等。当时我对其中以"计测生理和心理活动指标的量"来进行用户分析的方法产生了浓厚兴趣，因为当时在设计领域的用户研究方面更多的是采用定性的调查方法来评价的，而如何量化用户需求以及转化身心数据为产品设计服务是有价值的发展方向。基于这个思路，我在提出方案时设计了一款不只能测量人体重量和体脂率，同时也能测量人体的其他身体信息，从而对用户的健康及自我管理起到积极作用的概念产品。

《设计》：研修过程中，给您印象最深刻的事情是什么？

宋武：印象深刻的就是老师们学识渊博、严谨勤奋、和蔼亲切，对培养工业设计青年人才充满热情！这方面每一位研修学员都有难忘的记忆，比如：松丸隆先生首创研究班的辛劳，佐野邦雄先生的严谨治学，大田尚作先生的改革创新，清水吉治先生的诲人不倦，特别是谷田大辅社长对研究班的热情关怀和支持，十分令人难忘。第三期研究班的佐野邦雄先生的治学严谨，给我们留下极为深刻的印象。佐野邦雄先生有个不离手的记录本，经常利用空闲时间绘制设计草案，思考设计问题，他告诉我们，要养成平常就通过绘制草图思考解决方案的习惯。看到佐野邦雄先生的记录本，我感到非常震撼，即使是针对一项任务思考也有几十张，甚至上百张草图方案，其中有许多精妙的设计方案给我们带来深刻的启示，这种启发不止于一个设计问题的解决，更有先生对事物本质的思考，也体现出先生对待工作的态度，对设计的挚爱！在第三期研究班结束六年后，我有幸再一次于东京六本木见到了佐野邦雄老师。那是参加先生的个人设计作品展，展览展出了佐野邦雄先生的许多作品，我在东京再一次被先生的设计智慧和敬业精神所感动。

另外，印象深刻的事情是学员们之间的交流与相互学习。研究班学员来自全国各地高校，地域文化之间的差异，办学理念特色的不同，又是同样的年龄段，使学员间的交流非常融洽，讨论异常热烈，有些同学主动发表他们的研究成果，介绍先进方法和经验，在这个过程中产生了浓厚的同学情，直到今天许多学员之间还保持着联系，这也是百利达工业设计研究班促进交流发展的一项重要成果。

《设计》：参加研究班后，对您的职业生涯产生了怎样的影响？

宋武：研修学习在东莞百利达工厂展开，直接接触企业的工程技术，紧密结合生产实践，从设计方案开始到商品化全流程的研修方式，不仅培训效果好，也进一步激发了学员们对工业设计的热爱。我在这次研修后的教学及科研工作中，更加重视理论与实际生产的紧密结合，重视以用户市场为导向的路径，关注先进科学的设计方法。研修使我对日本的工业设计产生了浓厚兴趣，于六年后赴日本深入学习工业设计。留学期间我确立了以"人"为本的设计研究方向。从 2005 年以来，一直从事以人因工学为基础的工业设计方法的研究和教学工作，同时也与企业合作开展一些实践课题，这些工作强调以人为本的基础研究，并结合应用技术完成设计转化。这种重视人因科学研究、结合跨领域技术融合及设计应用转化"三位一体"的方式方法正是百利达工业设计研究班给我的重要影响。

东莞百利达工业设计研究班授课现场

《设计》：随着设计日益受到重视，为设计师开设的培训课程也百花齐放，您认为当年的百利达研究班具有怎样独特的价值和意义？

宋武：由企业牵头全国性的工业设计研修班在 20 世纪 90 年代并不多见，百利达企业领导和日本众多专家学者倾情奉献培养中国设计人才，在中日工业设计交流史上可谓重要一笔。连续十载培养的学员现今在中国各大院校及众多知名企业发挥重要作用，反映出研究班的价值和意义。正如清水吉治先生所讲："相信以 5000 年的文化传统为基础的中华思想，和以此为背景所构建的中国独特的新设计模式，定会在不久的将来席卷全球的设计界，期盼各位不断进步，更上一层楼。"这句话代表了百利达工业设计研究班的创办理念，以及清水吉治、松丸隆、佐野邦雄、大田尚作等日本设计家和设计教育家对中国工业设计事业的厚望，并热情地投入到对中国工业设计青年人才培养的事业当中，践行他们的理念，我想这正是百利达研究班所具有的独特价值和意义的核心。研究班所倡导的"重视实践""重视文化交流""重视科学方法与学科融合"的理念，以及严谨的工作态度、服务于用户的创造精神，都是百利达工业设计研究班独特的价值和意义。近年来，设计日益受到重视，为设计师开设的培训班也百花齐放，特别是在线网络培训也越来越多，内容呈现几种主流形式，一种是创新思维类的培训，另一种是设计方法工具类的培训，还有一种是商业模式及品牌创造类的培训，这些培训都与当下时尚理念相适合，有需求、有粉丝，体现出知识信息网络经济时代的特征。但是与当年百利达研究班相比，在注重培养设计师对工程、商业、科学、文化的协同把握能力上显得单薄和碎片化。这种综合能力是专业设计人员的必要素养，是持续学习的基础，这也是百利达工业设计研究班的独特价值和意义所在。另外，值得一提的是伴随改革开放，在中国工业设计快速崛起的进程中很有影响力的研究班主要有三个：一是中央工艺美术学院的师资班；二是日本千叶大学与湖南大学设计学院的校际合作培训；三是百利达工业设计研究班。这三个研修活动为中国工业设计教育做出了不可低估的贡献。

《设计》：从个人职业角度出发，您认为现在工业设计师最需要怎样的研究班？

宋武：个人觉得，现在大致有两种培训或研修趋势：一是工业设计的领域内容越分越细，导致专题型设计技能培训多现；二是商业模式型的设计管理和设计思维研究班热度很高，这是符合时代发展需要的。同时，基于工业设计的学科交叉性和实践性较强的特征，还应该建立和推动一些重视多元内容的工业设计创新方法的研修活动。这其中应包含有利于科技成果向应用转化的方法，也要包含社会文化提升附加价值的方法，还要包含生产和商业实践的基本原理。这种要素混合模式培训对于设计师的成长具有积极意义，就像当年百利达工业设计研究班所重视的多元模式，因为这样的培训所传授的是一种设计创新的"能力系统"。

刘洋：
百利达研修班给中国设计教育带来级数增长式的连锁效应

LIU YANG: THE TANITA SEMINAR BRINGS CHAIN EFFECT OF SERIES GROWTH
TO CHINESE DESIGN EDUCATION

刘洋
沈阳航空航天大学设计艺术学院院长、教授、硕士生导师

刘洋，博士、沈阳航空航天大学设计艺术学院院长、教授、硕士生导师，先后毕业于湖南大学和同济大学，教育部工业设计专业教学指导分委员会委员。目前主要研究领域包括公共与服务设计、地域文化创新设计、通用设计等。

《设计》：百利达健康器材有限公司连续十年为中国高校工业设计教师、学生和企业设计师免费提供研修培训，请介绍一下您是在怎样的契机下加入了这个研究班？当时您正在从事什么工作？

刘洋：沈阳航空工业学院（现沈阳航空航天大学，简称沈航）第一次参加百利达培训是 2000 年的第四期。1999 年，时任沈航工业设计系主任高霁教授随同辽宁省组织的设计考察团赴日考察，通过日本设计协会，并经朱钟炎教授介绍，与百利达培训项目结缘，在 2000 年第一次派出两名青年教师参加了研究班，学习反馈非常好。2001 年夏天，我作为沈航工业设计系产品设计教研室青年教师，很荣幸地成为百利达第五期培训班学员，开启了一次难忘的东莞夏日设计之旅。

从第四期至第十期，沈航先后有十几名教师参加了培训，加上沈阳理工大学、鲁迅美术学院、东北大学等院校参加培训的学员，百利达研究班在沈阳这个老工业基地城市撒下数十颗设计教育的种子，今日已在东北这片热土上开花结果，蔚然成林。

《设计》：您所参加的那期研究班为期多长时间？课程设置和老师的授课方式给您留下了怎样的印象？

刘洋：第五期研究班是在 2001 年 8 月初开班的，当时的百利达工厂周边几乎没有其他建筑，百利达的厂区仿佛一片设计荒漠中的绿洲，二十几名来自全国各设计院校的青年教师和青年设计师汇聚于此，经历了一场持续 3 周的设计蜕变。

当时研究班配备的师资堪称豪华：平日设计"小白"仰慕而不得见的超级偶像清水吉治教授、慈祥严谨的佐野邦雄教授、风流倜傥的大田尚作教授，以及来自百利达公司的本水裕次郎先生等一批驻场设计师作为主讲教授。其间，清水吉治先生的马克笔加色粉的预想图表达技法惊艳了班上所有的学员，唤醒的 Sketch 欲望一发不可收，整个培训期间，几乎所有学员都在疯魔似地狂画草图。佐野邦雄和大田尚作教授传授的 KJ 法、属性分析法、联想法和头脑风暴法填充了学员头脑中的理性半球，虽然融会贯通仍需时日，但这一切都成为后来教学和工作生涯中受用无穷的设计和思维训练方法。班主任杨向东教授，担任课程翻译的宋铁桥教授，在学员晚上加班画图的时刻，几乎是全天候陪同，杨老师和佐野邦雄老师甚至和学员们完成了同样数量的设计方案草图，这种同吃同住的沉浸式教学方式也让我们受益匪浅。

《设计》：研究班的结业课题"测"，您是如何理解和完成的？

刘洋：关于"测"这一主题的理解，几乎所有学员都是从懵懵懂懂开始的。聚焦问题开启设计，现在看来似乎理所当然，但在当时是"艺术"风潮正盛的时代，回归问题本身依然让很多设计师无所适从，在佐野邦雄老师的反复解读和引领之下，大家才慢慢厘清思路。我个人则是逐步将计量和平衡的着眼点放在水面张力平衡上，借鉴水黾浮在水面上行走的灵动姿态，完成了自己的设计方案。虽然设计方案很粗陋，但在完成设计任务的过程中收获满满。

《设计》：研修过程中，给您印象最深刻的事情是什么？

刘洋：研修过程中，佐野邦雄教授、大田尚作教授、清水吉治教授、杨向东教授几乎每晚都陪同学员加班，一起出图，一同探讨方案，各位任教老师在教学中的敬业精神至今难以忘怀。

《设计》：参加研究班后，对您的职业生涯产生了怎样的影响？

刘洋：研究班所传授的设计方法和思维工具，对国内设计界，尤其是设计教育界，产生了极广泛的影响。20 世纪之交，我国的设计专业数量正处在爆发式增长时期，招生规模扩大之后，首先面临的问题就是师资缺乏，也急需将设计教育规范化。研究班所传授的 KJ 法、属性分析法、联想法、效果图技法等在各大院校广泛传播，几乎成为那个时代设计教育界最显效的一股力量，沈航的设计教育升级也是在那一时期启动的。我个人也是在参加了研修班之后，才开始进一步将设计分析和表达工具明确作为设计流程的必要环节，贯彻到毕业设计和专业设计课程当中，教学中师生均在这一改变之后获得显著成长。

《设计》：随着设计日益受到重视，为设计师开设的培训课程也百花齐放，您认为当年的百利达研究班具有怎样独特的价值和意义？

刘洋：百利达研究班是在中国设计发展关键的瓶颈时期开办的，实际上为当时我国设计教育规模化时期提供了一个适用的、可复制的、可推广的思维工具和设计方法。而且这种通过培训青年教师来推动设计的有远见的教学设计，在中国设计教育界产生了一种可持续的、级数增长式的连锁效应，对中国设计教育的规模和质量的提升作用不可估量。

另一个比较有价值的收获是，研究班特别强调关于创新设计的问题意识和产业意识，这对我国当时工科性和综合性高校普遍存在的工业设计教育的"艺术化"倾向产生了强有力的纠偏作用。十届学员，200 多名设计界有生力量，广泛分布在国内各高校和各领军企业，对后来我国设计教育和设计产业的百花齐放种下了优良的种子。

《设计》：从个人职业角度出发，您认为现在工业设计师最需要怎样的研究班？

刘洋：工业设计发展至今，设计的对象和目标已不可同日而语，专业的内涵、外延、思维和表达工具都已发生了巨大的改变，设计已逐步走向了一个动态的，与产业发展和生活需要高度链接的专业。如果以十年作为一个知识更替周期，2020 年则再次进入一个新的知识更替周期。作为一个发源于机器时代，在我国制造业大发展时期快速成长的专业，工业设计目前面临的是一个崭新的产业和社会环境。在高速互联互通的 5G 时代，数字化、信息化、虚拟化、网络化将高度渗透所有的产业和服务领域，交互设计、体验设计、服务设计理念越来越凸显出其无限的商业潜力。同时，设计所带来的文化价值也越来越受到广泛关注。处在这样一个高速转型期，设计教育的分化和变革必然再次启动，原来所固守的知识、方法、工具和技术都需要全方位的迭代革新。面对层出不穷的新技术、新产业，面对人们的美好生活需求，设计再培训则将成为业界常态，研修培训的内容也将向更细分的设计领域和整合度更高的宏观设计两个方向侧重。

总之，百利达研究班十年坚持所培育的设计种子，已经在中国工业设计教育界开花结果，且成功融入本土生态，并将继续在中国的设计和设计教育界衍生、进化、成长。

设计奖 × 中国

第三章

设计大奖赛的是与非

THE RIGHT AND WRONG OF DESIGN COMPETITION

《设计》杂志社主编 李杰

近年来，国家大力提倡制造企业转型走创造之路，设计竞赛此起彼伏，受到各级政府和各大院校的重视和追捧。曾有学者统计，按照主办方的规模及级别大致可将现有的设计竞赛分为五类：第一类为高校举办的设计竞赛，参赛的对象局限于在校大学生，如台州学院举办的多媒体设计比赛，此类竞赛主要是为了调动学生学习积极性和提升学生的设计能力，或促进几所高校间的设计和学术交流；第二类为公司主办的设计竞赛，参赛的对象是高校师生、设计公司团队、设计师以及设计爱好者，此类竞赛奖金较高、征集范围广，受欢迎程度也相对较高；第三类为省级设计竞赛，由省级政府或设计协会主办，参赛的对象限于本省，如始于 2010 年的浙江省大学生工业设计大赛，在省内有一定的影响力和号召力；第四类为国家级设计竞赛，是由国家级协会或政府主办，虽然向全球范围征稿，但影响力主要还是在国内，包括设计红星奖、红棉奖、全国设计大师奖等；第五类国际类设计竞赛，向全球范围内征稿，如德国红点奖、德国 iF 奖和美国 IDEA 奖被誉为"世界三大设计奖"，影响力极高，很多高校将此类竞赛作为考查学生设计实践能力的依据。

作为专业类媒体，设计教育也是我们关注的重要领域。设计竞赛可以视为培养学生实践能力的平台，在教学过程中，设计竞赛的导入可以丰富和充实设计教学内容。但同时我们也必须意识到，在实际的操作中，不能盲目和过度参加比赛，需审视专业发展方向和人才培养目标，让设计竞赛服务于教学活动，形成以赛促学、以赛促练、以赛促教的发展方向，才能培养出具有综合素质的设计人才，否则会助长学生急于求成的浮躁心态，对青年设计力量的成长有百害而无一利。获得奖项尤其是国际大奖的认可，对青年的鼓励作用是极大的，我们也无意否定，但是有些地方把大赛做成了专业，就好像社会上把报奖做成了生意，这是不可取的，我们还是主张学生在校期间应专注学好专业知识，掌握专业技能，理论与实践相结合。在花儿一样的年纪，在喧闹而静谧的校园，不妨让理想飞一会儿，待走出校园自然能担得起自己的社会责任，奋斗出一片天地。

设计奖项在当今以知识为主导的创新型社会中承担的创造力价值毋庸置疑，同时，设计奖项于当下所具备的批判价值，之于产业与科技的桥梁作用，以及改变社会的推动力已不可忽视。而业界对各大奖项趋之若鹜，与社会大环境也有着极大的关系，当获奖与职位升迁、绩效考核、工资待遇、招工就业直接挂钩时，谁还能关注人民日益增长的美好生活需要呢？相形之下，不妨换个角度，从奖项本身入手，让大奖赛的体制更完善，评审过程更合理高效，评委分工更专业细化。不必所有奖项都追求大而全，术业专攻又何妨，重要的是不错漏真正的好设计，并且还能服务于一方经济建设转型升级。

笔者希望能够抛砖引玉，也期待大家建言献策，良性互动。

何人可：
国际设计大赛是中国产品走向世界的通道

HE RENKE : INTERNATIONAL DESIGN COMPETITION IS THE GATEWAY
FOR CHINESE PRODUCTS TO THE WORLD

何人可
湖南大学设计艺术学院原院长、教授、博士生导师

何人可，湖南大学设计艺术学院原院长、教授、博士生导师，国家级教学名师，丹麦皇家美术学院访问学者，美国北卡州立大学访问学者，中国工业设计协会特邀副会长，教育部高等学校工业设计专业教学指导分委员会主任委员，中国机械工业教育协会工业设计学科教学委员会主任委员，国务院学位委员会第七届学科评议组（设计学组）成员，国家科学技术项目评审组成员。多次担任红点奖、红星奖、iF 奖、G-Mark 奖、Core77 奖等国际设计大奖评委。

《设计》：国内设计大奖赛的现状是怎样的？

何人可：国内设计奖有很多，但绝大多数都是工业设计奖。工业和信息化部还主办了国家级工业设计大奖，这说明从企业到政府乃至全社会都十分关注工业设计，对行业的发展是非常有意义的。几乎所有的设计之都都需要有一个相应的设计奖项及设计周活动来做支撑，像北京的红星奖、深圳的环球设计大奖。杭州也有中国设计智造大奖。因此，设计奖首先是很有意义的，说明全社会对工业设计这个行业充分关注。

大赛有不同的类型：

第一类大赛是由政府主办，从中央到地方都有，通过政府引导，把工业设计作为一个创新的抓手，去推进地区设计创新的发展。特别是经济发达地区，奖金可能高达百万元。2020年西藏也举办了首届工业设计大赛，这是设计意识的觉醒。大赛由西藏自治区经济和信息化厅主办，工业和信息化部国际经济技术合作中心承办，初步计划今后每两年举办一届。西藏具有独特的传统文化，同时又是世界知名的旅游目的地，工业设计能够将单件制作的传统手工业升级为批量化生产的现代工业。

第二类大赛是由企业主办，比如海尔设计大赛。企业做大赛的目标就是通过大赛来推进其品牌的美誉度和在年轻一代设计师中的知名度，是一种品牌推广活动。

第三类大赛是纯粹学术性的，像教育部高等学校工业设计专业教学指导分委会每两年做一次纯学术性的、全国性的工业设计大赛，是完全公益性、学术性的。

国内设计大赛多并不是坏事，大赛之间也存在竞争关系，大家都想做得更好。

《设计》：纵观国内外设计赛事，您认为中国设计大赛还可以有哪些方面的发展和突破？

何人可：国内设计大奖各有特色。工程院的好设计奖的评委都是院士一级的，他们给工业设计起了一个动人的名字，叫"创新设计"。因为它是工程院指导的奖项，特别注重有关工程方面的产品设计，所以评出来很多诸如盾构机、大飞机、动车组、大型机床等有较高技术含量和巨大投入的产品。

行业类的大赛在国内是主流，比如文具大赛、袜业大赛、椅子大赛、陶瓷大赛等。另外还有一类综合性大赛，体现这个时代的优势和特色，体现先进性、学术性。比如中国设计智造大奖（DIA）就很明确，每次评出来的产品都非常强调在数字化、智能化方面的优势。2020 年的两个大奖作品，一个是索尼的智能玩具，另一个是阿里云的"数字孪生"，都体现了智能核心。

今天的智能可能更多地体现在数字技术方面。这次全球性的疫情，在很大程度上推进了世界进一步走向数字化、智能化，所以也需要以智能为导向的设计去引领未来的发展。红星奖在中国已经做出了品牌，大家公认它在工业设计方面已经有很大的影响力，因为它是北京科委主办的，以设计促进科技成果转化、通过设计将先进技术市场化应该是红星奖的特色和优势。我们需要通过一段时间的努力，把红星奖塑造成真正具有科技硬核的设计奖项。但红星奖的科技硬核和工程院的好设计奖的国之重器又不完全一样。它侧重于新材料、新工艺、新技术和老百姓，也就是与用户对于美好生活的向往结合起来，和人的生活有更紧密的结合。

这么一来，各个大赛就都有一个自己标志性的身份，这是很有意思的事。通过这些年不断地总结、竞争和比较，各个奖项都会磨练出具有自己特点和竞争性的形象。

设计大赛需要一个很好的定位，比如中国设计智造大奖就是一个很明确的定位，在其他综合性大奖里也可以分出不同的类别。国际性大奖的类别分得相当细，多达几十项，而且奖项本身也在不断发展。比如 G-Mark，前面几十年家电、汽车非常多，近几年可以看到逐渐新增了社会创新、可持续生活方式等类别。这和日本社会的演进有很重要的关系。可以看到，日本年轻人不买汽车了。东京的很多年轻人觉得汽车不环保，买汽车不是一件时髦的事情。日本老龄化非常严重，社会创新就成了设计所关注的一个主题。在这方面，我们真的要向日本的设计界学习，他们在适老设计，有关养老设施、养老服务，还有整个国家的社保体系方面，都做得非常完整、非常详尽。我们国家现在已经进入了老龄化的社会，未富先老。在亚洲地区，我觉得日本在设计服务于社会方面做得很好。另外，日本除了高端家电，一般的中低端家电品牌几乎都卖给中国了，像夏普、三洋等。日本的设计更多是关注人，关注社会的发展。所以，G-Mark 的主流也在适应社会的发展趋势。

我们的很多设计可能还没有关注到社会的变化对于设计需求的指导作用。比如，我们很少有专门的养老设计、通用设计的竞赛，在综合性大赛中，这种课题相对也比较少。

另外，还有一个很重要的方向就是联合国的 17 个可持续发展目标，这在国际上受到高度重视，很多奖项都针对这 17 个可持续发展目标制定了一些标准。这是人类发展的方向。

《设计》：从设计教育的角度，您认为设计大赛及奖项对中国的设计教育产生了怎样的影响？

何人可：如果竞赛和学校教学能够更加有机地结合起来，那么将是非常好的平台和手段。比如，iF 每年举办两次的设计新秀奖就是针对学生的，其他还有很多规模小一些的针对学生的竞赛，此外还有企业或学校主办的针对性更强一些的竞赛。以湖南大学设计艺术学院为例，我们不少本科高年级和研究生的题目都在某一程度上是和企业的设计或研究密切结合的，通过这种方式让学生在教学的过程中能够和企业真正的需求联系起来，同时了解真实的设计流程和环境。在国际上，无论麻省理工学院还是帝国理工学院，他们都和企业有着极其密切的联系。目前，绝大多数学校还不是纯粹的研究型学校，类似于工业设计这种实践性的专业，应该和企业界有紧密的合作。这并不是说我们直接做出一个产品就上市，而是通过更加有探索性、更加前沿性的课题，培养下一代的设计师。

近年来，我们和华为有比较多的合作项目，很少是终端产品的设计，主要体现在以下三个方面的研究：

一是国际专利。华为一直是国际专利全球第一，这形成了其国际竞争力。这些专利往往是针对未来的，未来是不是真正能用到产品上倒不一定，但它会形成一个专利墙，或者形成一个专利交换机制，这是国际通行做法。

二是行业标准。湖南大学设计艺术学院和华为无线媒体实验室共同研发并完成的新一代无线网络与视频用户体验质量标准在华为无线用户大会上正式向全球发布。2020 年 10 月 19 日，湖南大学设计艺术学院、汽车车身先进设计制造国家重点实验室、华为 2012 实验室 UCD 中心联合发布《汽车用户体验 2020 设计趋势报告》。该报告是国内学术与工业界在汽车领域正式发布的第一份用户体验趋势报告。

三是三维人体数据库。可穿戴设备设计对于人机学提出了更高的要求，先前的人机学叫作 Human Factors，主要是人体二维尺寸，现在需要高精度的三维人体数字模型，以及相关皮肤、脂肪、肌肉、骨骼数据。可穿戴设备一穿戴可能就是 24 小时，对于人机关系有更高的要求。

2019 年以来，在和企业交流中经常谈到一个很重要的概念——设计生态，就是在今天的数字化的条件下，硬件、软件、服务（内容）这三者无缝连接成为一个整体，成为今天设计竞争力的核心。企业要么创建自己的生态，要么成为别人生态的一个组成部分。全世界设计生态做得最好的就是苹果。2020 年度红点至尊奖苹果有四件，它成了硬件的行业标准。但是，苹果最核心的东西是 iOS 和 App。全世界所有的手机离开了 App 就是一块砖，每一个 App 后面是服务，是内容。有了 Apple Music，大家就很少用其他的音乐软件了，它把全世界的音乐都囊括进去，古今中外的音乐全部在里面了，而且你只要买一个账号，家里面 6 个人可以同时享用。

我们的生态还不健全，硬件、软件、内容都有短板。华为要创造华为数字世界，把 5 个不同尺寸的屏幕和华为云等硬件融合成一个生态，是一个很大的挑战。小米为什么 9 年就做成世界 500 强？它有一个非常好的生态，硬件、软件、服务都在里面。

《设计》：西方设计发展早且相对成熟，但东西方价值观的差异始终存在，中国设计是否已经确立了自己的评价体系？

何人可：这个问题很关键。其实西方不太讲究大赛的评审体系，讲究的是 100% 信任评审专家个人的专业判断。它不会给你一个非常详细的规则，但是你知道这个奖项基本的调性和标准是什么。所以有的奖会让你去做 10 年、20 年的评委，在这个领域里一直做下去，他不要你去打分，而我们现在是非常讲究打分的。比如分成 10 个项目，每个项目的权重比例是多少等，打分后由后台统计出来。那些国际奖项反而不需要十几、二十个评委去详细打分。每一个奖项的评审都有几十年形成的传统，或者说文化。国内每个奖项的评价体系都不尽相同，比如 DIA 就是一个金字塔体系。

《设计》：您如何评价 2020 年早些时候业界对设计奖项经营模式及含金量的争议？

何人可：我觉得这个是很正常的，中国目前的发展阶段，还是政府扶持的阶段，几个大奖都是政府出了很多经费在支持。当行业发展到一定的成熟度，市场化是一条必经之路，哪怕像 G-Mark 这种有几十年政府背景的大奖，现在也在寻求转型，更好地经营这个奖项，让它永续地发展。奖项要永续地发展，必然要有一种合适的商业机制。从世界杯、格莱美、奥斯卡到诺贝尔、普利兹克，都是商业成功的结果。没有诺贝尔基金的成功运作，怎么可能使奖金保值增值，让其发展了百年。

国际上的设计奖项几乎都是商业性的，像 G-Mark、iF、红点、IDEA 等，但它们并非从一开始就是商业性的，多为由政府支持的协会主办的，这是一个培育的过程。G-Mark 从 21 世纪初才法人化，但现在依然能看到政府支持的影子，因为 G-Mark 的历任负责人很多都是日本退休的官僚，或者大企业设计部门的负责人。

商业是最大的公益。任何公益如果没有商业的支持，都是不可持续的。为什么国际奖项一开始都是由行业协会发起的？因为任何一个专业都必须通过行业协会的奖项来提高自己行业的社会地位。比如，音乐界有格莱美，电影界有奥斯卡，它们都是商业化的。体育界亦如此。

为什么要做竞赛？因为每一个职业或者行业都希望有自己标志性的奖项来确立这个行业在社会上的地位。我们可以看到，几乎所有的行业都有自己的竞赛，设计行业要建立起在社会生态里的地位，就必须做出有影响力的奖项来确立行业的知名度和社会影响力。中国有不少公益性的奖项，但是直到今天还没有建立起真正商业运营比较成功的奖项。我们还是在发展的初步积累经验阶段，即使是最优秀的奖项也没有超过 20 年，和国际上的奖项相比，还有很长的一段路要走。要做到真正的可持续，一定要建立起竞赛的品牌，建立起它的公信度、含金量。国际上各种各样的竞赛，现在得到公认的几个品牌都经过大浪淘沙的考验。我们目前在经历积累经验、创造价值、建立公信度和美誉度的过程。根据历史发展趋势，未来肯定要走商业化这条路。

这样理解的话，对于这些奖项我们就更能够包容。2019 年参加红点奖的中国产品已经占到全球参赛作品的 40%，2020 年可能还会更多一点。疫情防控期间，很多企业更加关注这一点。

《设计》：中国企业为什么热衷于参加国际设计奖评选？

何人可：企业参加具有国际影响力的大赛，首先是想通过这种大赛获奖为其背书，使它能够在目标市场中有一定的认可度和知名度。国内最早参加国际四大设计奖的公司是海尔，每年送展都有几十项，其他还有华为、小米、美的、格力。对中国企业来说，参加国际设计大赛，是中国产品走向世界的通道。

中国最早走向世界的品牌是联想，它合并了 IBM 的 PC 部门，早在2006 年拿了红点奖的年度最佳团队奖。到了 2020 年，联想在计算机领域仍旧是世界第一品牌。白电领域的海尔，十年前就是世界第一，做成了世界级品牌。小米这几年迅速成功，它的创始人中有两位都有工业设计背景。

汽车行业是最积极参加国际设计大赛的。比如红点，每年都有 70 台全世界顶级的汽车，包括奔驰、宝马、奥迪参加红点奖的竞赛。

通过国际大赛渠道让我们的品牌走向世界，得到设计界的认可，我觉得这是可以理解的。小米现在 50% 以上的产品投放国际市场，华为的国际市场占有率也非常高。

苹果、三星、奔驰、宝马等，为什么每年都参加设计评奖？对他们来说，如果设计大奖的年鉴上看不到这几个品牌，可能就会被人家合理怀疑，（品牌）是不是走下坡路了？

《设计》：中国设计师现在在国内的生存状态和地位如何？如何培养优秀的设计师？

何人可：现在国际设计界有很重要的变化，独立的设计和独立的设计公司已经是过去式。以前欧洲都是明星设计师，现在是明星企业家，他们是设计师，更是企业家，戴森就是一个很好的例子。全世界几乎所有知名设计公司都被收购了，要么是成为企业的一部分，要么是成为咨询公司的一部分。究其原因，就是设计越来越成为整体解决方案的一个内容，也就是企业生态的一个组成部分。所以现在的学生必须适合于设计生态的未来发展趋势。我们的教育就是要包括硬件、软件、服务、内容，是一个完整的生态系统，或者说是一个场景化的教育，而不是集中在一个产品或一个 App 的设计。教育更要强调这种综合性的跨学科的联系。我们现在新的教学方案从 2020 年版本就完全改革了。获得国家教学成果奖一等奖后，就说明这个东西已经成熟了，就是过去式了，这是我们教学改革的内在动力。

变化才是永恒的，设计更是如此，特别是这次疫情之后，我这个学期的课程作业就是"后疫情时代特定场景下的设计解决方案"，大概有三十几个选题，如远程协同办公、远程设计评价、远程教育、远程医疗等。未来的发展是不可想象的，设计师的潜力极其大。

《设计》：请您给青年设计师、设计学子一些建议。

何人可：我们这一代人都是从工业时代"移民"到数字时代的，在各个方面都远远不如年轻人，正是基于这样的考虑，我们在十几年前就提出了一个新的教学理念，即学生创造课程的内容。学生自主选题，自主研究，用最新的方式展现出来，然后由老师和同学来评价，最后呈现出设计成果。在这个过程当中，学习的心态非常重要。互联网时代有太多新的东西不断涌现，这就需要设计师以非常谦逊的姿态去学习新的知识，尊重别的职业、行业。我越来越感觉跨界太重要，一个人的知识和能力都是有限的，特别是在今天数字化的时代，要多向其他行业背景的专家学习交流。现在的教育体系还是比较僵硬的，实现这一点的难度较大，但还是有一定的空间。

教学上，我们希望老师来自完全不同的领域。2019 年一年学院增加了十几个老师，各种学科背景的都有，包括人工智能、边缘计算、航空航天等，有设计学博士学位的极少，跨界得越远越好。今天的时代不就是这个样子？总之，我们就是要有一个善于学习的心态。

2019 年德国红点奖评审现场

彼得·扎克：
好的设计奖应当嘉赏拥有功能、魅力、使用、责任四大品质的产品

Peter Zec: GOOD DESIGN AWARDS SHOULD REWARD PRODUCTS WITH FOUR QUALITIES:FUNCTION,CHARM,USE,AND RESPONSIBILITY

彼得·扎克

国际知名设计专家和作家，红点奖机构创始人兼主席

　　彼得·扎克，国际知名设计专家和作家，红点奖机构创始人兼主席。2015 年任国际工业设计协会（ICSID）主席，并整合全球三大设计组织，创办世界设计组织（WDO，评选"世界设计之都"的机构）。25 年来，彼得·扎克一直在国内外多家公司担任设计顾问。2007 年 6 月 29 日，ICSID（现在的 WDO 世界设计组织）成立 50 周年之际，时任 WDO 理事长的彼得·扎克倡议将每年的 6 月 29 日定为"世界工业设计日"，借此反思与推广设计能量。

　　彼得·扎克在访谈中表示，设立"当代好设计奖"的初衷是在中国建立一个国际公认的设计奖项。这个奖项应该同时能为中国的消费者以及海外的生产商提供指引，目标是保证以最有品质的方式触达中国市场，通过建立一个当代的设计奖项树立一些新的标准。

《设计》："红点设计大奖"是在怎样的机缘下来到了中国厦门?

彼得·扎克:红点与厦门的渊源开始于 2012 年的厦门国际设计周。厦门国际设计周是业界知名的盛会,至今红点仍是每年参与其中的主办方之一。自始至终,一切合作都十分愉快,所以我们决定在厦门建立一座红点设计博物馆,成为红点设计博物馆落户中国的处所,紧随德国埃森和新加坡。

《设计》:"当代好设计奖"设立的初衷是怎样的?

彼得·扎克:我们的初衷是在中国建立一个国际公认的设计奖项。这个奖项应该同时为中国的消费者以及海外的生产商提供指引,目标是保证以最有品质的方式触达中国市场,通过建立一个当代的设计奖项,我们希望树立一些新的标准。

《设计》:红点奖来到中国落地,奖项是否有做属地性的针对设计?

彼得·扎克:当代好设计奖是由红点主办的,所以红点奖机构的经验与资源都倾注在整个规划和实施中。凭借红点 60 余年的国际奖项历史,我们是当代好设计奖世界性的强有力伙伴。

《设计》:"当代好设计奖"如何运营?

彼得·扎克:当代好设计奖的运营与红点完全一致,我们十分自豪这两个奖项有着同样的国际标准。

《设计》:请谈谈从 2015 年"当代好设计奖"创办以来,您对中国设计的印象。

彼得·扎克:中国设计发展迅猛,每年,当代好设计奖的获奖者都在不同创新的方面取得了突破。如此的进步将推动整个经济与行业。商业成功取决于在国际竞争中的脱颖而出,这也是当代好设计奖可见而有形之处,它是经济的重要推动剂。

《设计》：中国设计发展这些年来，设计奖项遍地开花，"当代好设计奖"以怎样的特色独树一帜？如何确保奖项的"含金量"？

　　彼得·扎克：当代好设计奖十分突出的特质是它独立的国际评审团，以及国际水平的评审标准。能确保好内容和好设计的关键点是建立在奖项独立性之上的品质保障。

《设计》："当代好设计奖"设立以来，奖项的设置、评审的原则，以及征集对象等方面经历了哪些沿革？

　　彼得·扎克：从当代好设计奖的参赛者来说，我能清楚地看到持续的良好进步。评审标准是与红点奖一致的，同样，以品质为中心，所有其他方面也持续在发展。

《设计》：在您看来，什么是"好设计"和"好设计奖"？

　　彼得·扎克：好设计具有4种特质：功能品质、魅力品质、使用品质、责任品质。一个好的设计奖项也应当看到并嘉赏能拥有这些特质的产品。

《设计》：在红点奖发展的历程中，参赛作品的评选过程中对于"好设计"的理解是否存在地域性的壁垒？这些差异如何弥合？

　　彼得·扎克：品质是有国际衡量的标准，设计也是产品品质的国际化语言。所以并没有什么壁垒是品质不能弥合的，品质能战胜任何阻力，并且能提升每个人的生活质量。

《设计》：这是一个高速发展变化的时代，请谈谈红点奖未来的发展规划。

　　彼得·扎克：快速发展意味着，在不久的将来，世界上会出现各式各样的新科技和创新。红点设计大奖赞赏并锁定这些革新的设计。这也是为什么我们的奖项在不断变化着。我们希望可以发现那些在新型生活环境下诞生的新型科技。

《设计》：请您从世界级设计奖项创始人的角度给青年设计师和设计专业的学子一些建议。

彼得·扎克：年轻设计师们应当充分利用你们自由的思想，尝试全新的生活方式。跨越那些思想或生活各方面可能存在的边界，从而开发出新想法和新产品。

上｜红点设计博物馆·德国埃森
下｜当代好设计奖获奖作品展

石振弘：
通过使用者付费来建立持续运营
SHI ZHENG HONG: ESTABLISHING CONTINUOUS OPERATION
THROUGH USER PAYMENT

石振弘
厦门红点设计博物馆馆长

石振弘，厦门红点设计博物馆馆长，拥有多年跨国际、跨文化的企业管理经验，现为文旅部主办展会总策展人、红点设计品牌运营公司总经理。自2017年起负责筹建厦门红点设计博物馆，于2018年11月正式开馆运营并开展红点中国区总部业务。通过设计展览、设计学院、设计奖项等业务，对接全球设计资源落地，助力中国智造，协助厦门成为全球重点设计城市。

《设计》：请介绍下您与德国"红点设计大奖"的渊源。在您看来，"红点奖"是一个怎样的奖项？

石振弘：我本来也是学设计出身，有幸师承包豪斯学校的创办人格罗皮乌斯的中国学生王大闳先生。毕业后，我和工业设计、设计奖项等一直很有渊源，曾在国际领先的小家电制造跨国上市集团担任新事业负责人，后一直从事文创教育平台等相关工作。

在我看来，红点奖作为全球最权威的工业设计奖项之一，不接受平台赞助，通过使用者付费建立了一个不受政府和大型企业影响的公平、公正的国际设计评奖系统。

红点奖每年从全球各地邀请 40 位评审，原则上每个国家不超过 2 位。评审来自各国设计协会或设计中心的负责人、高校的院长教授、设计媒体的负责人或资深的设计大师等，这些业内大师用全球化和在地化的视角，评选出优秀产品。所以我把这个国际奖项模式及其影响力引入中国，以期集聚全球设计资源，助力中国城市创新、产业升级、企业转型和人才提升。

《设计》："当代好设计奖"设立的初衷是怎样的？与德国"红点设计奖"有何渊源？

石振弘：依照德国、美国、日本等社会和经济发展的经验，有影响力的设计奖项与工业、消费市场的发展共荣共生。我们认为已经成为工业制造大国的中国也即将出现一个立足于当地市场，能够具有国际影响力的设计奖项。基于此，中德双方合作设立的"当代好设计奖"应运而生。充分利用红点 60 余年的国际顶级设计奖项运作经验和全球设计资源为中国市场建立具有国际影响力的奖项。"当代好设计奖"同样不接受赞助，它是通过使用者付费来建立持续运营，从中国市场出发，具有国际影响力的评奖平台。

《设计》：红点奖来到中国落地，奖项是否有做属地性的针对设计？

石振弘：这大致有三点：一是相较于红点设计博物馆·埃森作为红点产品设计大奖及红点品牌与传达设计大奖的主要支持，红点设计博物馆·新加坡作为红点设计概念大奖的主要支持，红点设计博物馆·厦门则作为当代好设计奖的主要支持；二是结合中国社会和经济发展，我们希望当代好设计能够提供优质的获奖者服务，包括获奖作品的推广、设计对接、产品销售对接、国内外展览等；三是奖项门类，当代好设计奖的奖项门类除了德国红点产品设计大奖门类外，特别加入了包装设计奖项门类。在中国，包装设计有着很重要的位置，是产品和品牌传达的方式。

《设计》："当代好设计奖"如何运营？

石振弘：当代好设计奖有着国际化的奖项运营团队和奖项系统，红点用60余年的顶级设计奖项运作经验和全球设计资源保证"当代好设计奖"的专业性、严肃性和权威性。从赛事组织到颁奖仪式举办，再到获奖者服务，红点奖机构都全程跟进与支持。而红点设计博物馆·厦门作为在地服务团队则致力于为获奖者提供优质的获奖者服务，包括获奖作品的推广、设计对接、产品销售对接、国内外展览等。

《设计》：您以往的工作经验给"当代好设计奖"带来哪些影响？

石振弘：我本身是设计专业出身，加之上市集团的工作经验，了解企业或设计师参加设计奖项的需求，他们希望通过获奖得到认可，并促成自己的设计产品迈向成功之道。所以，当代好设计奖在建立之初就通过优质的获奖者服务助力设计师自身设计被看见和企业产品销售的提高。当然，也基于自己的设计师背景，我更重视奖项品质，公正性的把控。

而我多年的海内外工作经验也让当代好设计奖更国际化。例如，我们将中国好设计带到全球各地巡展，增加中国设计的影响力，让其他地方能看到中国好设计。

《设计》：中国设计发展这些年来，设计奖项遍地开花，"当代好设计奖"以怎样的特色独树一帜？如何确保奖项的"含金量"？

石振弘：我觉得可以用五点概括：一是期许自己成为全球优质的获奖者服务的设计奖项，具备多达 14 项的获奖者服务；二是通过红点设计博物馆·厦门支持好设计的举办和传播，帮助企业对接、销售转化；三是通过馆内展览、巡展、品牌合作，以及每年超过 20 场各地线下沙龙 TALK 进一步推广当代好设计；四是首创获奖企业和红点评审面对面交流，发现产品在全球市场的定位和发展潜力；五是举办设计交易与对接交流会，中国既是制造大国，也是销售大国，我们链接各种新零售、新社交平台，促进当代好设计奖获奖作品在销售转化上能取得更好成绩。

为了确保奖项的"含金量"，我们不接受赞助，通过使用者付费来做奖项运营。我们引入全球红点设计评审，除了保证专业和客观外，更帮助好设计被更多人看到。

《设计》："当代好设计奖"设立以来，奖项的设置、评审的原则以及征集对象等方面经历了哪些沿革？

石振弘：奖项设置、评审原则这些与赛制相关的内容基本不变。值得一提的是，我们的征集品类随着市场的发展而逐渐细化及丰富，从最开始的 31 类丰富到如今的 48 类，是为了尽可能多地去发现各类好设计。另外，我们给青年设计师免费名额，来鼓励优秀的年轻设计师，让他们在设计这条路上走得更远。

《设计》：在大奖进行的过程当中，从征集到颁奖，哪个阶段最有趣或最有挑战性？

石振弘：我觉得有两个，一是各个城市举办 TALK 分享会的时候，能直接接触全国各地的设计师、品牌和企业；二是评审过程，评奖的时候通过几千件作品可以看到以中国市场为出发点的设计趋势、产业趋势，看到中国设计力量。

《设计》：纵观近几届"当代好设计奖"的参赛作品和获奖作品，呈现出怎样的特点和趋势？

石振弘：我觉得有三点比较显著的趋势：一是互联，目前物联网技术日益成熟，随着移动终端的发展，万物互联已成常态；二是智能，智能产品越来越多地占据了我们的生活，智能家居、创新科技、品质生活，设计与智能结合；三是人文关怀，包括在地文化关怀、女性关怀、儿童青少年关怀等社会关怀，与之匹配的产品也日益增多且不乏新颖出众的设计。

《设计》：请介绍下红点设计博物馆·厦门。

石振弘：红点设计博物馆·厦门是全球第三座、国内唯一一座红点设计博物馆，由厦门高崎国际机场原 T2 航站楼改造而成。博物馆面积达 10000 平方米，主要由展览空间、红点设计沙龙、红点设计学院和红点设计图书馆组成，每年引进超过 10 个国际化设计展、设计课程及设计项目，展出来自全球 70 个国家和地区的 1000 余件红点三大奖项及当代好设计奖的获奖作品，并在多个功能区提供 300 余件可体验的获奖设计作品，是了解全球设计趋势和近距离感受设计魅力的最佳入口。

《设计》：在您看来，什么是"好设计"和"好设计奖"？

石振弘：好设计可以从四个维度考量，分别是功能品质、魅力品质、使用品质和责任品质。

好设计奖应该兼具全球化和在地化的视角，以公平、公正、公开为原则，不接受平台赞助，尽可能找到最好的评审组合。

《设计》：请您从设计比赛策划人的角度给青年设计师和设计专业的学子提一些建议。

石振弘：从设计比赛里，我们常常看到，有些产品明明很好，但传达的时候没有从用户体验角度出发，导致亮点未被消费者看到；有些产品没有考虑到用户真正的需求，而是设计师自己的想象。我建议青年设计师和设计专业的学子们要让自己有更多的生活体验，有更多元的沟通，才能够有同理心，发现目标客群的真正痛点，而不是"图上画画，墙上挂挂"的想象。

科技服务人类的盼望与想象
Science and Technology Serve Expectations and Imagination of Human

当代好设计奖获奖作品展

封昌红：
让雄安成为集聚全球设计创新资源的吸铁石

FENG CHANGHONG: LET XIONG' AN BECOME A MAGNET
FOR GLOBAL DESIGN INNOVATION RESOURCES

封昌红

深圳市工业设计行业协会会长、河北工业设计创新中心主任、
雄安新区未来工业设计研究院执行长

封昌红，南开大学 MBA、澳门科技大学 MBA，广东省第十二届政协委员，深圳市第五届、六届政协委员，全国工业设计产业创新联盟秘书长，深圳市工业设计行业协会会长，河北工业设计创新中心主任，雄安新区未来工业设计研究院执行长。曾获"中国工业设计十佳推广杰出人物"银奖、"中国设计贡献奖十大风云人物""中国创意产业年度十大领军人物"等荣誉。

《设计》：请介绍下"金芦苇工业设计奖"。"金芦苇"因何得名？

封昌红：金芦苇工业设计奖是在河北省人民政府、雄安新区管理委员会支持下，由雄安新区未来工业设计研究院主办，金芦苇工业设计奖组委会承办的国际化、专业化、市场化的工业设计领域奖项。奖项秉承中国"和合"理念，以"面向未来、为人类创造美好生活、贡献东方智慧、传播设计价值和精神"为宗旨，致力于面向信息社会和可持续发展，汇集全球设计智力资源，发现未来设计，启迪未来生活，赋能未来城市。

第一届金芦苇工业设计奖共吸引了 54 个国家和地区的 8393 件作品申报，最终评选出 40 件获奖作品及 107 件提名奖作品。

奖项命名为"金芦苇"，主要源于以下三个方面：一是白洋淀的金色芦苇荡，取意芦苇的雄安属性；二是芦苇自强不息的精神，芦苇生命力顽强、品性质朴，代表人对未来生活的美好向往，象征人与自然的和谐共处；三是芦苇的世界认同感，哲学家帕斯卡尔说："人只不过是一根苇草，是自然界最脆弱的东西，但他是一根能思想的苇草。"

《设计》："金芦苇工业设计奖"设立的契机和初衷是怎样的？

封昌红：雄安新区是中国的未来之城，是中国的高新技术之城，肩负着创造中国未来城市样板的使命。我们认为雄安从一开始就应该导入设计，让城市的气质和风格因设计而生。因此，雄安需要更多的设计创新资源为新蓝图赋能、为城市温度赋能、为智慧城市赋能。

基于此，我们希望成立一个设计大奖，通过这个大奖搭建"全球设计·雄安发布"的平台，让雄安成为集聚全球设计创新资源的吸铁石，并在其中发现未来设计、发现好产品，落地好产业；同时让这个大奖成为雄安闪耀世界的"新名片"、成为向全球传递中国设计之声的"金话筒"。

《设计》：请介绍下"金芦苇工业设计奖"的主办单位"雄安新区未来工业设计研究院"。

封昌红：雄安新区未来工业设计研究院作为推动雄安新区工业设计"五个一工程"（河北国际工业设计周、金芦苇工业设计奖、雄安新区未来工业设计研究院、雄安绿色建筑展示中心、雄安国际设计生态城）的支撑平台，以新使命开启新征程，联合工业设计界的企事业单位、社会团体、设计院校和相关行业专家人士，共同推进新区工业设计向规模化、专业化、高端化、国际化发展，为打造"雄安质量"，创造全国样板提供强力支撑。

研究院以"打造雄安质量，创造全国样板"为宗旨，以"五个一工程"为起点，即"一周一赛一城一院一馆"，搭建"产学研资用"为一体的全球设计共同体，聚焦全球设计创新领域的新模式、新业态、新技术、新材料，构建以产品创新为核心的设计产业链，以设计驱动打造集产品设计、技术研发、展览展示、高端培训、众筹平台及金融服务于一体的国际化的高端设计创新集聚地，构筑产学研资的设计产业综合创新生态链体系，打造立足雄安，面向京津冀，服务全国，辐射全球的高端国际化设计中心。

面向未来，研究院将紧抓京津冀和规划建设雄安新区重大机遇，加速激发工业设计市场及营造发展氛围、引进全球高端创新资源、推广先进设计理念、培育高端设计人才、促进国际设计交流、增强制造业自主创新能力，搭建工业设计发展的整合服务平台，为雄安新区注入深层次的创新动力和面向未来的创新活力，发展工业设计、智慧产业和创意产业等高端新兴产业，推动雄安新区逐步发展成为具有世界影响力的未来之城。

《设计》：在国内外众多设计奖项中，"金芦苇工业设计奖"的特色是什么？

封昌红：这要说说我们来到河北的愿景——"全球设计、雄安发布"。

金芦苇工业设计奖的核心理念就是要打造掌握世界工业设计话语权的奖项，聚焦的就是未来，体现"发现未来设计，启迪未来生活，赋能未来城市"。芦苇虽不高贵，但是它孜孜以求、生生不息，这就是雄安精神的一种体现。我们希望把这种精神通过金芦苇工业设计奖传播到世界，其实也是传播中国高质量发展的雄安样板。同时，我们把中国的文化和理念植入到这个奖项里，并将世界的前沿设计在雄安新区这个未来之城落地实现，让这些作品看得见、摸得着，所以这是一个真正落地的奖项。届时，全世界对未来期待的目光都会聚焦在这一奖项上，所以这是一个使命感很强的奖项。

此外，金芦苇工业设计奖还有一项创新，就是专家委员会设中外双主席制。雄安新区是中西合璧、以中为主、古今交融的未来之城。为了契合雄安新区未来的发展方向，金芦苇工业设计奖通过中方主席和外方主席的双主席制进行评审和筛选，开创了国内工业设计奖项评审制度先河，为金芦苇工业设计奖的举办提供了更为广泛的国际化视角，希望通过这个奖项推动整个城市人与自然和谐共处、融合发展。

《设计》：在"金芦苇工业设计奖"的官方介绍中，充分强调了"东方智慧""东方色彩""东方视角"，这种"东方特质"如何体现在大奖的评选当中？

封昌红：金芦苇以"生产""生活""生态"三大维度为评审标准，着重考量实用性、创新性、人本性、美学性、可持续性，强调的是设计在棘手复杂的问题前以人为本、资源整合、融合美学与功能的本质。"生产""生活""生态"三个维度涵盖了金芦苇工业设计奖对人类社会与自然的全方位考虑。

同时，与各类危机问题并行的是信息时代带来的日新月异的社会变革，领域在交融，边界在消失，当人工智慧、虚拟现实等前沿技术与设计相结合时，越来越多的先锋设计正在刷新人们的想象。以洞察科技进步和社会变革、引领产业发展新方向、创造社会生活新方式、助力人与自然和谐发展为核心价值理念，金芦苇工业设计奖也正在收集和发掘更多创新解决问题的新式社会能量。

《设计》："金芦苇工业设计奖"的愿景及长短期目标是怎样的？

封昌红：金芦苇工业设计奖以"发现未来设计，启迪未来生活，赋能未来城市"为愿景，承载未来的中国设计，并掌握世界工业设计话语权。把中国的文化和理念植入到奖项里，将世界的前沿设计在雄安新区这个未来之城落地实现。

金芦苇工业设计奖对标世界级的奥斯卡奖项，目标是要打造设计界的诺贝尔奖，对于河北省工业设计、雄安新区建设发展意义十分深远。

《设计》：从征集到颁奖，整个流程中哪个阶段最有趣或最具挑战性？

封昌红：最具挑战性的应属 2020 年的征集阶段，疫情之下征集到 54 个国家和地区的 8393 件作品，实属不易。为最大限度地降低疫情对作品征集的影响，线上线下联动发力，国内国外聚合发力。

一是举深圳市工业设计行业协会（SIDA）之力，倾情打造。我们协会全国板块的同事都参与了奖项的征集，纷纷发挥各自优势，为金芦苇工业设计奖征集赋能。

二是将征集工作由线下转到线上，采取了"媒体宣传＋合作机构宣传＋线上设计沙龙＋奖项推介会"相结合的策略，积极联动国内外各方资源合作征集。除利用国内外重要的大众传播平台和专业设计平台投放赛事信息、扩大金芦苇工业设计奖影响力外，还与世界设计组织（WDO）、日本工业设计师协会（JIDA）、全球艺术设计学院联盟（Cumulus）、荷兰产业促进中心、中国工业设计协会、中国产业发展研究院、中国美术学院、中央美术学院、意大利都灵理工大学、卡尔顿大学等 40 余家国内外知名设计组织、协会、机构、院校合作征集作品。

三是我们打造了系列品牌沙龙活动"GIDA 未来设计沙龙",为金芦苇工业设计奖的宣传和作品征集构建了人气和信息平台,截至 2020 年 11 月共举办了 11 场形式多样的线上线下推介活动,以扩大奖项知名度,吸引更多参赛者参赛。

经过半年多的辛苦努力,金芦苇工业设计奖在国内外极大地提升了知名度,获得了海内外参赛者的高度认可,成功打开了国内、国际市场。

《设计》:对于获奖作品,后续是否有例如产业对接类的安排?

封昌红:在将获奖设计转化应用方面,我们有以下举措和计划:首先,我们建立了金芦苇工业设计奖优秀设计成果孵化基地,致力于开展金芦苇工业设计奖优秀设计成果与目标企业发展方向匹配研究工作,继而积极推动金芦苇工业设计奖优秀设计与雄安新区传统企业进行深入对接,将工业设计创新成果转化应用,并以雄安为源点,辐射京津冀协同发展,旨在引领全国传统企业转型升级,吸引全球设计创新资源向中国、向雄安聚集。

其次,我们会将金芦苇工业设计奖汇聚的国际设计师、设计机构、设计院校、优秀设计作品资源并入雄安的工业设计云平台,推动设计资源共享,并积极拓展雄安与国际设计产业链资源的合作关系,联合河北省内设计资源与制造业资源搭建设计产业链交流合作平台,推动国际设计创新资源与河北制造企业进行对接合作。

最后,我们会以金芦苇工业设计奖主办单位——雄安新区未来工业设计研究院为载体,积极引入政府、产业、风投等资源,寻求政府配套政策支持及社会资金支持,并通过举办政策分享会、产业对接会、投资洽谈会、优秀设计成果巡展等方式,为优秀产品落地营造良好的环境氛围。

《设计》：请您从大奖主办方的角度给青年设计师和学子一些建议。

封昌红：在过去十年，世界看到了中国设计，我们实现了从"跟跑"到
"并跑"。下一个十年，我们就要进入从"并跑"到"引跑"的阶段。
从哪出发呢？那就是"发现未来设计，启迪未来生活，赋能未来城市"。
我们的金芦苇工业设计奖不仅是每年征集一次，也不仅仅是一个活动，
它是让有理想、有才华、带着希望的设计师来到这座城市，创作产品，
完成"引跑"。

一位意大利设计大师说过，设计师是让没有时间做梦的地球实现它
的梦想。其实设计本身就是一个能够让地球上的生活更加美好的发明，
它不仅仅是一个工具，也不仅仅是一个产品、一栋房子或者一条街道。

雄安这座城市是有温度的。好的设计是有温度的，是以人为本的。
它以人的尺度和人性化的思考方式，通过设计的语言来表达。温度可以
从未来雄安新区的路灯、座椅等方面来体现，让人们感知到城市给他们
带来的关爱；残障人士可以随时找到盲道、坐上轮椅、拄上拐杖；受伤
者可以马上找到急救包，就地包扎……

此外，它将是一座有文化传承的城市。我们将通过设计语言植入每
一个与他们生活息息相关的元素。不管是原住民、建设者，还是正在赶
来雄安路上的年轻人，或者来自国内外的、经历和见证这座城市历史变
迁的有志之士，他们都能在这座城市里留下他们的记忆，留下他们的乡愁，
感知这座城市的人文情怀。

未来全球范围内的城市竞争，一定不是物理空间和硬件设施上的竞
争，一定是这个城市里有多少优质资源的竞争。我认为设计师就是非常
宝贵的城市资源，如果把设计师这个群体经营好了，那么雄安新区将有
一大笔智慧财富，这笔财富将迸发出无限的设计灵感，能让设计师们在
这个城市发挥他们的巨大作用。

毕学锋：
设计竞赛体现行业发展的共同价值和最高标准

BI XUEFENG: DESIGN COMPETITIONS REFLECT THE COMMON VALUES AND HIGHEST STANDARDS OF INDUSTRY DEVELOPMENT

毕学锋

中国美术学院教授、设计艺术学院院长，国际平面设计联盟（AGI）会员，
深圳市平面设计协会学术委员

作为一名设计实践者，毕学锋教授以富有想象力的设计创造了一批具有影响力的设计作品，同时他站在自身文化背景下思考平面设计的文化承载，不断探索设计的形式语言，作品在国内外获奖超过百余项。他还以策展人的身份推动平面设计的国内外交流，先后组织和策划了法国当代设计展，2007、2009 GDC 平面设计在中国展，2009 深港设计邀请展，2010 北京文化周，深圳设计展，中德平面设计双年展（西安、奥芬巴赫），2011 "回到中国"主题邀请展，2012 年第一届"设计深圳"展，2016、2018 中国设计大展等。

《设计》：请介绍下您与金芦苇工业设计奖的渊源。

毕学锋：我的祖籍是河北，20 多岁离开河北，之后大多时间都在深圳或者杭州这两个城市。这两个城市是中国经济较发达的地区，也是工业设计行业发展较好的城市。五年前我调入中国美术学院就开始参与浙江省政府和中国美术学院主办的中国设计智造大奖的组织策划工作，对工业设计的奖项自然十分关注。河北近几年也在大力提倡工业设计，尤其雄安新区的发展也为河北增添了新的亮点，我想以"发现未来设计，启迪未来生活，赋能未来城市"为理念的金芦苇工业设计奖也是在这样的背景下诞生的。当我收到"金芦苇"的邀请，我特别想见证和参与家乡的工业设计发展变化，这就是我和这个大奖的渊源。

《设计》：请您分享一个金芦苇工业设计奖评选过程中给您留下深刻印象的高光时刻。

毕学锋：在评选过程中，我发现了不少好创意和创新的作品，对其中一件作品《Tangiplay 小火车编程套装》印象较深。这是一款具有全新交互体验的 STEM 编程产品，它能让小孩对程序学习感兴趣，从小培养编程思维。

《设计》：作为资深设计赛事评委，您认为设计大赛及大奖对中国设计的发展起到了怎样的作用？

毕学锋：设计竞赛首先体现了行业发展的共同价值和最高标准，也是专业发展的导向、行业参照的风向标。设计的核心是创新，可以通过设计竞赛更好地驱动产业创新和扩大市场影响，这也是竞赛背后潜在的最大价值。当然，好的设计竞赛更是成就设计机构和设计师的平台，和奥运会、奥斯卡一样，既能成就个人，也能成就行业。相反，设计竞赛组织得不好，也不会吸引好的设计机构和设计师。设计竞赛和设计师是一种相互支撑的关系，尤其在中国发展的现阶段，各种竞赛层出不穷的情况下，人们更加期待真正能代表行业发展水平的设计竞赛和奖项。

《设计》：在您看来，什么是好设计？什么是好的设计奖？

毕学锋：好设计的标准太多了，小到价格、性能、实用、美感、创新、环保，大到可以改变人类生活，创造一种未来的可能性等。好的设计奖必须具备公平、公正的评审机制，建立独立的价值标准，代表行业发展的最高水平，并且具备社会知名度和影响力。

《设计》：从设计教育的角度，您如何看待设计类大赛及奖项对设计教育的影响和作用？

毕学锋：在我们今天的设计教学中，关注设计竞赛的获奖作品是我们课程中学习和分享的一部分，设计类竞赛也是现实版的活教材。我们也在激励学生参与各类竞赛，目的是以竞赛来检验他们的学习成果。

《设计》：您认为青年设计师和设计学子应该如何看待设计大赛和奖项？

毕学锋：设计竞赛和奖项是检验设计师创作水平的最好方式，他会从竞赛中找到差距和不足，也会在竞赛中找到自信以坚持创作。参与设计竞赛是设计师的必经之路，获奖是成功设计师的必备条件。

许平:
一个好的大赛应该在行业中起到灵魂的作用
XU PING: A GOOD COMPETITION SHOULD
PLAY A SOUL ROLE IN THE INDUSTRY

许平
中国艺术教育研究院副院长、教授、博士生导师

许平,艺术学博士,教授、博士生导师,中国艺术教育研究院副院长,中央美术学院研究生院院长,国务院(第七届设计学)学科评议组召集人。曾任中央美术学院设计学院副院长、中央美术学院研究生处处长,并兼任北京设计学会会长、中国工业设计协会常务理事、中国民间工艺专业委员会副主任委员等。

《设计》：请介绍下您与中国设计红星奖的渊源。

许平：中国设计红星奖的设立应该是中国当代设计发展的历史进程中一件值得认真关注的事。在当代中国，对于设计实践者、设计组织者、设计推动者是如此，对于设计研究者更是如此。

我对中国设计红星奖是有特别感情的，我从 2006 年就开始介入，到现在已经第 16 个年头了。包括定位、主张、评审、标准、专家团……我参与了它的前期策划、初期评审，一直到最近几年，从征集主题到评审完成、奖品问世，都有参与。可以说，我一直在看着这个奖项的成长。我想，中国设计应当感谢这个奖项，感谢那些从一开始策划、组织、推动、培育了这个在今天的中国仍然是较有影响力、较能体现专业权威性，也是奖项产生较为公平、公正、透明，现代感、专业感十足的赛事的人。我们不妨在人们已经习惯于中国的各种设计"评奖"已经"无处不在"的今天回想一下，16 年前的中国，没有一项真正称得上国际性"设计奖"的专业赛事、奖项，"红星奖"犹如一颗灿烂升空的中国红星，适时地出现，并且成为无数人心中一颗公正、权威而耀眼的红星，这其实是非常需要勇气、决断和远见的。我很敬佩他们。

《设计》：请您分享一个中国设计红星奖评选过程中给您留下深刻印象的高光时刻。

许平：我觉得中国设计红星奖是一个非常扎实、朴实、结实的奖项。"红星奖"从出现伊始就不是以阵势、声势或财势取胜的，它严谨而不封闭、诚实而不夸张、精致而不豪华。它的出现，给中国设计的当代性、国际性与专业性的发展带来了希望。我觉得评选过程中的高光时刻，是有几次最高奖获奖名额空缺时，现场的气氛非常凝重，一些奖项都是讨论了几次才定下来，全体评审专家都非常严肃，体现出一种崇高的道义感、责任感，令我印象非常深刻。

《设计》：作为资深设计赛事评委，您认为设计大赛及大奖对中国设计的发展起到了怎样的作用？

许平：这个作用是非常重大的。如前面所说，红星奖创建时，国内并没有一个真正意义上的国际性权威大奖，这实际上意味着整个设计格局中缺一个焦点、一个顶点、一个灵魂性的高度。红星奖提出了自己的标准，并且通过连续不断的检验与充实，坚持下来了，就使这个高度建立起来，这就有了精气神，我觉得这是一个格局性的变化，红星奖在这方面的作用是隐形的、无言的，又是非常关键的。一个好的大赛应该在行业中起到标杆的作用、领军的作用，甚至是灵魂的作用。这对一个行业的健康成长是非常重要的。

《设计》：在您看来，什么是好设计？什么是好的设计奖？

许平：我认为，好设计和好的设计奖是两个不同的概念。根据需求的不同，好设计可以有很多种解释；好的设计奖其实也没有一个绝对的统一的标准，但是，一个成功的奖一定是和它所处的时代需求相匹配、相吻合的，红星奖的重要性也就在这里。除了它的组织制度有序严谨，评审机制比较专业且国际化这些从现象上容易看得到的因素之外，还有一个重要的原因就是恰好在中国设计发展到 21 世纪初这个时间点，面临一个即将到来的创新设计高潮又最需要方向和目标激励的时刻，红星奖出现并且做到了。在这以后，国内也出现了各种重要的、各有特色的设计奖，但在时空匹配性这一点上没有能超过红星奖的。

《设计》：纵观国内外设计赛事，您认为中国设计大赛还可以有哪些方面的发展和突破？

许平：无论中国设计赛事还是国际上的设计赛事，各自的动机、效果以及评价标准都是不一样的，可以说各有千秋，也各有利弊。比如，有些国际上的奖项比较强调商业性，希望激活市场的活力，还有对市场的影响力等。而中国的奖项更加注重社会性，对市场性的作用有自己的看法和做法。这是从中国的国情需求出发的，我们更加需要强调一种精神的引领性。我认为，这也是今后的中国设计奖更需要加以研究和下功夫的地方。

《设计》：从设计教育的角度，您认为设计大赛及奖项对中国的设计教育产生了怎样的影响？

许平：设计大赛和奖项能够把中国的设计放到一个比较国际化的语境里去衡量，这是它的社会性价值，也是它在教育方面的价值。中国设计红星奖的国际性、专业性、权威性是它的核心价值所在，而这三方面刚好也是中国设计教育现在所需要的一种精神引领，所以它能在设计界得到普遍的关注和支持。

《设计》：您认为青年设计师和设计学子应该如何看待设计大赛和奖项？

许平：好的设计大赛获奖作品一定是好的设计作品，但是这个作品未必是为了设计大赛而做的作品。我们现在看到，有一些做法是为了迎合大赛，号称把设计师放到国际大赛的语境里去锻炼，这种做法是有偏差的。好的设计还是应当来自市场，来自对设计的思考，而不应该来自奖项的驱动。

《设计》：西方设计发展早且相对成熟，但东西方价值观的差异始终存在，中国设计是否已经确立了自己的评价体系？

许平：西方的评价体系也不是很完善，我们不必把中国和西方对比起来，好像西方就是一个成功的标识，中国就要对标西方。我们可以去发现西方和东方各自不同的处理办法、应对办法，应当说，两者各有所长、各有利弊。

《设计》：突发的疫情给中国设计带来怎样的"危"与"机"？

许平：我觉得，一个最大的警醒就是原来的发展被突发的疫情狠狠地踩了一下刹车。原来被认为是畅行无阻的一个发展通道，现在看来要受到方方面面的质疑。从评奖到整个制造业，再到国民经济，我们的方向、目标和价值到底应该如何确定，是一个必须重新思考和面对的问题。我觉得这是最大的"危"，也是最大的"机"。

科学之光 城就梦

北京怀柔综合性国家科学中心

第二届雁栖人才

The 2nd Yanqi Talent Forum of Beijing Huairou National Comprehensive

石定寰：
实现 2060 碳中和目标需要
几代设计师的共同努力

SHI DINGHUAN: ACHIEVING THE 2060 CARBON NEUTRAL GOAL REQUIRES
SEVERAL GENERATIONS OF DESIGNERS TO WORK TOGETHER

石定寰
世界绿色设计组织主席

石定寰先生毕业于清华大学工程物理系剂量与防护专业，是新能源科技产业的推动者和知识传播者、国务院原参事、北京光华设计发展基金会名誉理事长、世界绿色设计组织主席、中国可再生能源学会理事长，兼任中国科技咨询协会、中国可再生能源学会、中国生产力促进中心协会理事长以及中国产学研合作促进会常务副会长。他长期负责国家工业及高新技术领域科技计划与重大项目组的组织实施，以及国家火炬计划及国家高新区的策划与实施。他还推动科技企业孵化器、生产力促进中心、大学科技园等机构的建设，并长期负责能源、交通等领域的国际科技合作。在促进与传播国际新能源科技交流与合作上做出了卓越贡献。

《设计》：请您谈谈您和北京光华设计发展基金会、光华龙腾奖的渊源。

石定寰：我从 20 世纪 80 年代在中国科学技术委员会（1998 年更名为科学技术部）工作。因在科技部工作的缘故，我认识到要推动工业的科技进步，设计是很重要的工作。

20 世纪 90 年代初，我就开始在工业和信息化部原材料工业司和北京市科委等机构推进工业设计的工作。轻工部原部长曾宪林是国家科委常任副主任，他到轻工部后，就开始推动轻工业设计，因为大量的消费品、电子家用电器都需要工业设计，而原来的工业设计很薄弱。

1994 年海尔集团设立青岛海高设计制造有限公司，当时我陪同轻工部领导参加他们的活动。北京光华设计发展基金会过去归属国防科工委，后来转到团中央，那时候我就和他们有过联系，了解到他们也在推动设计，到光华龙腾奖于 2006 年开始策划在原工业设计的基础上扩展到绿色设计，这更加深了我与光华设计基金会的关系。现在全球到了一个可持续发展的阶段，要更好地把工业设计概念融入绿色理念中，把绿色理念贯彻到设计中。因为设计是实现绿色发展的重要源头，如果等一个产品生产完了再想注重绿色理念就来不及了，必须在设计阶段就做这件事。我们城市的发展，如果规划时没按照绿色理念来，那么改造起来是很难的。

当下，很多系统在建立新的产业，在产业发展中未来的工业流程也需要设计，绿色理念贯穿各个行业的各个方面，所以我们在国际上推动建立"世界绿色设计组织"。近 20 年来，我一直支持创新设计、绿色设计的发展。

《设计》：纵观 16 年的发展史，光华龙腾奖发生过哪些变化？体现了怎样的发展趋势？

石定寰：16 年来，光华龙腾奖的评选标准不断优化，以"人"为核心，从"社会经济、社会文化、生态环境"三个维度对参评人进行评价，注重参评人的设计对行业发展的引领性、对产业发展的贡献率和对社会文化、生态环境的影响等。光华龙腾奖的奖励机制不断完善，并开设广东省、深圳市、浙江省、服务设计业、装饰设计业五个范围的初评奖项，扩大奖励范围，同时针对不同领域的时代特点设置"特别奖"，比如2020年的"抗击疫情奖"。

光华龙腾奖的评选除注重参评人的创新性、行业引领性外，更加注重设计对生态和环境的影响。在习近平总书记发出"争取在2060年前实现碳中和"的倡议后，北京光华设计发展基金会积极响应号召，在设计领域发起"碳中和"倡议，在评选标准中加大对"绿色设计"的评价权重，旨在利用绿色产品、绿色能源、绿色供应链、绿色金融、绿色消费、绿色城市等，助力实现碳中和目标。

《设计》：中国现当代设计起步晚但发展快，您如何评价中国设计已取得的成绩？还有哪些领域需要设计人更加关注并着力投入？

石定寰：我从在科技部工作期间就开始关注设计。因为设计是我们创新的一个重要环节，只有通过设计，才能把新的科研成果、新的材料、新的技术融入设计的对象中，像工业流程、生产线、工业产品等，才能把它们用起来。所以，设计是一个很关键的环节，也是在创新的链条中把创新成果转变成现实生产力的重要环节。没有设计，就不能形成规模化生产，只有通过设计，一个标准化、规范化产品才能进行工业化生产。创新成果通过设计融入产品中，实现产品化、商品化，所以设计是科技成果转化为生产力的"最后一公里"。

中国过去对设计不够重视，自己的创新比较少。随着社会对知识产权越来越重视，我们不能再简单地模仿了，要开发中国自己的设计。设计是创新的重要手段，从创新的角度也要求我们加强设计的能力，通过设计把各种新技术融入产品中，打造中国的好品牌。没有一个好的设计，品牌是形不成的。所以，设计是我们推动创新、推动成果转化、推动科技进步、推动质量强国等的重要手段。

现在我们要进一步通过设计来促进绿色发展。习近平总书记在联合国大会上强调，坚持人与自然和谐共生。完善全球环境治理，积极应对气候变化，构建人与自然生命共同体。绿色发展靠什么来实现？设计就是很重要的方式，提供绿色设计产品，满足人们绿色生活的需要；设计绿色的交通工具，为未来设计更多可再生能源等。这些都需要通过设计来实现，所以设计在我们未来社会的转变中非常重要。

尤其到了现阶段，习近平总书记已经明确提出未来的奋斗目标：努力争取 2060 年前实现碳中和。这是我们整个时代发展、现代化建设的一个标志性事情，是全球的事情，应该引起高度重视。全球都在关注气候变化，关注通过减碳实现碳中和来应对气候变化。要实现这个目标，各个行业要共同努力，节能增效，减少能源消耗，这需要创新设计去实现。

此外，用更多的新能源去替代传统的化石能源。火电厂废气是二氧化碳的主要来源。要想解决这个主要来源，就必须实现能源的变革，使用太阳能、风能等可再生能源。通过这些年发展，再生能源技术、光伏发电技术、太阳能技术、风力发电技术，我们都有了。那么，如何把相关产品融入社会经济发展的各个方面？在能源系统中，可以不光依靠大的电站，将来在住宅可以建设屋顶电站，白天吸收太阳能进行储能，晚上就用自己家的电，剩余的还可以卖给国家。现在电动车普及率越来越高，但使用的电还不是绿电，而是来自火电的灰电，未来要更多地使用来源于风能、太阳能的绿电。我们的建筑要更好地利用屋顶电站、地源热泵等自身发电系统，不靠外界供能来解决生活所需能源问题。这都需要依靠设计来实现。智能化的技术是实现绿色目标的重要手段，有了智能化的手段，我们才能更好地把分散的太阳能光伏发电"屋顶电厂"形成一个电网，变成全国一盘棋，也就是智慧能源调配系统，这样能够更好地解决平衡问题，弥补太阳能、风能由自然条件造成的短板。这些都是我们实现绿色发展的重要手段，我们要把绿色和智能很好地结合起来。

绿色是我们生活发展的目标，社会经济、生产、生活、消费等都进入了绿色发展阶段，以绿色作为标志。这样一来，设计就显得格外重要，被赋予很多新的使命。设计师的任务就更重了，设计师的任务也具有了更新的含义，就是把绿色发展的理念注入进来。因此，现在的设计师要继续深入地研究、学习，不断实践如何实现绿色发展。我希望将来《设计》杂志可以把设计这个行业和国家的现代化建设，特别是绿色可持续发展结合起来。绿色的生产、绿色的生活都是设计出来的，设计将越来越重要。

《设计》：您现在的工作重点有哪些？

石定寰：现在我的工作重点主要是世界绿色设计组织的工作。绿色设计是牛文元等中国科学家做的学科定义，作为中国科技工作者发起的国际科技组织，世界绿色设计组织要肩负起在全球倡导绿色设计，推动绿色生产、绿色消费、绿色生活，实现生态、生产、生活"三生"共赢。另外，在工作中我把绿色能源的发展与实现碳中和的目标相结合，和中国投资协会发起了"零碳中国行动"，打造零碳城市、零碳企业，为实现碳中和目标服务。所以现在我的工作主要是围绕着实现碳中和的目标，为了这个未来努力，这是我们必须要做到的，而且完全有可能实现的。设计在其中承担了很重要的任务。

《设计》：请您给青年设计师和设计学子一些寄语。

石定寰：设计是我们人类未来可持续发展不可或缺的重要手段，尤其是现在要实现绿色化，实现可持续发展，我们要改变很多传统的生产、生活方式，很多过去适用的产品今后未必适应我们绿色发展的需要。这里设计师承担着重要的任务，要通过设计师的创新思维，将绿色的理念、绿色的技术融入设计，为经济、社会发展创造出更多的生产系统、工业系统，以及城市、乡村人民生活需要的各种产品。

设计师任重道远，要实现 2060 年碳中和目标，需要很多人的共同努力。所以，我希望更多的年轻人投身到未来的绿色设计中，把绿色设计作为我们创新的一种重要方式，作为我们实现人类共同目标的一个方法，未来可期。

石定寰参加第二届雁栖人才论坛并做报告

朱兵：
希望未来设计成为创新驱动的硬指标
ZHU BING: HOPE THAT DESIGN BECOMES A HARD INDICATOR
OF INNOVATION-DRIVEN IN THE FUTURE

朱兵
光华龙腾奖委员会主席

　　朱兵，全国人大教科文卫委员会文化室原主任，中南大学教授，第 16 届光华龙腾奖委员会主席。长期从事文化领域的立法工作，参与公共文化服务保障法、文物保护法、非物质文化遗产法、电影产业促进法、公共图书馆法、著作权法、档案法、网络安全法、文化产业促进法等法律的制定和执法检查工作；参与创新设计政策调研推动工作；为中央党校（国家行政学院）、地方人大常委会讲授有关讲座，主持完成多项国家社会科学基金文化立法研究项目，撰写和发表相关文章、论著和译文。

《设计》：请谈谈光华龙腾奖以及您和光华龙腾奖的渊源。

朱兵：原来我们的设计主要是讲工业设计，路甬祥（第十一届全国人大常委会副委员长）提出一个全新的理论：设计分三个阶段——农耕设计、工业设计和当今的创新设计。创新设计就是在新的技术、新的环境、新的材料、新的条件下，与各个领域，特别是与文化的融合。在融合的环境里，这个阶段应该是一个全球范围创新设计的概念。在提出创新设计的过程中，他开展了很多调研，那时候我就陪同他进行调研，协助他来推动这件事情。2010年，路委员长鼎力支持创建北京光华设计发展基金会。基金会的理念就是大力推动创新设计的实践，这与传统的理念不太一样。在这样的背景下，路委员长于2012年1月在《人民日报》发表署名文章《创新中国设计 创造美好未来》，提出创新设计是引领中国创造的先导和关键环节，明确了创新设计在我国经济社会发展中的重要地位和作用。2014年在杭州成立"中国创新设计产业联盟"，路委员长任会长，中国工程院院士潘云鹤任理事长。联盟以制造业、创新设计企业和区域支柱产业需求为导向，整合资源，搭建多元化平台；以形成产业核心竞争力与影响力为目标，推动创新设计要素向企业聚集，落户企业，促进民族品牌产业和区域经济发展。

光华龙腾设计创新奖（简称光华龙腾奖）由北京光华设计发展基金会于2005年设立，以"扶持设计人才成长，推动设计产业发展"为宗旨，是中国设计领域第一个人才表彰国家级奖项（国科奖社证字第0223号）。多年来，光华龙腾奖的评选思路非常清晰，涵盖设计各个领域，如建筑与环境设计、工业设计、文化艺术设计、数字智造等。当时，管理层面和学校教育都是"各自为政"，在这样的环境下，设计到底应该朝什么方向走？如何能够贴近当前中央提出的"以设计推动创新驱动"的国家战略？"设计"是一个非常重要的环节。路委员长当时就特别清晰地看到这一点，在推动由产品进入社会服务消费的整个流程中，从生产环节到产品环节，再到服务环节，最重要的连接点就是设计。光华龙腾奖评选标准以"人"为核心，从"社会经济、社会文化、生态环境"三个维度对参评人进行评价，注重参评人的设计对行业发展的引领性、对产业发展的贡献率和对社会文化、生态环境的影响等。这种评价标准体现的是使设计与社会的整体发展更加紧密结合。

光华龙腾奖 16 届以来，除设计师本身重视的几个维度，包括社会责任、行业的引领、市场的价值、领域中的代表性等都体现出奖项评选的基本标准，"如何带领行业、引领行业发展等"都反映出设计理论上的融合及设计对经济社会的创新驱动作用。现在光华龙腾奖的这种思路越来越明确，反映了国家对创新驱动的重视，希望未来设计也能成为创新驱动的硬指标。比如，设计在一个行业中的作用到底怎么体现？设计对一个产品的产值影响怎么衡量？我觉得将来从国家政策引领和制度建设方面都要明确。

另外，设计需要标准化。设计是有个性的创新，但是它转化为产品进入行业的时候，是需要标准化的。特别是互联网技术出现以后，特别注重算法的大规模应用，评价的核心就是社会价值、产业价值和行业价值。从这几方面来看，设计在新时代出现一种全新的价值。光华龙腾奖便带有很强的价值引领性。

《设计》：您如何评价光华龙腾奖对中国设计人的意义？

朱兵：光华龙腾奖作为中国唯一一个评选设计人才的国家级奖项，影响力涉及 2000 余万名设计从业者。光华龙腾奖评价的是优秀个人，首先设计者本身在行业中有代表性，起到引领的作用，除创新性之外，还要对社会发展、行业发展、市场带动和社会文化引领具有贡献作用。

比如，获得"第十六届光华龙腾奖·中国设计业十大杰出青年"称号的百度移动生态用户体验设计中心副总裁史玉洁，2020 年疫情暴发之初，百度第一时间上线疫情信息服务平台，设计团队深度参与，准确、及时、全面、关怀的核心设计理念贯穿疫情地图、疫情辟谣、同乘查询、新冠肺炎自测小程序等内容板块，让用户在全方位了解各地疫情防控进展的同时，感受到科技带来的安心。此外，百度"AI 寻人"项目与民政部合作，利用深度学习技术对不同的人脸特征进行提取，通过与走失人员数据库中的照片进行实时对比，在大规模人脸数据训练模型基础上，使用跨年龄数据进行针对性优化，可以有效识别出走失者在多年后的人脸特征。据报道，截至 2020 年，该项目已帮助 11924 名走失者和家人团聚。另外，百度语音搜索等无障碍项目，打造"以听为主"的交互方式，覆盖百度每日 60 亿次服务响应，为视障人士提供了极大的便利。这类产品符合整个社会的需求，具有相当的社会价值。洛可可牵头并落地的智能蜂箱项目，与阿里云共创智能化、数字化的蜂箱，重新定义供销方式，通过设计帮助蜂农实现脱贫，关注美丽乡村建设，既有创新服务，又起到了行业引领作用。

表彰一个领域的代表，能够起到示范作用。像光华龙腾奖·中国设计业十大杰出青年获奖者杜恒，把中国传统文化与室内装饰设计融合得非常好，有非常好的整体思维。她的理念把中国传统文化与设计融合起来，并通过培训影响下一代青年人，这都是带有行业引领性的。我们都应当鼓励。

《设计》：光华龙腾奖发生过哪些变化？体现了怎样的发展趋势？

朱兵：光华龙腾奖的报名主要通过推报合作单位推荐申报，说明已经获得了各地专业组织的认可。评奖过程相对公开，有面向社会的网上公示、公众投票，还有远程专家投票，以及现场答辩、专家投票。现场投票的评委们都是各领域的专家，具有行业代表性，在公正、公开的评审原则下进行投票。投票过程中，评委和参评人是完全隔离的。正是严格的评审程序保证了光华龙腾奖的公信力和业界口碑。

光华龙腾奖首先强调的就是社会责任，比如2020年最先颁出的"龙腾之星"昌都文旅大赛的文旅融合扶贫的获奖作品，就具有指标性、代表性。其次，抗"疫"特别奖的颁发最明显，"抗疫"是2020年一个突出的亮点。特别是与国外合作开展的"绿丝带"行动，基金会花了很大的力气，取得了很大的成就，得到了社会的一致好评和国家的认可，开辟了社会公益组织与国际共同"抗疫"的一个新范例。通常大家都会认为设计界和疫情防控没有关联，但是基金会通过自身努力，体现了社会公益组织的责任感。最后是绿色。2020年光华设计基金会与挪威合作成立了中挪绿色创新中心，承担中挪创新、绿色交流对接的机构。此外，在比利时成立的世界绿色设计组织，2019年获批设立北京代表处。这也是设计界以公益组织的身份来推动国际联络，在国际上第一个建立这样的设计组织，是一个创举。通过这种民间组织多方面地开拓外交渠道，是民间外交很好的范例。

通过设计来推动抗"疫"。这次颁奖，包括参与终评会答辩的30位提名人都有一个普遍的基础评价，就是在阐述自己的年度成就时，要表述怎么参与到抗"疫"过程中，通过设计服务如何参与到"抗疫"行动里，包括像方舱、医疗器械的设计等，这就体现着设计界如何通过设计理念来影响社会，配合国家的大政方针。光华设计基金会在这方面紧跟时代要求，紧跟国家战略发展要求，立足设计，积极服务国家的发展战略。我这么多年协助青年设计师，一路走来，感觉他们在这方面确实下了很大功夫。现在担任光华龙腾奖委员会主席后，明显感觉到创新设计理念的深入人心，青年设计师的设计实践与国家战略的融合，这就是一个明显变化，没有脱节。

设计理念的发展历程中,"融合"是一个突出的特点,包括与现代技术、互联网、新材料、绿色发展理念的融合等,也包括与文化的融合。在这次 30 位提名人阐述各自设计的答辩环节里,相当多的设计者,不管是做室内装饰、工业设计的,还是做产品设计的,都自觉地体现出一个想法:怎么能够把中华优秀的传统文化融入设计里。这也是一个很大的变化。

我们越来越深刻地体会到,文化是设计本源的东西,没有这个源头,就只能停留在抄袭或模仿。现在我们进入了主动创造阶段,这来源于文化的内涵和动力。

《设计》:请您给青年设计师和设计学子一些寄语。

朱兵:中国需要设计。我们面临创新驱动的大的时代要求,怎么具体发挥我们个人的推动作用,设计是一个很大的平台和推动力。如果要从事这个领域,我希望青年们能够开阔视野,丰富实践,从各个角度来提升能力,这不仅指单方面的认知,还包括对文化的认知,对新技术、新材料、新思维,特别是新理念的掌握,然后用一种融合的理念,实现设计的最大价值。希望青年设计师或者学生们,首先要把社会责任放在第一位,在此基础上突出创新,注重创新与产品、市场、行业、技术、文化的融合,为我国的创新设计事业贡献聪明才智,为实现我国创新驱动战略和中华民族的伟大复兴发挥作用。

朱兵参加某活动启动仪式

潘云鹤：
"好设计奖"要使设计走向经济社会发展的舞台中央

PAN YUNHE :"GOOD DESIGN AWARD "AIMS AT BRING DESIGN TO CENTRAL
STAGE OF ECONOMIC AND SOCIAL DEVELOPMENT

潘云鹤

中国工程院原常务副院长、院士，浙江大学原校长、教授、博士生导师

　　潘云鹤，中国工程院原常务副院长、院士，浙江大学原校长、教授、博士生导师，兼任国务院学位委员会委员、国家教材委员会委员、国家新一代人工智能战略咨询委员会组长、中国人工智能产业发展联盟理事长、中国创新设计产业战略联盟理事长、中国发明协会理事长、中国战略性新兴产业发展专家咨询委员会副主任、中国图象图形学学会名誉理事长等职。

　　潘云鹤是中国智能 CAD 和计算机美术领域的开拓者之一。他长期从事人工智能、计算机图形学、CAD 和工业设计的研究，在计算机美术、智能 CAD、计算机辅助产品创新、虚拟现实和数字文物保护、数字图书馆、智能城市和知识中心等领域，承担过多个重要科研课题，创新性地提出跨媒体智能、数据海、智能图书馆、人工智能 2.0、视觉知识等概念，发表多篇研究论文，取得了一系列重要研究成果，多次获得国家科技奖励。

《设计》：2020 好设计颁奖大会于 12 月 29 日在杭州建德召开，好设计奖作为中国创新设计产业战略联盟传播中国先进制造文化的重要活动，从 2015 年至今已经成功举办 6 届，请您谈谈"好设计奖"设立的契机和初衷。

潘云鹤：2020 年中国在面对新冠肺炎疫情困难挑战下，攻坚克难，成效显著，令世人瞩目。12 月 28 日—29 日，我们在建德成功举办了 2020 好设计颁奖大会暨中国创新设计大会，大会包括北斗 + 创新设计论坛、长江经济带创新设计产业联盟工作会议等议程，积极推动浙江大学北斗航天创新设计工程中心与建德航空小镇的对接与合作，助力长江经济带创新设计产业高质量发展。活动期间我们还举行了中国好设计区域中心、中国创新设计大数据区域中心、数字创意智能技术与装备浙江省工程研究中心的创新网络成员单位授牌仪式。

我国虽然已经成为世界制造大国，但设计能力薄弱是制约制造业发展的短板和主要瓶颈。2020 年中央经济工作会议进一步指出，科技自立自强是促进发展大局的根本支撑。中国经济虽实现高速增长，但许多产品仍处在价值链的中低端，如国内厂商工业软件占市场份额不足 5%，部分关键技术和关键产品仍然受制于人。2013 年 8 月，为了有效提高科技创新驱动发展能力，中国工程院启动重大咨询项目"创新设计发展战略研究"。项目组历时两年在地方、行业和企业中进行了广泛调查和深入研究。2015 年 2 月，项目组向国务院上报《关于提升创新设计能力的建议》，研究成果引起国家高度重视。2015 年 5 月，国务院印发的《中国制造 2025》中明确将"提高创新设计能力"作为国家创新驱动发展的一项重要举措和战略任务。为进一步推动创新设计战略研究有关措施和政策建议的落实，经多位院士、专家的倡议，在中国工程院的指导下，由中国机械工程学会、浙江大学等单位及社会团体共同发起，于 2014 年

10 月组织成立了中国创新设计产业战略联盟，路甬祥院士担任联盟会长，我担任联盟副会长兼理事长，联盟秘书处设在浙江大学。联盟下设中国好设计工作委员会，负责好设计奖顶层设计和策划，并依托中国机械工程学会设立好设计综合办公室，负责好设计奖具体组织、征集和评选、表彰工作。

《设计》：请您谈谈"好设计奖"的目标和使命。

潘云鹤：改革开放 40 多年，中国已成为世界第二大经济体。以习近平同志为核心的党中央提出创新、协调、绿色、开放、共享的新发展理念，深入实施创新驱动发展战略。量子通信、中国高铁、移动支付、共享经济、新能源发展令世界瞩目，华为、阿里巴巴、腾讯、百度、吉利、小米、比亚迪、大疆等企业快速崛起，北京、上海、深圳、杭州成为全球瞩目的创新城市、设计之都，中国好设计开始走向世界。历史会证明，创造好设计的企业引领行业，创造好设计的国家带动世界，设计之都自然成为创新创业高地，好设计促进人类文明进步。

"好设计奖"作为中国创新设计产业战略联盟传播中国先进设计与制造理念的重要活动，旨在引领设计融合科技创新、文化艺术创新、业态创新及用户体验创新，从而使设计走向经济社会发展的舞台中央，以引导人们对美好生活的向往。好设计奖依托中国工程院国家高端智库，汇聚了中国创新设计领域众多院士专家，由中国创新设计产业战略联盟主办，通过集聚国内外创新设计领域极具影响力的组织资源、专家资源、产业资源、金融资源，共同打造中国创新设计领域的顶级设计奖项。作为我国创新设计领域首个公益性质奖项，经过六年持续不断的努力，"中国好设计"已在全社会具有广泛影响力。

《设计》："好设计奖"奖项是如何设置的？

潘云鹤："好设计奖"评选工作坚持以新发展理念为指导，面向中国经济主战场，面向全球，面向绿色智能制造服务的未来。为此，好设计金奖和银奖，重点关注"国之重器"的设计、国计民生的重要工程设计，旨在提升中国制造服务的国际竞争力、可持续发展能力和设计的创新创业能力。此外，为处理好传统制造与战略转型需求之间的关系，处理好提质增效与创新发展需求之间的关系，以及处理好高端制造与服务民生需求之间的关系，更广泛鼓励和动员社会各界，特别是向设计界、产业界和教育界传播创新设计新理念，好设计除设置金奖和银奖外，还增设了创意奖和提名奖。其中，创意奖主要是面向具有潜在商业价值或者具有创新设计引领示范意义的项目，旨在动员和鼓励设计界、教育界、产业界参与好设计的评选活动，营造全社会重视、培育、尊重创新设计的良好氛围。

《设计》：2020 年"好设计奖"获奖项目都有哪些特点？

潘云鹤：从好设计奖评选表彰活动举办 6 届的情况来看，我们非常高兴地发现，好设计的获奖项目有两个重要特征：一是，好设计正在走向中国经济与社会发展的舞台中央。过去，设计在大家的印象中主要是外形设计，后来的工业设计也是外形加材料的设计，但现在的好设计都是解决重要国计民生问题的设计。比如，这次获奖项目中有先进的机床、巨型的运输设备、独特的工程机械。二是设计项目的水平逐年提高，这是很重要的变化。我们国家的设计和产品的水平每年都在升级。大家可以看到，2020 年我们推出的金奖和银奖中相当多的产品都是全世界领跑的，比如时速 350 公里的高铁货车，不但在运输货物时可以达到时速 350 公里，还能解决货物的装卸、固定问题。也就是说，车造好以后还要考虑整个系统如何自动化、智能化地运行。2020 年度获奖项目中有不少关于抗击新冠病毒肺炎疫情的成果。比如同济大学的"火眼"实验室，它是一个重要的创新。又如清华大学的核酸快速检测设备，一个半小时就可以把核酸结果检测出来。再如煤矿挖掘机，挖掘运输一体化，效率非常高。可以看到，这些成果中很多都是世界范围内的首创成果，说明中国的工业水平、数字化水平、人工智能水平已经发展到在批量地勇探"无人区"的阶段。这是非常可喜的现象，我想这是 2020 年出现的一个重要特征，也是好设计评选活动推广以来，一年比一年好的一个重要特征。

《设计》：纵观设计发展史，请谈谈您对"创新设计"和"工业设计"的理解？

潘云鹤：设计是人类对创新活动的计划和策划，是将知识、技术、文化和创意转化为产品、工程、经营和服务的先导和准备，决定着制造和服务的品质和价值。众所周知，无论中国还是西方，20 世纪之前都只有工艺美术设计。到 1908 年，福特发明了汽车生产线，而建筑业大规模采用钢筋混凝土、钢和玻璃，工业化时代由此来临。1919 年，德国包豪斯和工业设计皆应运而生。由此看出，工业设计正是工业化的产物。改革开放以后，中国引进了西方工业设计的理念和体系，加速了中国的工业化和现代化进程。到今天，工业设计已历经百年，它迫切需要进行改造，以响应科技创新时代的召唤！

《设计》：您在 2019 宁波国际创新设计周暨中国创新设计大会宁波峰会上的讲话中谈到"中国的创新设计之路"，中国的设计从工业设计向创新设计转型这条路要怎么走？

潘云鹤：如果说包豪斯的时代设计是适应了生产线、钢铁、玻璃与混凝土时代的工业化，那么，今天中国的设计也必须适应数字化、网络化、智能化时代的工业化、信息化、城镇化和绿色化。中国工程院 7 年以前开始设立重大咨询项目"创新设计发展战略研究",路甬祥副委员长领衔从十个方面对中国的创新设计进行了研究,并向国家提出建议,引起了国家的重视。我们遇到的第一个问题是工业设计向什么方向进行改革。首先要顺应时代的变化,升级我们的设计。回顾人类文明发展历程,我们可以把发展到现在的文明分为三个时代——农耕时代、工业时代、数字经济时代,现在全国、全世界正在转向数字经济的发展。不同时代依靠不同的资源、工具、方法,过去主要依靠自然资源,后来主要依靠大规模的物质再造,现在主要依靠知识、信息大数据、创意、创业和创新。这样的情况下,经济从自然经济、工业经济走向了数字经济。因此,我们的设计必须顺其而变。由此可见,有两个原因驱动着中国设计必须进行改革:一是设计的历史进程需要创新的设计,这一点全世界都一样;二是中国的新型工业化和数字经济更需要创新的设计,这一点中国特别迫切,传统的工业设计走向创新设计是顺天应人之变。

在当代,中国的设计要从工业设计转向创新设计,我们需要两条路同时走,一条路是用科技创新、业态创新、人机交互创新、文化创新和艺术创新设计各种各样新的产品,来改造设计行业和制造行业,使我们的制造变成智能制造,使我们的设计变成创新设计。另一条路是改变教育,使原来的工业设计教育迅速转变为创新设计教育,使学生、教师、设计师通过创新设计的培训,变成创新设计的学生、教师和设计师。在现在来讲,这一点可能十分迫切,每年有大量的学生从传统的设计教育中不断走出来,但是他们的知识结构不足以应对创新设计。当前,各个大学的设计学科的带头人尤其要有变革的战略眼光,我们认为这一次设计的变革也许是自包豪斯将欧洲的工艺美术设计改革为工业设计以后最大的变革,如果能够变好,中国的设计将开创一个新的天地。

《设计》：您认为，中国的设计教育应当做出怎样的变革，以适应时代对设计人才的需求？

潘云鹤：当前，中国特别需要创新设计师，和传统的设计相比，创新设计师能够和各种各样的科学家、工程师、设计师、艺术家以及企业家打交道，并且互相合作。他的组织能力非常重要，这有点像建筑设计，我们学建筑设计的，第一年，老师就讲建筑设计是一个总指挥，需要协调土木设计、给水排水设计、地下设计、地基设计，把它们组织在一起，用一个完美的形式表达出来。我们的创新设计师今后也需要有这样的能力，需要把科学家研究的科技成果、文化艺术的创新、用户市场的各种信息和商业模式综合在一起，设计成一个产品及其营销的方式。

因此，我们必须培养具有开阔视野、广博知识的设计师，尤其需要中国创新设计的将才和帅才。各位设计的领军人物，不仅要谋技，而且要谋道，要有设计改革与发展的战略眼光，打通古今中外，探索创新设计的"无人区"。

如果说中国的工业设计是学习西方的工业设计而成长起来的，那么创新设计就是一个全世界刚刚起跑开始变革的过程，我们必须站在这些变革的前沿。要培养学生善于吸收科学技术创新、文化艺术创新、人机融合创新、市场模式创新的知识，并能将它们组合运用于设计之中，服务于经济与社会的能力，使学生善于与多领域的专家协同创新。无论这些青年人才以后成为创新设计变革的队长或队员，这些都将使他们受益终生。

徐江：
关于"好设计"标准的思考
XU JIANG: THOUGHTS ON"GOOD DESIGN" STANDARDS

徐江

同济大学设计创意学院副院长、教授、博士生导师，中国好设计专家委员会副主任

徐江，工学博士，同济大学设计创意学院副院长、教授、博士生导师，设计工程与计算实验室主任，设计战略与管理方向负责人，兼任中国创新设计产业战略联盟副秘书长、中国好设计专家委员副主任、中国机械工程学会工业设计分会副主任委员、中国机械工程学会机械史分会副主任委员、中国工程院战略咨询研究专家。荣获"光华龙腾奖 · 第九届中国设计业十大杰出青年"、江苏省科协青年科技人才等荣誉。研究方向为设计哲学、设计战略与管理及产品创新设计。他参与撰写了《关于大力发展创新设计的建议》《创新设计战略研究综合报告》《中国创新设计路线图》《中国机械工程技术路线图》《设计科学知识图谱》等具有影响力的著作与报告。

《设计》： 请介绍下您与"好设计奖"的渊源。

徐江：有幸受中国"好设计奖"委员会委托，在此与业界分享"好设计奖"的故事。

"好设计奖"创立于 2015 年，原名"中国好设计"，该奖由中国创新设计产业战略联盟和中国工程院科技知识中心共同主办，依托中国工程院国家高端战略智库，经中国创新设计产业战略联盟会长、两院院士路甬祥发起，由中国创新设计产业战略联盟副会长兼理事长潘云鹤院士领衔，集聚中国创新设计领域知名专家智库、产业资源、金融资源，旨在打造中国创新设计领域的权威奖项。2017 年，该奖项在国家科学技术奖励工作办公室备案登记，编号 0283。

"好设计奖"的诞生可追溯到 2010 年，经时任中国机械工程学会理事长路甬祥院士倡导，中国机械工程学会启动编写《中国机械工程技术路线图》，彼时我有幸受邀主笔其中"文化与情感设计"部分内容。这项工作持续至今已有 11 年，期间我先后担任中国机械工程学会工业设计分会副秘书长、中国机械工程学会工业设计分会副主任委员。目前，《中国机械工程技术路线图》（第三版）正在进行新的修订。在该书研究编写过程中，多位业内知名专家认为：中国要成为制造强国，必须从跟随走向引领、从模仿走向创新，而设计是制造的起点和先导，抓住设计这个"牛鼻子"，就能占据"中国制造"走向"中国创造"的制高点。

经过两年多的酝酿和准备，2013 年 8 月路甬祥院士和时任中国工程院常务副院长潘云鹤院士共同牵头实施中国工程院重大咨询项目"创新设计发展战略研究"，组织近 20 位院士、100 多位专家，在地方、行业和企业开展广泛调查和深入研究，取得了重要成果。项目组于 2015 年 2 月向国务院提交的报告《关于大力发展创新设计的建议》，得到国家的高度重视。《中国制造 2025》明确提出将"提高创新设计能力"作为提高国家制造业创新能力的一项重要举措。

在"创新设计发展战略研究"项目研究过程中，路甬祥院士与潘云鹤院士均强调了向社会推广创新设计理念的重要性。路甬祥院士提出"全民都要有创新创意的文化，全民都能关注创新设计的理念才能真正取得成功，我们有没有可能搞个'好设计'"。潘云鹤院士也指出"项目研究成果，不仅要向中央报告，还要向设计界、产业界和社会公众广泛传播创新设计的理念"。项目开展期间，我承担了重大咨询项目中的"好设计案例研究"子课题。为此，我们历经五年，深入探讨设计科学的知识演进，从"技术人工物"的哲学概念出发，研究提出了"好设计奖"的评选标准，在 2020 年 12 月杭州举行的好设计年度颁奖典礼上，我代表好设计专家委员会正式发布"好设计奖"标准，以期得到社会各界指正。

《设计》：国内目前现存的设计类大奖赛有 500 多个，您认为"中国好设计奖"有何独到之处？好的设计奖都具备怎样的特点？

徐江："好设计奖"发端于"中国制造"迈向"中国创造"的关键历史时期。历史上，英国、德国、美国等西方发达国家，自 20 世纪初以来便深刻认识到设计对促进国家生产力、提升创新竞争力具有重要价值和意义。二战后的德国和日本都面临着经济复兴、扩大出口贸易的紧迫形势，自 20 世纪 50 年代起，日本、德国设立的设计奖项无疑成了振兴产业发展、提升创新水平、传播本国产业文明的催化剂。

对比美国、日本和中国 1960 年至今的国内生产总值（GDP）变化趋势，可以看出：美国自 20 世纪后一直保持着国家 GDP 总量居世界第一的地位。近年来，我国 GDP 总量与美国之间的差距逐渐缩小（截至 2019 年，美国 GDP 总量为 21.433 万亿美元，中国 GDP 总量为 14.343 万亿美元），迎来弯道超车的绝好时机。当前，我国正处于加快构建"双循环"发展新格局的关键时期，更需要让全民族、全社会认识到设计在国家科技创新发展中的不可或缺性，以创新设计提升国家软实力，复兴中华文明。因此，"好设计奖"的诞生有着深刻的历史必然性，代表着中国产业文明发展的先进方向和未来大势。

"好设计奖"的发起人路甬祥院士和潘云鹤院士是著名的战略科学家和教育家，此外，徐志磊院士、闻邦椿院士、谭建荣院士、顾国彪院士、薛群基院士、项昌乐院士、邓宗全院士、毛明院士、顾佩华院士、娄永琪院士、张彦敏理事长、孙守迁教授等国内工程和设计界知名专家也都全力指导和参与。"好设计奖"的评审严格遵守公开性、公正性和公益性的原则，每年通过在线征集（http://cgd.ckcest.cn）、初评、终评、颁奖等流程评选出若干项金奖、银奖以及创意奖项。

"好设计奖"评选和研究案例广泛来源于国家经济和社会发展过程中的杰出创新案例，覆盖"产品、系统及工程设计、工艺流程及技术设计、商业模式与业态创新"等领域。在2015—2020年，"好设计奖"举办六届，累计评选出金奖58项、银奖122项，聚焦在《中国制造2025》拟重点支持的十大领域。数据显示：大型工程装备、新一代信息技术、新材料新工艺是热门获奖领域，分别累计获奖28项、22项以及22项，其中，大型工程装备领域获奖数量最多。对180项"好设计奖"金银奖获奖案例的申报数据分析发现，"技术""服务""系统""智能"、"机器人"等关键词成为代表我国制造业创新设计的重要特征。

值得一提的是，对于科学精神的尊重和对原创发现的重视是"好设计奖"一大独特之处。面对一些关键领域，"好设计奖"突出定位于服务国家科技创新战略，利用高端科技智库优势，将我国重大科学仪器的原创设计和发明纳入评选。2020年7月8日，我在《中国科学报》发表的"创新设计凝聚中国创造的力量"一文中指出，历史上先进科学仪器的设计发明加速推动了科学研究水平乃至人类文明的演进。1895年，德

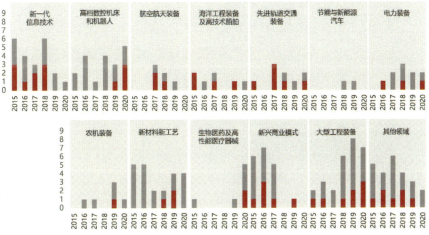

2015—2020 年"好设计奖"金、银奖不同领域获奖情况

国物理学家雷诺兹仅仅在伦琴发现 X 射线后的数月内，就设计出用于医学诊断和疾病治疗的 X 光机，为人类健康谋福利。2019 年，"好设计"金奖案例"投影式红外血管成像仪"采用红外光源设计解决老年人和儿童等静脉穿刺困难患者扎针难的问题，科技设计造福病患。

《设计》：请您分享一个"好设计奖"评选过程中给您留下深刻印象的高光时刻。

徐江：实践是检验真理的唯一标准。路甬祥院士一开始就提出要重视"好设计奖"的案例研究，在其支持和见证下，2015 年举行了隆重的"中国好设计"丛书首发仪式。至今为止，"好设计奖"坚持从参与评选的近千个案例中深度挖掘、发现和研究。我在同济大学建立好设计奖研究中心，与中国机械工程学会好设计综合办公室的刘惠荣副研究员共同研究出版了三部"中国好设计"系列丛书，旨在通过选编具有典型"创新设计"趋势和特征的案例，为政府、行业和企业探寻设计行业前沿动态，提供经验和理论启示。以中国的设计优秀实践成果来示范和引领中国设计和中国制造的先进文化。"好设计奖"案例研究将持续为知识网络时代构建具有中国特色的创新设计理论大厦增砖添瓦。

《设计》：作为国内外设计赛事的资深评委，您认为设计大赛及大奖对中国设计的发展起到了怎样的作用？

徐江：通过奖励计划来推广优秀设计的战略可回溯到 1944 年英国工业设计委员会的成立，其目标是鼓励和帮助英国工业界为世界市场设计新产品。其原理是通过定义和推广好的设计，提高公众对好品味的认知，为现代设计创造全新的国内市场，从而鼓励英国制造商提升对外贸易的水平和竞争力。我研究发现，近两百年来，因科技知识的涌现与积累，重大的发明创新是在具有明确目标的技术、市场和设计的结合活动中所获得的。"好设计奖"尤其强调科技、设计与文化艺术、商业业态互融互合，突出设计驱动的创新和科技驱动的创新并驾齐驱。

我国要成为制造强国离不开先进设计战略的支撑。"好设计奖"首要服务于我国制造强国战略，遴选中国企业、中华民族创意创造的优秀案例，传播中国当代先进设计文化和技术革新潮流。例如，北斗导航、高铁成网、嫦娥奔月等标志着我国制造业先进水平的重大工程装备领域。希望"好设计奖"成为反映中国设计发展水平的"晴雨表"，希望"创新设计发展战略"研究成为中国设计复兴道路上的"播种机"。

《设计》：从设计教育的角度，您认为设计大赛及奖项对中国的设计教育产生了怎样的影响？

徐江：我在同济大学设计创意学院分管教学工作时，深刻感受到大学教育问题的复杂性，具体到跨学科的设计教育问题就更为复杂。设计教育要游刃有余地把握好经验实践与知识理性的"钟摆关系"。知识网络时代的设计教育，应该多从技术哲学、科学哲学、艺术哲学、社会学等学科中探寻滋养，对科学、技术、艺术与设计的哲学进行追本溯源，窥探设计教育规律及奥妙，设计教育就易借到"光"，就易走向"澄明之境"。设计折射着人类社会物质文明和精神文明进化的足迹，建议设计学子们研习设计文化和设计史课程时，在浩如烟海的"科技史""哲学史""艺术史"中探寻到更多宝藏。

每年我在编撰"中国好设计"系列丛书时即有此考虑，希望这些设计案例带着鲜活的知识进入课堂，引领学生理论联系实际。立足前期的研究基础，我在同济大学建立了"好设计奖"研究中心，牵头负责设计战略与管理方向，通过案例将科技、设计、商业和艺术知识的平衡引入到设计理论和知识体系中来，学生可以近距离地感受到中国设计的进行时，感受到中国制造与中国设计交织出的宏大画面。我想等中国"创造梦"

实现时，我们设计院校课本上满载优秀"好设计奖"案例，培养出一批批优秀的设计精英；更为重要的是好设计感动中国，培养学生高尚的道德情操和爱国敬业的责任担当，帮助他们树立远大的志向和理想。比如，"500 米口径射电望远镜（FAST）柔性并联索驱动系统技术及装备"和"500 米口径射电望远镜（FAST）馈源舱系统"先后于 2017 年和 2019 年两次获得"好设计"金奖，金奖背后是一件件以南仁东、段宝岩等为代表的科学家的感人事迹。

《设计》：时代迅速发展变化，"好设计奖"的标准是什么？"好设计"的衡量标准是否发生了变化？

徐江：　"好设计"的衡量标准实质上是如何检验中国产业实践创新的真理问题，是打上特定时代烙印的，当然得应时而变。"好设计"案例研究团队历经 7 年，调研全国七大地区、32 座城市、160 家企业。"好设计"的衡量标准源于好设计获奖案例，源于好设计专家委员会的集体智慧。具体而言，"好设计奖"评选标准分为"设计未来""设计创新""设计价值""设计体验"四项一级指标和"战略性""先进性""颠覆性""价值性""责任性""体验性"六项二级指标。

　　①"设计未来"一级指标着重强调面向未来的战略规划设计，解决公共安全与社会发展难题，有助于构建人类命运共同体等的战略意义。②"设计创新"一级指标侧重突出从 0 到 1 的质变。设计创新的"先进性"是指设计方法科学性、功能实现有效性，工艺流程与材料等设计技术领先性；软件、网络及大数据等设计智能性；对跨界融合、业态创新及自主知识产权等水平的推动性。设计创新的"颠覆性"是指具有原创性、前瞻性、引领示范性、不可预期性等特征。③"设计价值"既指构成国家安全、民族文化、经济效益、社会效益、品牌价值、竞争创造等价值，又包含"责任性"，体现出人文关怀、道德伦理、生态环保等责任。

这正是创新设计的天然优势，即注重可持续，体现伦理、道德和关怀。
④"设计体验"是指具有人性化、交互性、审美性、安全性、舒适性等体验品质，体验广义上涉及个体体验和集体体验等不同类型。

我们一直在思考，农耕时代的设计和手工业制造催生了璀璨的农耕文明，工业时代的设计发明和创造引发了第一次工业革命和第二次工业革命，创造了现代工业文明。文艺复兴以来，技术和科学飞速发展，具有典型的"硬创新"的特征，而人类文明进化到今天，不是靠科技创新单向驱动的，设计的"颠覆式创新驱动"和"集成式创新驱动"同样代表了人类智慧的超高创造性。

今天中国设计应该有推动"中国制造"向"中国创造"转变的新标准，其产生具有历史必然性，这是一个影响深刻且意义巨大的哲学命题。从哲学底层出发，标准的建立必定要遵循基本逻辑和规律。

一是马克思在《1844 年经济学哲学手稿》中明确谈到"人的世界和物的世界"的关系。马克思认为人是有意识的类存在物，在改造自然界的实践中，人始终是主体。人既可以按照"物的尺度"去认识事物的客观规律，又可以根据"人的尺度"去改变世界，把世界变成理想的现实。进一步，科学技术探究未知世界的客观规律，即解决人类改造自然"物的世界"的"Be"的问题；但是社会中"人的问题"无疑又是多向度的。

二是，借鉴了美国人工智能学者、诺贝尔奖获得者西蒙的"人工科学"理论。西蒙认为，自然科学（包括社会科学）旨在研究事物的本质，帮助解释我们周围的世界以及事物的现状，而人工科学的一个突出特点是设计，设计解决"Ought to be"的问题，即"应该是什么"的问题。实则，知识网络时代的中国"好设计"应该关注中国如何从制造大国走向制造强国、14 亿中国人如何创造幸福美好生活、如何实现"中国梦"等重大问题。

上｜"好设计奖"标准的哲学逻辑
下｜"好设计奖"的标准

在此，简要解读中国"好设计奖"的标准。人是有目的地利用技术改造世界，此即"技术人工物"的功能和价值维度，即通过技术物化功能的形式服务人本。人必定要考虑主体和客体的多维价值。西蒙认为，凡是以将现存状态改变成期望状态为目标而构想行动方案的人都在搞设计。在技术物化关系中，不同技术物化关系显性表征出人与物、人与技术等不同体验及意义构造关系。

技术革新引发颠覆式创新的例子很多，但并非所有颠覆式创新都因单一的技术变革触发。从进化论观点来看，文化与社会对技术及设计如何改造世界起着特殊的选择和进化作用，可将其归纳为非技术因素驱动的创新。例如，指南针在我国古代最初发明是为了满足祭祀、礼仪和占卜等确定方位的需要，但对于欧洲文明来说，指南针是具有革命性和颠覆性的设计发明。又如，古希腊匠人设计的自动门更多用来玩赏，直到文艺复兴时代精密的机械结构才被用于制作钟表和仪器，齿轮传动原理才被设计师广泛应用于日常生活。

《设计》：西方设计发展早且相对成熟，但东西方价值观的差异始终存在，中国设计是否已经确立了自己的评价体系？

徐江：从不同层面看，东西方内在文化和社会发展的差异必然引起设计发展的差异，前文谈到的指南针和古希腊机械结构的设计案例已可以说明，该问题有很多学者在研究，只是要注意中文"设计"一词是外译而来的。从另一层面来探讨，各界都关心设计教育和设计研究的评价体系问题，东西方设计教育及设计研究都共同遵循本质的内在科学规律。

2015 年，同济大学设计创意学院创办了全英文学术期刊 *SheJi: The Journal of Design ,Economics,and Innovation*，逐渐在全球学术界发出中国设计研究的声音。2018 年以来，学院设计工程与计算实验室利用文献计量学理论与方法在设计科学知识领域持续开展了探索性工作，发布了

《全球设计研究前沿报告》，出版了《设计科学知识图谱》等论著。设计学科交叉研究是未来全新的视角和方向，实验室创新性地引入"设计学科交叉度指数"来表征设计研究的复杂性和跨学科性，依托海量文献数据实现学科交叉度的实时定量可视化评价。我相信这些工作将为中国设计与国际设计接轨、中国设计构建自身标准、走出一条特色之路展开有益的探索。

中国创新设计生态体系正在第四次工业革命到来之际加速形成。同济大学设计战略与管理研究团队发现，自2010年以来，国家和部委先后颁布了7项促进支持设计事业发展的政策，全国184个省市政府发布了850余项促进支持设计事业发展的各类政策，涵盖创新设计、工业设计、设计产业、绿色设计、服务设计等各方面，各个省市设计政策都集中围绕产业特点、资源禀赋和基础优势因地制宜地制定和施行。"政、产、学、研、媒、用、金"各界需要兼容并包，加强创新设计战略研究，在宏观战略层协力科学解决设计认知规律和评价标准问题，在认知上再深化，就能形成推动中国创造的共识和合力，才会事半功倍，以中国式标准促发展，以中国式标准促创新。

中国是一个有着五千年历史文明的大国，自古秉承"道法自然"的思想，人民大众的福祉即国家根本利益，"好设计奖"肩负着推动和传播创新型国家文化建设的特殊使命。"好设计奖"评选与我国创新型国家建设和打造人类命运共同体同频共振，在科技成果转化、人文精神塑造、环境与经济可持续发展、人民生活水平提高等方面发掘具有划时代意义的典型案例，引领社会价值取向，追求全人类福祉，创造幸福生活与美好未来。

社会各界可以多参与和了解"好设计奖"的故事，感谢业内外持续关注和支持"好设计奖"的发展。特别感谢中国工程院、中国科学技术协会、国家科学技术奖励办公室、中国创新设计产业战略联盟、中国机械工程学会、国务院学位委员会设计学科评议组、北京光华设计发展基金会等机构的大力支持！特别感谢清华大学、浙江大学、同济大学、上海交通大学、中国美术学院、中央美术学院、湖南大学、西北工业大学、天津大学、广东工业大学等院校的鼎力帮助！

张基义:
通过奖项促成更多跨界与跨领域的合作
ZHANG JIYI.TO PROMOTE MORE CROSS-BORDER AND CROSS-CUTTING
COOPERATION THROUGH THE AWARDS

张基义

台湾设计研究院院长

张基义,现任台湾设计研究院(TDRI)院长、世界设计组织(WDO)理事、台湾交通大学建筑研究所教授、学学文化创意基金会副董事长、台东设计中心执行长,1994年哈佛大学设计学院设计硕士,1992年俄亥俄州立大学建筑硕士。其著作有《当代建筑观念美学》《欧洲魅力新建筑 看城市如何闪亮变身》《看见北美当代建筑》。

"设计"正以前所未有的速度影响全球,它在经济、文化、社会中的重要性与日俱增,且越来越多的产业将设计视为核心竞争力,借由设计能量驱动企业,带动整体的经济发展。TDRI跨领域整合设计创价服务平台,以设计政策引领产业创新,发展高价值设计知识与应用。TDRI将运用."设计力"整合跨领域的资源,让设计成为重要价值,期许引领产业和社会可持续发展,并提高人们的生活水平。TDRI将拟定设计策略,提升实际效能,同时通过跨领域的知识整合,让企业导入设计思维,以设计驱动品牌价值,为企业赋能,在台湾地区打造设计领先型企业。

《设计》："金点设计奖"设立的初衷是怎样的?

张基义:金点设计奖的历史可追溯至 1981 年,当时台湾地区的经济背景以出口贸易为导向,但整体产业对于产品的包装设计还不太重视,也没有打造品牌形象的观念,因此制定了"优良产品评选制度",期盼产业通过设计提升产品价值和外销实力。到了 2002 年,该制度得到进一步调整,改为"优良设计产品评鉴制度",鼓励产业从源头、基础端重视产品的研发设计与创新,并随后于 2005 年转型为设计奖项。为使奖项向国际化发展,2009 年正式将其更名为"金点设计奖",评鉴表彰的作品也不再局限于产品设计,而扩及传达设计、空间设计及整合设计等。金点设计奖历经多次变革,至今已走过 40 个年头,其在不同阶段所表彰的价值,见证了设计在台湾地区的发展历程。

《设计》:"金点设计奖"设立以来,奖项的设置、评审的原则以及征奖对象等方面经历了哪些沿革?

张基义:在金点设计奖的历史沿革中,2014 年是一个关键的里程碑。重大的变革在于调整奖项定位,它开始面向全球华人市场,即参赛资格不再限于台湾地区,世界各地的公司、团队或设计师均可通过报名参赛。第一年转型便吸引了中国大陆、新加坡、马来西亚、澳大利亚、美国等多地作品投奖,至今已累积来自 32 地的约 2 万件作品报名角逐金点设计奖殊荣。自 2015 年起,金点设计奖针对不同目标族群,分设"金点设计奖""金点概念设计奖""金点新秀设计奖"等三大系列奖赛,期许更多杰出的设计创作者通过金点奖在国际找到更多的机会。

《设计》:"台湾创意设计中心"2020 年更名为"台湾设计研究院",更名的背后有哪些实质性的变化?

张基义:过去 17 年,台湾创意设计中心(简称台创中心)作为设计创价服务平台，在设计辅导与推广上已累积许多能量。近年来，我们观察到，过去产业追求单一领域的专业型设计人才，现今不论社会或产业，对于跨领域的合作共创需求越来越迫切，设计正进入大整合时代。2020 年，台创中心升格转型为台湾设计研究院，即期望进一步深化研究能量、与产业及学界的链接，借由资源的跨领域整合，从"实现价值"迈向"创造价值"。具体目标是：以设计驱动企业与公共部门转型，让设计成为城市治理的核心价值，并将设计导入公共服务，形塑社会创新产业聚落，建立国际设计合作网络等，发展更高价值的设计知识与应用，通过设计带动社会及产业转型的契机。

《设计》："金点设计奖"如何维持运营？

张基义：通过在台创中心时期建立的国际网络，金点设计奖除了扎根台湾地区，每年都与许多国际设计组织密切合作，包括世界设计组织（WDO）、新加坡设计业总商会（DBCS）等；在中国大陆，也与上海创意产业中心、深圳市工业设计行业协会、河北工业设计创新中心等协会，建立了长期伙伴关系，协助金点设计奖进行推广与征件，延伸奖项的影响力。

除此之外，金点设计奖也是各地设计师相互交流、激荡观点的平台，例如 2015 年起举办的"华人设计观点 × 金点沙龙"，至今已在台北、上海、香港、吉隆坡等 20 个城市，举办了 31 场金点沙龙座谈会，先后共邀请到 90 多位设计专家担任讲者，吸引众多设计师及设计爱好者参与，回响热烈。

《设计》：中国设计发展这些年来，设计奖项遍地开花，"金点设计奖"以怎样的特色独树一帜？如何确保奖项的"含金量"？

张基义：金点设计奖从台湾地区出发，自 2014 年奖项重新定位为"全球华人市场顶尖设计奖项"至今，从海外征件数字的显著增长可见，其已在东亚设计圈逐渐具有一定的知名度。除了持续以专业评审团及公正严谨的评选制度，确保得奖作品的质量，金点设计奖近年来通过设立"年度特别奖"来表彰具有社会及产业典范意义的作品，并彰显奖项欲传递的时代价值与精神，如针对"社会设计""绿色设计""循环设计"设立特别奖，作为一种设计行动倡议，鼓励更多设计师及产业运用设计带动社会创新，或结合设计找出改变现有痛点的机会，思索如何在经济发展与环境保护之间达成平衡，呼应全球当前聚焦于循环经济的推动与实践。

《设计》：**您以往的工作经验给"金点设计奖"带来哪些影响？**

张基义：我是一名学者，现在在台湾设计研究院任职，我希望学术研究、公共领域、产业平台能相互连接，创造更多跨界共创的机会。我对金点设计奖的期许也是如此，期待奖项不只是一个发掘优质设计的平台，让专业的设计创作者能从具有公信力的评选机制中得到肯定，更要通过奖项的办理，促成更多跨界与跨领域的合作，让设计的价值与意义获得更多关注。这是我看待金点设计奖的意义。

《设计》：**在大奖进行的过程中，从征集到颁奖，哪个阶段最有趣或最有挑战性？**

张基义：每年我都不断鼓励金点设计奖团队，将奖项的质量与高度同时呈现出来。例如，为了给设计人提供彰显荣耀的舞台，颁奖典礼不论在形式或内容上皆年年创新。2020年我们就将颁奖典礼场地移到专业摄影棚举办，以悬挂立方体六维度屏幕的四面开放型舞台创造崭新的参与体验，并力邀众多新媒体艺术家跨界合作，带领与会者沉浸于声光、科技互动与视觉的震撼，打造超越往年的高规格典礼。不断突破、持续创新，

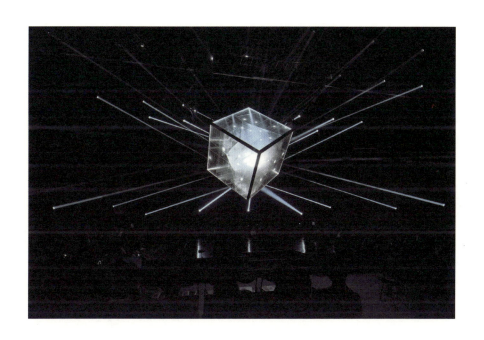

2020 金点设计奖颁奖典礼以悬挂立方体六维度屏幕的四面开放型舞台呈现

一直是金点设计奖最大的挑战。

《设计》：纵观近几届"金点奖"的参评作品和获奖作品，呈现出怎样的特点和趋势？

　　张基义：纵观近年来获奖作品反映的设计趋势，"永续循环"会是全球设计圈当前及未来持续关注的焦点。此外，在老屋新生、中文字形设计、设计跨域整合、设计策展等新兴趋势中，也反映了从台湾地区到华人世界的丰沛设计能量。从中我们更能看到，设计已不再只是讲求美学，更要用设计思考和解决当前重要议题，创造更友善、美好的生活，进而成为整体社会向前迈进的动力。

《设计》：在您看来，什么是"好设计"和"好设计奖"？

　　张基义：好的设计应该能够带动系统性的改变。好设计不只关乎美学，也需要高位思考，以整体策略化思维创造新的核心价值。对我来说，好的设计从美学、流程、策略都要能够创新，最重要的是它的影响力，以及它所要发掘、引领的时代价值。

《设计》：您认为，设计大赛及奖项对设计的发展起到了怎样的作用？

　　张基义：设计大赛最重要的是创造让不同专业和领域的人可以交流的平台，经过奖项的挑选，发掘获奖作品背后的深意，带动专业领域的发展，甚至预测或引领未来趋势，为更好的未来铺陈和做准备。

《设计》：请您从设计比赛主理人的角度给青年设计师和设计专业的学子提一些建议。

　　张基义：欢迎大家勇于创新、乐于参与，用设计一起改变社会。

金点设计奖评选会议

周红石：
"省长杯"促进了产业界对设计创新价值的认知

ZHOU HONG SHI: "GOVERNOR'S CUP INDUSTRIAL DESIGN COMPETITION"
PROMOTES THE INDUSTRY'S AWARENESS OF THE VALUE OF DESIGN
INNOVATION

周红石
广东省工业设计协会常务副会长

周红石，广东省工业设计协会常务副会长，高级工业设计师，兼任广东省机械工程学会工业设计分会副理事长、中国工业设计协会专家工作委员会委员等。2008 年起，他专职协会工作，期间主持或参与主持、策划了广东省工业设计各类省级赛事、评比、展览、会议、论坛、出版、研究等活动，参与了广东省产业研究、工业设计发展规划、工业设计职业资格（专业技术人员）评定试点、公共服务平台建设、设计公益扶贫等工作。

《设计》：请介绍下"省长杯"工业设计大赛。

周红石："省长杯"是广东省最高级别的工业设计奖项，也是全国各省市最早设立、目前规模最大的省级工业设计赛事之一。"省长杯"工业设计大赛脱胎于1999年广东省设立的"广东省优良工业设计奖"，2008年为呼应广东省大力发展工业设计的有关工作，正式更名为广东省"省长杯"工业设计大赛，由原来只针对量产产品调整为设立"产品设计组"和"概念设计组"两个组别。"省长杯"工业设计大赛作为广东省工业设计成果的评价，与企业设计创新能力评价和工业设计人才评价，并称为广东推动工业设计发展的三大体系。

大赛每两年举办一届，至今已成功举办10届。2016年起，大赛增设"产业设计组"组别，主要针对设计驱动的商业模式、设计思维引领的产业规划或设计园区规划、工业设计平台或基础研究项目等。"省长杯"大赛由广东省工业和信息化厅牵头科技厅、教育厅、人社厅、财政厅、宣传部、工会、共青团、妇联等十余个省级政府部门，联合组成大赛组委会；由条件许可的地级市设立分赛区开展初赛遴选，在广东省重点发展的产业领域设立专项赛的复赛遴选机制，层层选拔，最终决赛评出3个组别的钻石奖、金奖、银奖、铜奖和优秀奖5个级别的奖项。前4个奖级设奖金和荣誉，同时在大赛中较高荣誉的获得者还将按条件被授予五一劳动奖章、青年五四奖章、三八红旗手称号，产品组前10名的主创人员获得年度全省"十大工业设计师"称号，概念组前10名主创人员获得年度全省"十大新锐设计师"称号。随着组织体系的不断完善，大赛每届征集的参赛作品均在2万件以上，近两届均超过3万件。珠海、汕头、佛山、江门等地市为呼应全省赛事，在省赛赛区的基础上还配套举办了当地"市长杯"工业设计赛事。

广东"省长杯"工业设计大赛的成长，见证了广东工业设计的发展足迹。赛事的组织、发动、宣传、展示和评奖,成为政府推动工业设计发展的重要抓手之一。政府各部门之间的联动,省、地之间的协同,凝聚了各级政府推动设计发展的共识,促进了产业界对设计创新价值的认知,提升了设计界工业设计的水平,因此,在全省、全社会营造了极强的口碑,在专业界树立了较高的权威性。广东省工业设计协会有幸参与了大赛创立的全过程,并联合企业界、专业界一道,在奖项定位、赛制建立、流程管理、标准制定、组织发动等方面最大限度地发挥了积极的作用。

《设计》:"省长杯"工业设计大赛设立的契机和初衷是怎样的?

周红石:作为改革开放的前沿,从"三来一补"到自主品牌,广东的制造业,尤其是消费品制造业的迅速崛起,为工业设计的发展提供了良好的土壤,同时工业设计又能在这个过程中释放自己的能量。早期设立"优良工业设计奖",既有借鉴当时国内热门设立的"产品质量奖",也有借鉴日本 G-Mark 优良设计奖的成分,旨在表彰和鼓励工业设计在产业界的运用,这要感谢早期在协会兼职工作的专家学者们的大胆建言,更要感谢政府主管部门高瞻远瞩——坚信未来工业设计能在广东制造业的发展中扮演更重要的角色。2008 年恰逢世界性的金融危机,广东外向型的经济承受着巨大的生存和发展压力。在此之前,时任诺基亚总裁、广东省政府外籍经济发展顾问彭培佳在其咨询报告中建议广东省大力发展工业设计作为面对全球化竞争的手段之一,广东省工业设计协会受命协助主管部门拟定关于采纳顾问建议的工作方案,其中即涉及将原有的优良工业设计奖升格为以行政首长命名的"省长杯"工业设计奖。2010 年,"省长杯"迎来了重要的发展契机,省领导在多个场合要求办好工业设计大赛。至此,"省长杯"无论赛事定位还是赛事体系,无论重视程度还是资金支持,无论组织规模还是奖励力度,都达到了一个新的高度。

《设计》：在国内外众多设计大赛及奖项中，"省长杯"工业设计大赛的特色是什么？

周红石：我认为第一个特色是组织特色，这也是最重要的特色。它横向联结了与工业设计发展密切相关的各个政府职能部门，以及与广东经济发展密切相关的制造业不同领域；纵向与各地市主管部门乃至当地设计组织产生互动，触角一直延伸至区镇一级乃至产业集群和企业，从而形成了一个大赛的组织系统。第二个特色是面向产业。我记得更名的第一届赛事的主题就是"面向现代产业的设计"，2020年第十届大赛的主题是"设计赋能产业"，在广东这片制造业的沃土之上，旗帜鲜明地提出设计为产业服务的大赛理念，我想这就是"省长杯"有别于国内外众多设计赛事或奖项的鲜明特色。第三个特色，我想谈谈评价方式。我们把"省长杯"作品的评价归结为"设计主题""设计过程""设计结果""设计价值"四个方面。其他三个方面比较好理解，而"省长杯"坚持认为好的结果一定来源于科学、严谨的研究过程，在"省长杯"现有的三个竞赛组别中，尽管权重不一，但过程评价是一个重要的方面，这一点在概念设计作品和产业设计作品的评价中发挥了非常重要的作用。

《设计》："省长杯"工业设计大赛"设计赋能产业"的口号是如何具体体现的？

周红石："设计赋能产业"，不仅仅是口号，更是赛事的主题。"省长杯"希望通过大赛遴选出优秀的设计作品，产业转化乃至商业转化的程度或可能性是极其重要的特点。工业设计发展依托于良好的产业生态，工业设计的价值不完全体现在工业设计本身，更大价值体现在产业化、商业化的过程中。工业设计不是灵感乍现的创意，更不是高高在上的艺术创作，"省长杯"希望参赛作品能够通过服务产业发展来创造价值，这也是广东工业设计取得长足发展，以及"省长杯"被广泛认可的根本原因。从赛事组织的角度，每届"省长杯"评奖结束后都不遗余力地组织产业对接活动，举行大赛成果"走进产业集群"活动，未来希望产业化的促进工作能与政策性扶持相衔接，以此系统化推进设计成果的转化。

《设计》：纵观历届"省长杯"工业设计大赛，参评作品和获奖作品呈现怎样的特点和趋势？

周红石：早期参赛作品以家用电器为主，有少量的电子信息产品、玩具和日用品。近年来，参赛的产品类别大大扩展了，包括家具、服装、交通工具、医疗、装备、文创、软件，以及"省长杯"首创的产业设计项目等。类别越来越丰富，水平也提升得很快。智能化、信息化，注重用户体验、契合社会和生活快速变化趋势、产业之间彼此融合，应该能够通过参赛作品明显地体现出来。

获奖作品方面，体量大、影响力强的产品近年相对占有优势，例如广汽的概念车设计几乎成为近几届的获大奖的"专业户"，又如新一届迈瑞的医疗设备，因为疫情而特别受到关注。2020 年第十届大赛，有一件获奖作品令我印象极其深刻，家庭中常见的衣柜整合了空调、除湿、新风、去味、灯光等一系列功能，打破了家具与卧室必备家电的产业界限，为用户提供了卧室整合式解决方案，我认为这是通过设计体现出来的产业的发展趋势。"小产品、大智慧"的设计目前貌似比较"吃亏"，但我认为这只是一个阶段性的问题，未来各个层面的心态放平和了，会回归到更专业、更理性设计评价上来。

《设计》：从征集到颁奖，整个流程中哪个阶段最有趣或最具挑战性？

周红石：刚才介绍了"省长杯"作品征集的体系，本来这些过程应该是由体系去完成，但对于工业设计尤其是优秀的工业设计，在我们这个组织体系里涉及各级主管部门，甚至申报企业本身，大家的认知程度并不一定很高，这就需要我们各级专业协会发挥各自的价值，去充分挖掘淹没在大量产品中的、具有一定竞争力的设计。由于"省长杯"两年举办一次，这项工作甚至可以做在大赛举办的前一年，也就是我们在日常工作中要做有心人，接触到有潜力的作品，就要鼓励企业或设计师届时参与大赛争取荣誉。

从我们协会的角度，这项工作似乎已经成为一种自觉。从我个人的角度，最有挑战的是在赛事的"一头一尾"：前期的方案策划既要考虑赛事创新的亮点，又要考虑作为赛事品牌的延续性，要兼顾政府、产业、设计、高校、专家等所有参与者的诉求，更要考量赛事本身对广东工业设计未来发展的价值；后期的结果出来，在一段时间内我们都要承受这样的压力：那些获得大奖的作品，最终产业化情况如何？是否能够获得市场或消费者的认可？专业界和全国的同行怎么看待结果的专业性？

《设计》：作为资深设计赛事评委，您认为设计大赛及大奖对中国设计的发展起到了怎样的作用？

周红石：广东是中国的设计大省，"省长杯"又是广东工业设计面向全国工业设计同行的一张"名片"。"省长杯"能有今天的发展，离不开领导部门和兄弟省市同行的大力支持。它对中国设计发展的影响，我想应该由大家来评判。但是，我们很高兴接待了不少省份的政府主管部门、行业协会来广东和我们探讨省级工业设计大赛如何打造，也很高兴看到其他省份举办类似"省长杯"这样的工业设计赛事。通过赛事，工业设计的价值被产业界、全社会广泛认可，这是我们的责任，也是中国工业设计的未来。

《设计》：请您从大奖主办方的角度给青年设计师和学子一些建议。

周红石：首先澄清一下，大赛的主办方是广东省的政府主管部门，广东省工业设计协会从它创立起一直参与其中，我本人只是从 2008 年开始参与大赛的策划、组织、评审以及赛制研究等工作。十多年来，除了"省长杯"，我也参加过不少国内外奖项或大赛的评审，对于青年设计师和学子，我高度赞同他们多参与设计奖项和设计大赛。获奖与否以及获什么样的奖项并不是最重要的，要通过大赛了解同行们在想什么、做什么，获奖作品获得主办方和评委们青睐的原因在哪里？多一些这样的思考，找一些自己的差距，寻一些未来的方向，可能比单纯获奖更有收获。所有参赛者都是奔着获奖而去，但奖项的数量又极其有限，因此还要有一个良好的心态：自己的设计作品获得市场认可，被用户高度评价，就是对设计师的最高奖励。

宋建明：
在全球工业设计版图中铸就一个东方高地
SONG JIANMING: CREATE AN EASTERN HIGHLAND
IN THE GLOBAL INDUSTRIAL DESIGN MAP

宋建明
中国美术学院原副院长、教授、博士生导师，中国设计智造大奖（DIA）组委会主席

宋建明，中国美术学院原副院长、学术委员会副主任、教授、博士生导师，享受国务院政府特殊津贴，兼任中国科学技术协会全国色彩学首席科学传播专家、教育部设计学科教学指导委员会副主任委员、中国流行色协会副会长、2022 年杭州亚运会组委会设计总监、中国设计智造大奖（DIA）组委会主席，获"第十五届（2019）光华龙腾奖·中国设计贡献奖金质奖章 新中国成立七十周年 中国设计 70 人"称号。

《设计》：中国设计智造大奖设立的初衷是什么？"我国工业领域首个国际化的学院奖"与众不同之处在哪里？

宋建明：中国设计智造大奖的概念是时任浙江省领导在 2014 年 10 月视察"最设计"展览期间提出的。我记得，当时我们陪同省领导参观了中国美术学院设计馆，他看到中国美术学院的设计学科完整，而且具有国际视野。他提出举办一个真正国际级的工业设计大奖，用以给浙江省正在转型升级的制造业乃至中国的设计界一个示范，以及与国际级设计师们同台亮相的机会。中国美术学院院长许江欣然接受挑战，由中国美术学院来主办这样一个大奖。

中国设计智造大奖和国内其他奖项的不同之处在于，它是一个由高等学府来主办的"学院奖"。它表明浙江省政府对中国美术学院的信任和开放的态度。学院奖是一个由学术团体的价值观来定义的奖项，学院的前瞻性和学术理性是其主要特征，我们会以一个全球设计产业发展的视野来观察国际发展态势。在中国创办国际性设计奖项，没有任何模式可以照搬，它是一个边走边建构、边推进边调整的过程。我记得浙江省省委领导曾经说过，中国设计智造大奖的国际化之路就是中国美术学院的国际化之路，这里面包含了学院国际化和奖项国际化双重建设的关系。一方面，智造大奖的国际化离不开中国美术学院国际化的教学探索。从蔡元培、林风眠创立国立艺术专科学校，到当今的中国美术学院，都是面向国际、比肩世界名校的一所美术学院。我们今天做的其实就是要创建更高层次的国际设计交流平台，让国内外的设计智造人同台对话。

《设计》：智造大奖独创的"金智塔"评价体系如何体现在大奖的评选实践中？

宋建明：今天大家所看到的"金智塔"模型，包括隐藏在模型背后的 DIA 设计评价金钻指数，是我们在研究国外众多奖项后总结出的一套能够让好作品脱颖而出的筛选机制。从外部来看，在初评阶段，一件作品需要达到功能性、美学性、技术性、体验性、可持续性等基本要求；在复评阶段，评委需要权衡这件作品在民生、未来、产业方面的贡献度；最后进入终评阶段，就要评估它在社会影响力和行业示范力的战略层表现，由此诞生一件真正意义的好作品。但从内部来说，怎样能够真正洞察一件作品的潜力，避免评委在各自专业领域的局限性？我们研究出一套评价指数来管理评审，要求所有评委在创新指数、影响力指数、美学指数所构成的整体表现下综合打分，加固"金智塔"评价体系的完整性和公平性。

《设计》：设立之初，"文化创新""生活智慧""产业装备""数字经济"这几个参赛类别是如何确定的？

宋建明：我和杭间教授参加过国内外很多奖项的评审，但要我们自己操作一个国际性奖项还是没有经验的。所以从 DIA 设立起我们就充分发挥了学院的研究精神，我们召集美术学院相关专业的老师和博士生，从两个层面开展研究：一是研究国际奖项如何运作；二是从浙江省制造业乃至中国制造业的现状出发，做 DIA 大奖价值观的顶层设计和本体建构，包括奖项定位、价值观、推广策略等问题的梳理。我们选择了 50 多个世界名奖，诸如日本 G-Mark 奖、德国红点奖等工业设计奖项，我们研究它们产生的时代背景、评审的主要方面、发展过程中的经验与教训等，经过三个月的梳理，逐渐形成了 DIA 的雏形。关于分类，我们也是在举办五届的过程中不断完善的。工业设计是一个涉猎广泛的领域，它包罗万象，对其进行分类的线索千千万万。经过梳理，许江院长提出的奖项"人文智性、生活智慧、科艺智能、产业智库"四个价值观维度，我们根据操作的实际，将参赛类别分为"生活智慧、产业装备、文化创新、数字经济"四大参赛类别。未来也仍然会随着时代和科技的发展和要求而更新演变。

《设计》：纵观几届设计智造大奖，参评作品和获奖作品呈现怎样的特点和趋势？

宋建明：DIA奖项首要目的就是告诉大家国际设计的大趋势，以及当下的设计价值。其次，对于DIA来说，一方面要不断顺应国内发展潮流，征集当前引领未来的可持续性的设计。近年来，各地政府都在大力发展数字经济，企业普遍面临智能化的转型升级，数字科技和5G等新技术会重新定义设计产业，于是，"数字经济"类便成为征集的专项，以此来回应政府和前沿企业的号召。果然，这两年包含数字技术、智能制造因素在参赛作品中所占比例越来越高，就像2020年阿里云的"工业数字孪生"，它是阿里云工业大脑3.0的重要模块，能够使复杂的工业制造流程智能化，在本届大赛中荣获DIA金奖。另一方面，我们还要从国际视角出发来看待工业设计的整体态势。从征集作品中不难看出，中国设计师们善于从宏观层面解决问题，直击人们生活需求和痛点，强调设计装备系统化，而外国设计师们更注重细节和生活智巧，倾向于从微观层面反映到应用层面。当他们共同站在DIA舞台上，我们就能发现只有人文关怀没有国界。上一届获得金奖的作品中，一件是英国的"英雄手臂"，一件是中国的"盲人眼镜"；本届的大奖除了阿里云的"数字孪生"，还有一件是索尼的玩具专用套件。这些注重生活细节的海外设计师和关注社会命题的中国设计师都关注到，应该为了更美好的人类生活而设计。

《设计》：从征集到颁奖，整个流程中哪个阶段最具挑战性？

宋建明：如何让更加广泛的国际同行尽快地认识DIA？这是摆在DIA面前的一大挑战。这需要有一个更加积极地去国际设计界推广的策略。创立之初，我们就是通过原始的办法——到海外主动寻找作品，一路向西开启了两万公里的考察探访之旅。我们一边宣传DIA的理念与价值观，一边告诉他们，我们每年为此要颁发500万元奖金。同时，我们还告诉他们，我们为知识产权保护所做的工作，他们对我们的做法感到惊讶。他们说，没想到如今的中国有这样的胸怀和意志，能够按照国际惯例接纳如此丰富的设计。五年的积累，我们建立了数以万计的作品数据库，并和国际数以百计的知名设计机构、制造企业、好设计传媒等产生常态化的联络及合作机制。2019 年突发的全球性疫情，又进一步把我们和国际的合作提升到"分赛区"国际站点的模式，不但国际作品数量增长逾1.5倍，还衍生出"设计联合国"的概念。在我们发起"COVID-19 设计战疫"倡议的时候，马上得到全球制造企业、设计公司、设计院校等的支持和回应，吸引许多优秀设计公司和院校作品报名参赛，佳作展也特别开设展区展示其中的优秀作品。今年我们还将继续发布"COVID-19 设计战疫"倡议，坚持全球视野，坚持人类命运共同体，决心在全球的工业设计版图中铸就一个东方高地。